INDIAN GRAMMARS

Philology and History

PAPERS OF THE 12TH WORLD SANSKRIT CONFERENCE
Vol. 4

INDIAN GRAMMARS

Philology and History

Edited by

George Cardona
Madhav M. Deshpande

MOTILAL BANARSIDASS PUBLISHERS
PRIVATE LIMITED • DELHI

PAPERS OF THE 12TH WORLD SANSKRIT CONFERENCE HELD IN HELSINKI, FINLAND, 13-18 JULY 2003
VOL. 4

General Editors:
PETTERI KOSKIKALLIO & ASKO PARPOLA

First Edition: Delhi, 2012

ISBN: 978-81-208-3555-9

MOTILAL BANARSIDASS
41 U.A. Bungalow Road, Jawahar Nagar, Delhi 110 007
8 Mahalaxmi Chamber, 22 Bhulabhai Desai Road, Mumbai 400 026
203 Royapettah High Road, Mylapore, Chennai 600 004
236, 9th Main III Block, Jayanagar, Bengaluru 560 011
Sanas Plaza, 1302 Baji Rao Road, Pune 411 002
8 Camac Street, Kolkata 700 017
Ashok Rajpath, Patna 800 004
Chowk, Varanasi 221 001

Printed in India

by RP Jain at NAB Printing Unit, New Delhi and
published by JP Jain for Motilal Banarsidass Publishers (P) Ltd,
A-44, Naraina Industrial Area, Phase I, New Delhi–28

PREFACE

Vyākaraṇa holds an uncontested place of honor in Indology, and Pāṇini's grammar in particular is a basic source in argumentation not only among Pāṇinīyas but also for students of Indian literature and *śāstra*s regardless of their particular areas of concentration. In this volume are published thirteen contributions presented in the Vyākaraṇa section of the twelfth World Sanskrit Conference held in Helsinki, Finland, July 14th through 18th, 2003. The papers represent a considerable breadth of interest.

As is to be expected, most of the studies concern technical aspects of Pāṇinian grammar. Several papers deal with facets of Pāṇini's metalinguistic usage. Peter M. Scharf takes up relations between the metalinguistic use of case forms in the *Aṣṭādhyāyī* and the use of such forms in the natural language described, and considers also the use of comparable forms in Yāska's *Nirukta*. Maria Piera Candotti and Tiziana Pontillo discuss Pāṇini's use of sounds as markers (*it*, *anubandha*), considering arguments by Kātyāyana, Patañjali and others concerning whether or not such markers are to be treated as integral parts of items prior to their being stripped from these items by the *sūtra* which provides for the unconditioned deletion of sounds given the class name it. Ram Karan Sharma deals with the treatment of certain rules as suspended (*asiddha*) with respect to others, in particular with those that are said to be *asiddha* and *asiddhavat*. Reverting to relations between technical usage and conventions of everyday usage, we have two papers, by Sharon Ben-Dor and Shankarji Jha, that deal with metarules (*paribhāṣā*s) and their counterparts in social conventions.

Four studies deal with points concerning derivational procedures and particular *sūtra*s related to them. Boris Zakharyin considers aspects of Pāṇini's phonological rules, with emphasis on sets of sounds as seen in the *akṣarasamāmnāya* – the Pratyāhārasūtras or Śivasūtras – and related rules, bringing in also procedures seen in *prātiśākhya*s. Madhav M. Deshpande deals with the question whether certain nominals are to be treated as derived (*vyutpanna*) through grammatical procedures or not (*avyutpanna*), not only relating this issue to the dichotomy between grammarians and etymologists but also remarking that, in the context of Pāṇini's grammar, the categories in question are intimately connected with grammatical procedures. S. L. P. Anjaneya Sarma presents a detailed study of one particular *sūtra*, which provides for the use of *ātmanepada* affixes after causatives. Toru Yagi considers Pāṇini's rule introducing the suffix *ṆiC*, which serves to form causative verbs, with particular emphasis on Kātyāyana's and Patañjali's discussions, the usages which they invoke, and parallels from Pāli.

Two other papers deal in particular with questions of syntax. Vladimir P. Ivanov discusses anew the various definitions of an utterance (*vākya*) that Bhartṛhari gives at the beginning of the second *kāṇḍa* of his *Vākyapadīya*. C. Rajendran takes us farther afield in a study which, beginning with the observation that syntactical issues are not a major concern of Pāṇini and Pāṇinīyas, so that one must turn to Mīmāṁsakas and Ālaṅkārikas to find insightful discussions of such questions, deals in particular with some syntactical issues as treated by Mahimabhaṭṭa in his *Vyaktiviveka*.

Finally, two scholars have treated subjects of primarily historical interest. George Cardona gives evidence to identify the scholar to whom Nāgeśabhaṭṭa refers by the name 'Kṛṣṇa' in his *Uddyota*. Amrit Gomperts discusses five works in an old-Javanese tradition of grammar, among them texts related to the Sārasvata system, and concludes that two Javano-Sanskrit texts reflect a synthesis of Pāṇinian and Kātantra elements.

The publication of these proceedings would not have been possible without the financial support of the Finnish Cultural Foundation, to which we express our gratitude. We are also happy to acknowledge with thanks the editorial work of Petteri Koskikallio and the careful proofreading of Sharon Ben-Dor.

GEORGE CARDONA
MADHAV M. DESHPANDE

CONTENTS

CONTRIBUTORS

S. L. P. ANJANEYA SARMA
École Français d'Extrême-Orient
P.O. Box 151
Dumas Street, No. 19
Pondicherry – 605001
INDIA
e-mail: slpasarma@yahoo.co.in

SHARON BEN-DOR
Tanhuankatu 48 C 7
33560 Tampere
FINLAND
e-mail: sharonbendor@yahoo.com

MARIA PIERA CANDOTTI
via Copernico 57
20125 Milano
ITALY
e-mail: mariapiera.candotti@unil.ch

GEORGE CARDONA
Department of Linguistics
619 Williams Hall
University of Pennsylvania
Philadelphia, PA 19104-6305
U.S.A.
e-mail: cardonagj@verizon.net

MADHAV M. DESHPANDE
Department of Asian Languages and Cultures
202 South Thayer Street, Suite 6111
The University of Michigan
Ann Arbor, Michigan 48104-1608
U.S.A.
e-mail: mmdesh@umich.edu

AMRIT GOMPERTS
Willemsparkweg 147-I
1071 GX Amsterdam
THE NETHERLANDS
e-mail: amritgo@planet.nl

VLADIMIR P. IVANOV
Department of South and South-East Asia
Institute of Oriental Manuscripts
Russian Academy of Sciences
Dvortsovaya nab. 18
191186 St. Petersburg
RUSSIA
vladimirivanov108@gmail.com

SHANKARJI JHA
E1-80, University Campus, Sector-14
Panjab University
Chandigarh – 160 014
INDIA
e-mail: shankarjijha@hotmail.com

TIZIANA PONTILLO
Faculty of Arts and Humanities
Classical Philology and Historical Linguistics Department
University of Cagliari
Via Is Mirrionis 1
09123 Cagliari
ITALY
e-mail: pontillo@unica.it

C. RAJENDRAN
28/1097, 'Rajadhani'
T. P. Kumaran Nair Road
Chevayur, Calicut – 673 017
INDIA
e-mail: crajenin@yahoo.com

RAM KARAN SHARMA
International Association of Sanskrit Studies
63 Vigyan Vihar
Delhi – 110 092
INDIA
e-mail: ramkaransharma@yahoo.com

PETER M. SCHARF
Department of Classics
Brown University
PO Box 1856
Providence, RI 02912
U.S.A.
e-mail: peter_scharf@brown.edu

TORU YAGI
Osaka Gakuin University
2-36-1, Kishibe Minami Suita
Osaka 564-8511
JAPAN
e-mail: toru1948yagi@yahoo.co.jp

B. ZAKHARYIN
Dept of Indian philology, Institute of Asian & African studies
11 Mokhovaya Street
103911 Moscow
RUSSIA
e-mail: lvik@orc.ru

श्रीः

ओं नमः पाणिनिकात्यायनपतञ्जलिभ्यः शब्दविद्यासंप्रदायकर्तृभ्यः

वंश ऋषिभ्यः नमो महद्भ्यो गुरुभ्यः

णेरणिसूत्र[1] व्याख्यानेषु काचन समीक्षा

S. L. P. ANJANEYA SARMA

भूमिका

णेरणौ यत्कर्म णौ चेत्स कर्तानाध्याने (पा. सू. १.३.६७) इति सूत्रं कस्माच्चित् ण्यन्तात् धातोः आत्मनेपदप्रत्ययविधायकम्। अत्र सूत्रे नव पदानि[2] सन्ति। अत्र उक्तानुक्तदुरुक्तचिन्तां कुर्वता वार्तिककृता कात्यायनेन नव वार्तिकानि[3] कृतानि। तत्र वार्तिकानि व्याचक्षाणेन भाष्यकृता पतञ्जलिना तदाशयाः केचन प्रकारान्तरेण साधिताः, केचन तिरस्कृताः केचन स्वीकृताः। एतत्सूत्रवार्तिकभाष्याणामाशयाविष्करणाय बहूनि व्याख्यानानि प्रवृत्तानि। एषु व्याख्यानेषु कानिचित् प्रकाशितानि कानिचिच्च अप्रकाशितानि। तेषु यावन्ति व्याख्यानानि मया परिशीलितानि तेषां सामान्यस्वरूपं णेरणौसूत्रव्याख्यानसमीक्षानामके लघुनिबन्धे[4] प्रदर्शितम्। एतेषु मया परिशीलितेषु व्याख्यानेषु यथोत्तरं मुनीनां प्रामाण्यम् इति संप्रदायः सर्वैः अनुसृतः। मुनित्रयविरुद्धमिदमिति व्याख्यातृभिः यत्र दृष्टं तत्र तत् कणशः खण्डितम्। न केवलं तत्, किं तु तत्सूत्रवार्तिकभाष्यार्थग्रहणोपयोगिनः बहवः अंशाः तैः बोधिताः। यदि तानि न स्युः इदानीं सूत्रवार्तिकभाष्यार्थग्रहणं दुश्शकमित्यत्र संशयलेशो ऽपि नास्ति। परं तु स्वतन्त्रतया चिन्तने, क्वचित् क्वचित् ते व्याख्यानग्रन्थाः चिन्त्या इवाभान्ति। तत्प्रदर्शनमेव एतत्पत्रस्य

---

[1] णेरणिसूत्रम्, णेरणौसूत्रम्, णेरणादिसूत्रम्, गजसूत्रम् इत्यादिनाम्ना णेरणौ यत्कर्म णौ चेत्स कर्तानाध्याने (पा. १.३.६७) इति सूत्रस्य व्यवहारः व्याख्यानेषु दृश्यते।

[2] कैश्चित् ... कर्ता न आध्याने इति छित्वा दश पदानि प्रदर्शितानि।

[3] तानि वार्तिकानि इमानि (१) णेरात्मनेपदविधाने ऽण्यन्तस्य कर्मणस्तत्रोपलब्धिः (२) इतरथा हि सर्वत्र प्रसङ्गः (३) कर्मकर्तृत्वात्सिद्धमिति चेत् यक्चिणोर्निवृत्त्यर्थं वचनम् (४) न वा यक्चिणोः प्रतिषेधात् (५) इतरथा हि यत्र नियमस्ततो ऽन्यत्र प्रतिषेधः (६) आत्मनेपदस्य च (७) आत्मनेपदप्रतिषेधार्थं तु (८) आत्मनः कर्मत्वे प्रतिषेधः (९) न वा ण्यन्ते ऽन्यस्य कर्तृत्वात्।

[4] S. L. P. Anjaneya Sarma 2001.

मुख्योद्देश्यम्। तदङ्गतया पूर्वम् एतत्सूत्रस्थवार्तिकाशयः --- तद्भाष्याशयश्च किञ्चिद्विभज्य प्रदर्श्यते, तेन वक्ष्यमाणविषयः सुज्ञेयो भवति। अत्र सूत्रे वार्तिकसहितं भाष्यं सर्वं प्रघट्टकत्रयेण विभक्तुं शक्यते --- (१) सूत्रस्य क्वचित् अतिव्याप्तिनिरासः (२) कर्मवद्भावेन णेरणौसूत्रस्य गतार्थत्वाशङ्का तन्निरासश्च (३) पुनः अतिप्रसक्त्यन्तरवारणम् इति[5]। तत्र आदौ सूत्रार्थः उदाहरणं च प्रदर्श्यते। ततः प्रघट्टकत्रयं क्रमेण विव्रियते।

सूत्रार्थः उदाहरणं च

अत्र सूत्रे 'णेः अनाध्याने' इत्येकं वाक्यम् 'अणौ यत् कर्म णौ चेत् स कर्ता' इति द्वितीयं वाक्यम् इति मत्वा वार्तिककारेण सूत्रस्य एवमर्थः गृहीतः ---

अनाध्यानार्थात् ण्यन्तात् परस्य लस्य स्थाने आत्मनेपदं भवति, अण्यन्ते यत्कर्मकारकं तत् ण्यन्ते कर्तृकारकं भवति चेत् इति। 'हस्ती आरोहयते' इत्यादीनि उदाहरणानि। अत्र अणौ कर्मणः णौ कर्तृत्वं (१) निवृत्तप्रेषणपक्षरीत्या (२) अध्यारोपितप्रेषणपक्षरीत्या च इति प्रकारद्वयेन भवति।

वार्तिककारमते निवृत्तप्रेषणपक्षरीत्यैव उदाहरणसिद्धिः। तच्च उदाहरणं कर्मस्थक्रियकधातुप्रकृतिकण्यन्ताकर्मकधातुघटितमेव भवति। भाष्यकारमते तु निवृत्तप्रेषणपक्षरीत्या अध्यारोपितप्रेषणपक्षरीत्या च उदाहरणसिद्धिः। तच्च उदाहरणं (१) कर्तृस्थक्रियकधातुप्रकृतिकण्यन्ताकर्मकधातुघटितं (२) तादृशसकर्मकधातुघटितं (३) कर्मस्थक्रियकधातुप्रकृतिकण्यन्तसकर्मकधातुघटितं च भवति इति स्थितिः। [निवृत्तप्रेषणता अध्यारोपितप्रेषणता कर्तृस्थक्रियता कर्मस्थक्रियता इत्यादीनां विवरणं तृतीयानुबन्धे भविष्यति, तत्र द्रष्टव्यम्]

'आरोहन्ति हस्तिनं मनुष्याः' इति सामान्यप्रयोगः। तस्मात्, मनुष्याः हस्त्युपरिगमनाय स्वकर्तव्यं सर्वं कृत्वा हस्तिनमारोहन्ति (= न्यग्भावयन्ति) इति प्रतीयते। यदि कर्तव्यश्रमं विना अनायासेन मनुष्याः हस्तिनमारोहन्ति इति विवक्षा तदा मनुष्याः कर्तृत्वेन न विवक्ष्यन्ते, किन्तु हस्ती एव कर्तृत्वेन विवक्ष्यते। तदा 'हस्ती आरुह्यते/ आरोहति (= न्यग्भवति)' इति प्रयोगः[6]।

---

5 अयं विभागः णेरणिसूत्रव्याख्यानप्रौढमनोरमादिस्थप्रघट्टकविभागात् भिन्नः। तद्रीत्या दर्शने अत्र भाष्ये प्रघट्टकचतुष्टयं भवति।

6 वार्तिककारमते आरुहिः कर्मस्थक्रियः तेन कर्मवद्भावे आरुह्यते इति भवति 'रुहिर्गत्यर्थः' (द्र. म. भा. ८.१.५६) इति वदतः भाष्यकारस्य मते तु आरुहिः कर्तृस्थक्रियः, तेन कर्मवद्भावाभावे आरोहति इत्येव भवति। का नाम कर्मस्था क्रिया? का नाम कतृस्था क्रिया? इति उत्तरत्र १० संख्याक टिप्पण्यां तृतीयानुबन्धे च विवरीष्यते।

यदा पुनः न्यग्भवन्तं हस्तिनं मनुष्याः प्रेरयन्ति इति विवक्षा तदा आरुहधातोः णिचि आरोहयन्ति हस्तिनं मनुष्याः इति भवति। यदि पुनः मनुष्यव्यापारस्य न विवक्षा किन्तु हस्तिव्यापारस्यैव प्राधान्यविवक्षा तदा आरोहयते हस्ती इति प्रयोगो भवति। मनुष्याणाम् अनायासेन आरोहणविषयो भवतीत्यर्थः। एवं निवृत्तप्रेषणपक्षरीत्या चतुर्थकक्ष्यायां निष्पन्ने 'आरोहयते हस्ती' इति प्रयोगे 'आरोहन्ति हस्तिनं मनुष्याः' इति अण्यन्तप्रथमकक्ष्यास्थ-कर्मणः हस्तिनः कर्तृत्वं जातम्। अतः प्रकृतसूत्रेण आरोहयतेः ण्यन्तात् आत्मनेपदं भवति[7]।

सूत्रस्य अतिव्याप्तिवारणपरप्रथमप्रघट्टकसारः

परं तु 'आरोहन्ति हस्तिनं हस्तिपकाः > आरोहयमाणः हस्ती[8] स्थलमारोहयति मनुष्यान्' इत्यत्र[9] अलक्ष्ये अस्य सूत्रस्य अतिप्रसङ्गः प्राप्तः, अत्रापि अणौ कर्मणः हस्तिनः णौ कर्तृ-त्वात्। तथा हि अत्र 'आरोहन्ति हस्तिनं हस्तिपकाः > आरोहयमाणः' इत्येतत्पर्यन्तभागः प्रयोजनान्तरार्थं दत्तः। प्रकृतोपयोगी भागस्तु 'हस्ती स्थलमारोहयति मनुष्यान्' इत्येव। अस्य मूलभूततया ऊहिते 'आरोहन्ति हस्तिनं मनुष्याः' इति प्रयोगे कर्म हस्ती यदा कर्तृत्वेन विवक्ष्यते तदा धातोः णिच् भवति। ततः यदि प्रकृत्यर्थं प्रति अपूर्वं स्थलं कर्मत्वेन विवक्ष्यते तदा 'हस्ती स्थलमारोहयति मनुष्यान्' इति भवति। अत्र अध्या-रोपितप्रेषणपक्षरीत्या निष्पन्ने एतादृशप्रयोगे एतत्सूत्रप्रवृत्तिवारणार्थम् 'अण्यन्तकर्म एव यदा ण्यन्ते कर्मत्वेन उपलभ्यते नान्यत्कर्म, तदा आत्मनेपदं भवती'त्यर्थकं 'णेरात्मने-पदविधाने ऽण्यन्तस्य कर्मणस्तत्रोपलब्धिः' इति वचनान्तरं कृतं वार्तिककृता। प्रकृते अण्यन्तकर्मातिरिक्तं स्थलमनुष्यरूपं कर्मद्वयमस्तीति नातिव्याप्तिः इति वार्तिकाभिप्रायः।

भाष्यकारस्तु --- वार्तिककारेण एकवाक्यत्वेन स्वीकृतम् 'अणौ यत् कर्म णौ चेत् स कर्ता' इति सूत्रभागम् (१) अणौ यत् कर्म णौ चेत् (२) स कर्ता, इति विभज्य वाक्य-द्वयत्वेन कृत्वा 'अणौ यत् कर्म णौ चेत्' इति वाक्यस्य अणौ यत्कर्म तदेव ण्यन्ते कर्म चेत्, अर्थात्, तदतिरिक्तं कर्म नास्ति चेत् इत्यर्थं कृत्वा अतिव्याप्तिं निवार्य वार्तिकं प्रत्याख्यातवान्। एवं सूत्रस्य अतिव्याप्तिवारणं णेरणौसूत्रभाष्ये **प्रथमप्रघट्टकसारः**।

---

[7] एवमनेककक्ष्याप्रदर्शनेन लक्ष्यसाधनम् अन्वाख्यानोपायमात्रमिति वदन्ति।

[8] आरोहन्ति हस्तिनं हस्तिपकाः > आरोहयमाणः हस्ती इत्यादौ > इदं चिह्नम् 'पूर्वस्मात् प्रयोगात् उत्तरप्रयोगः निष्पन्नः' इति सूचनाय।

[9] इदं वाक्यं स्थलपदघटितत्वात् स्थलवाक्यम् इति व्यवहृतं व्याख्यानेषु। अस्य अर्थः बहुभिः बहुधा वर्णितः। ते प्रकाराः केचित् अनुबन्धे दर्शिताः। द्रष्टव्यः प्रथमानुबन्धः।

कर्मवद्भावसिद्ध्याशङ्कातन्निरसनपरद्वितीयप्रघट्टकसारः

एवं प्रथमप्रघट्टेन यदा निर्णीतम् --- अण्यन्तकर्मातिरिक्तं कर्म ण्यन्ते न स्यात्, अणौ कर्म च णौ कर्ता स्यात् इति, तदा सूत्रस्यास्य कर्मवद्भावविषयता प्राप्ता। ततश्च 'आरोहन्ति हस्तिनं मनुष्याः' इत्यत्र कर्मणः कर्तृत्वविवक्षायाम् कर्मवत्सूत्रेण आत्मनेपदे 'आरुह्यते हस्ती' इति यथा भवति, तथैव निवृत्तप्रेषणपक्षतृतीयकक्ष्यायां 'आरोहयन्ति हस्तिनं मनुष्याः' इत्यत्र कर्मणः हस्तिनः कर्तृत्वविवक्षायां कर्मवत्सूत्रेण आत्मनेपदे 'आरोहयते हस्ती' इति भवति। तत्किमर्थमिदं णेरणिसूत्रम्? इति सूत्रवैयर्थ्यशङ्का उत्थिता। तदा 'ण्यन्तात् यदि आत्मनेपदं भवति तर्हि अणौ कर्मणः णौ कर्तृत्वे एव न तु णौ कर्मणः णौ कर्तृत्वे' इति नियमार्थमिदं सूत्रमावश्यकम् इति, तेन 'गणयति गणं गोपालकः > गणयति गणः स्वयमेव' इत्यत्र आत्मनेपदं न भवति, तत्र प्रथमकक्ष्यायां [चुरादि]ण्यन्ते एव कर्मणः गणस्य द्वितीयकक्ष्यायां चुरादिण्यन्ते कर्तृत्वात् इति च समाहितम्।

एवं समादधता वार्तिककृता विषयत्रयं सूचितम् --- (१) कर्मस्थक्रियकेषु धातुष्वेव इदं सूत्रं प्रवर्तते, गणधातुश्च कर्मस्थक्रियः इति, (२) स्मरति वनगुल्मं कोकिलः > **'स्मरयति वनगुल्मः स्वयमेव' इत्यादौ आध्याना(स्मरणा)र्थकधातुस्थले कर्तृस्थक्रियत्वात् (कर्मस्थक्रियत्वाभावात्)**[10] **णेरणिसूत्रप्रसक्तिरेव नास्तीति तद्व्युदासाय 'अनाध्याने' इति पदं सूत्रे नावश्यकम्** इति, (३) अकर्मकण्यन्तधातुप्रयोगे एव इदं सूत्रं प्रवर्तते इति च।

भाष्यकारस्तु --- 'गणयति गणः स्वयमेव' इत्यादौ आत्मनेपदमिष्टमेव, सूत्रे णेः इत्यत्र णिपदेनेव अणौ इत्यत्र णिपदेनापि हेतुमण्णेरेव ग्राह्यत्वात्, प्रकृते प्रथमकक्ष्यायां चुरादिण्यन्ते कर्मणः गणस्य द्वितीयकक्ष्यायां चुरादिण्यन्ते एव कर्तृत्वे ऽपि, हेतुमण्णेरभावे कर्मणः हेतुमण्णौ कर्तृत्वाभावेन णेरणिसूत्रनियमाविषयत्वात् कर्मवद्भावेन आत्मनेपदं भवत्येव। चतुर्थकक्ष्यायां तु तादृशनियमस्य पुष्कलत्वात् णेरणिसूत्रनियमविषयत्वेन णेरणिसूत्रेणापि आत्मनेपदं भवत्येव। अतः तत्र 'गणयते गणः स्वयमेव' इत्येव इष्यते। तत्र कथमपि आत्मनेपदं वारयितुं न शक्यते।

अपि च 'अनाध्याने' इति पदं वाक्यमपि वा सर्वथा व्यर्थमिति वक्तुं न शक्यते, पाणिनेः अज्ञानकल्पनप्रसङ्गात्। अतः, वार्तिकोक्तरीत्या व्यर्थं सत् ज्ञापयति[11] ---

---

[10] द्रष्टव्यः महाभाष्यप्रदीपः ३.१.८७ वार्तिकम् ३ = यत्र क्रियायां, क्रियाकृतविशेषः कर्मणि दृश्यते यथा पक्वापक्वतण्डुलेषु पाकक्रियाकृतविशेषः, सा पचनभेदनादिः कर्मस्थक्रिया। यत्र क्रियाकृतविशेषः कर्तरि दृश्यते कर्मणि तु न, यथा दृष्टे अदृष्टे च राशि दर्शनक्रियाकृतो विशेषो नोपलभ्यते, सा दर्शनस्मरणादिः कर्तृस्थक्रिया।

[11] प्रमाणभूत आचार्यो दर्भपवित्रपाणिः शुचाववकाशे प्राङ्मुख उपविश्य महता प्रयत्नेन सूत्राणि प्रणयति स्म। तत्र अशक्यं वर्णेनापि अनर्थकेन भवितुम्, किं पुनरियता सूत्रेण इति वृद्धिरादैच् इति सूत्रभाष्योक्तरीत्या अनाध्याने इति पदं सर्वथा व्यर्थं न भवितुमर्हति। किं तु तत् कञ्चिदंशं ज्ञापयति इत्यर्थः।

आध्यानार्थकधातुजातीयकानां भवत्यनेन आत्मनेपदम् इति कल्पनीयम्। आध्यानार्थकधातुजातीयत्वं च कर्मवद्भावप्राप्तियोग्यताराहित्येन ग्राह्यम्। तथा च अकर्मकेषु कर्तृस्थभावक्रियकेषु '**आरोहयते हस्ती**' इत्यादिषु, सकर्मकेषु '**आरोहयते हस्ती हस्तिपकान्**' '**दर्शयते भृत्यान् राजा**' इत्यादिषु च इदं सूत्रं प्रवर्तते इति **सिद्धान्तितवान्** --- [**भाष्यकारः**]।

एवं सिद्धान्तितवता भाष्यकारेणापि विषयत्रयं सूचितम् --- (१) कर्मस्थक्रियकेषु धातुष्विव कर्तृस्थक्रियकेष्वपि धातुषु इदं सूत्रं प्रवर्तते इति, (२) कर्मवद्भावाप्राप्तियोग्यस्थले कर्तृस्थक्रियकादौ प्रवृत्तिज्ञापनार्थम् 'अनाध्याने' इति पदमावश्यकम् इति, (३) कर्तृस्थक्रियककर्मस्थक्रियकसकर्मकधातुप्रयोगे ऽपि इदं सूत्रं प्रवर्तते इति च। अयं **द्वितीयप्रघट्टकसारः**।

अत्रेदं बोध्यम् --- प्रथमप्रघट्टके कर्मान्तरनिवृत्तिपरवाक्यस्य प्रत्युदाहरणतया 'आरोहयमाणो हस्ती स्थलमारोहयति मनुष्यान्' इति यदा दत्तं तदा भाष्यकारस्य अयं गूढाभिसन्धिः --- अकर्मकप्रयोग एव सूत्रस्यास्य लक्ष्यम् इति वार्तिकमते स्थलमनुष्यरूपकर्मद्वयसत्त्वात् आत्मनेपदं न भवति। यदा तु 'सकर्मकप्रयोगो ऽपि सूत्रस्यास्य उदाहरणम् इति स्वसिद्धान्तः आविष्क्रियते तदा स्थलरूपकर्मणः एकस्य आधिक्यात् आत्मनेपदं न भवति' इति ज्ञास्यते अध्येतृभिः इति। एवं वार्तिककारमतस्वमतयोः उभयोः अनुकूलतया प्रथमप्रघट्टके स्थलवाक्यं प्रत्युदाहरणतया दत्तं भाष्यकृता। अतः भाष्यकृतः पूर्वापरविरोधशङ्का न कार्या इति।

अतिप्रसक्त्यन्तरवारणपरतृतीयप्रघट्टकसारः

एवम् 'सकर्मकस्य कर्मस्थक्रियकस्य ण्यन्तस्य धातोः प्रयोगे पूर्वं कर्मणः इदानीं कर्तृत्वविवक्षायाम् अकर्मकत्वे च णेरणिसूत्रं प्रवर्तते' इति द्वितीयप्रघट्टके वार्तिककृता यदा निर्णीतं तदा 'आत्मा घातयति' इत्यादौ अपि णेरणिसूत्रं प्राप्नोति। तथा हि 'आत्मा (= देवदत्तः) आत्मानं हन्ति > आत्मा हन्यते > आत्मा आत्मानं घातयति > आत्मा घातयति' इत्येवं क्रमेण चतुर्थकक्ष्यायां निष्पन्ने 'आत्मा घातयति' इत्यादौ अणौ कर्मणः णौ कर्तृत्वात् अण्यन्तकर्मातिरिक्तकर्मणः अभावाच्च सूत्रं प्राप्नोति, तच्च नेष्यते। तद्वारणार्थम् 'आत्मनः कर्मत्वे प्रतिषेधः' इति वार्तिकं कृतम्। अण्यन्तावस्थायाम् आत्मन्शब्दवाच्यस्य कर्मत्वे तस्यैव ण्यन्तावस्थायां कर्तृत्वे प्रकृतसूत्रेण प्राप्तमात्मनेपदं न भवति इति तदर्थः।

तत्र ण्यन्ताण्यन्तयोः आत्मन्शब्दवाच्यः भिन्नः (शरीरावच्छिन्नः आत्मा अणौ कर्म, अन्तःकरणावच्छिन्नः आत्मा तु णौ कर्ता) इति स्वीकारे तु सूत्रप्रवृत्तिशङ्कैव नास्ति इत्यभिप्रायेण 'न वा ण्यन्ते अन्यस्य कर्तृत्वात्' इति वार्तिकं कृतम्।

भाष्यकारस्तु वार्तिकोक्तार्थं यथातथं स्वीकृतवान् इव लक्ष्यते। पूर्वप्रघट्टकयोरिव अत्र प्रघट्टके भाष्यकृता विशिष्य किमपि नोक्तम्। अयं **तृतीयप्रघट्टकसारः**।

एतत्प्रघट्टकत्रये ऽपि वार्तिकभाष्यार्थावबोधाय अपेक्षितानामंशानां सर्वेषां लाभः कैयटादिकृतव्याख्यानद्वारैव भवति नान्यथा इति स्थितिः। परं तु एतादृशेष्वपि व्याख्यानेषु तत्र तत्र गौरवं युक्तिदूरता इत्यादिकं दृश्यत इव। तदिदानीं किञ्चित् प्रदर्श्यते।

द्वितीयप्रघट्टकभाष्यव्याख्याने कैयटः क्वचित् चिन्त्यः इत्याभाति

तथा हि प्रथमप्रघट्टकभाष्यवार्तिकाभ्यां 'आरोहयते हस्ती' इति णेरणिसूत्रोदाहरणमिति सूचितम्। ततः द्वितीयप्रघट्टके 'णेरणौसूत्रकार्यं कर्मवद्भावात्सिद्धम्' इत्याशङ्क्य समाहितम्। तत्र कर्मवद्भावात् सिद्धिं निरूपयता वार्तिकव्याख्यात्रा कैयटेन 'आरोहयन्ति हस्तिनं हस्तिपकाः > आरोहयते हस्ती' इत्यत्र खलु कर्मवद्भावेन सिद्धिः प्रतिपादनीया। परं तु तेन 'लावयति केदारं देवदत्तः > लावयते केदारः' इत्यत्र सा सिद्धिः प्रतिपादिता। भाष्यदृशा आरोहयतिः कर्तृस्थक्रियकः, तत्र कर्मवद्भावः न भवति इति तस्याशयः स्यात्। परं तु वार्तिककाराभिप्रायाविष्करणावसरे तदभिप्राय एव खलु आविष्करणीयः, न तु भाष्यकाराभिप्रायः।

अपि च वार्तिकाभिप्रायं निरस्य णेरणौसूत्रस्य कर्तृस्थक्रियाद्यर्थत्वप्रतिपादनपरभाष्यव्याख्यानावसरे कैयटेन उक्तम् --- 'रुहिर्गतिविशेषवचन इति यद्धितुपरं छन्दसि ८.१.५६ इत्यत्र भाष्यकारो वक्ष्यति। एवं च कर्तृस्थक्रियत्वान्नास्त्यत्र कर्मवद्भावः, एवं च आरुह्यते हस्ती स्वयमेवेति ये कर्मवद्भावं प्रदर्शयन्ति ते न्यायं भाष्यं च बाधमाना अवधीरणीयाः' इति। एवं हरदत्तेनापि णेरणिसूत्रकाशिकाव्याख्याने '... एवं चारुह्यते हस्ती स्वयमेवेति कर्मवद्भावं प्रदर्शयन्तो भाष्यन्यायविरोधादुपेक्ष्याः' इति उक्तम्।

एतच्च, वाक्यपदीयसाधनसमुद्देशे 'न्यग्भावना न्यग्भवनं रुहौ शुद्धे प्रतीयते'[12] इत्यादिकारिकाव्याख्याने हेलाराजेन प्रदर्शितम् 'आरुह्यते हस्ती' इति कर्मवद्भावसहितं प्रयोगं मनसि निधाय प्रवृत्तमिति स्पष्टमेव तद्विदाम्।

'कर्मकर्तृत्वात्सिद्धम्' इति णेरणौसूत्रभाष्यस्थवार्तिकमतप्रदर्शनपरद्वितीयप्रघट्टकव्याख्यानप्रवृत्तेन भर्तृहरिणा तावत्, :न्यग्भावना न्यन्यग्भवनं रुहौ शुद्धे प्रतीयते' इत्यादिकारि-

---

[12] एताः संपूर्णाः कारिकाः तत्र आशयभेदाश्च तृतीयानुबन्धे आकरनिर्देशपूर्वकं दत्ताः।

कया आरुहधातोः न्यग्भावनन्यग्भवनार्थत्वं प्रदर्श्य कर्मस्थक्रियत्वं कर्मवत्सूत्रविषयत्वं च प्रदर्शितम्। ततः तद्व्याख्याने हेलाराजेन 'आरुह्यते हस्ती' इति कर्मवद्भावसहितः प्रयोगः प्रदर्शितः। किं च 'न्यग्भावनं विक्लित्तिवत् कर्मस्थमिति रुहिः कर्मस्थक्रियः। अतः वाक्यकारस्य (= वार्तिककारस्य) कर्मवद्भावः' इत्युक्तम्।

एवं वार्तिकाभिप्रायविवरणकाले भाष्यकाराशयानुसरणम्, वार्तिकाशयविवरणपरेषु व्याख्यातृषु एवमवधीरणप्रकाशनं च नोचितमित्याभाति।

उद्घाटिते तु भाष्यसिद्धान्ते अङ्गीकृते च यथोत्तरं मुनीनां प्रामाण्ये रुहिः कर्तृस्थक्रियः इति तत्र कर्मवद्भावो न भवति इति तु स्वीक्रियते एव।

एवं तृतीयप्रघट्टकव्याख्याने च कैयटादयः बहवः चिन्त्या इव आभान्ति। तथा हि --- कर्मस्थक्रियकेषु अकर्मकेष्वेव णेरणिसूत्रं प्रवर्तते न तु कर्तृस्थक्रियकेषु (= कर्तृस्थक्रियकेषु अकर्मकेषु सकर्मकेषु वा) प्रवर्तते इति वार्तिकाशयः इति, कर्तृस्थक्रियकेषु (= कर्तृस्थक्रियकेषु अकर्मकेषु सकर्मकेषु च) कर्मस्थक्रियकेषु तु सकर्मकेष्वेव प्रवर्तते नतु कर्मस्थक्रियकेषु अकर्मकेषु इति भाष्याशयः इति च द्वितीयप्रघट्टकान्ते सिद्धम्।

ततः सूत्रस्य अतिप्रसङ्गवारणाय 'आत्मनः कर्मत्वे प्रतिषेधः, न वा ण्यन्ते अन्यस्य कर्तृत्वात्' इति वार्तिकद्वयं प्रवृत्तं तृतीयप्रघट्टके। तत्र आत्मा आत्मानं हन्ति > आत्मा घातयति इति उदाहरणं दत्तं भाष्यकृता।

अत्र 'आत्मनः कर्मत्वे' इति प्रतीकमादाय कैयटेन --- यदा एकमेव वस्तु बुद्ध्या प्रविभज्य कर्मत्वेन कर्तृत्वेन च विवक्ष्यते तदा प्रतिषेध इत्यर्थः इत्युक्तम्। तद्व्याख्याने उद्योते --- अण्यन्ते कर्मणः आत्मनः ण्यन्ते कर्तृत्वेन अण्यन्तावस्थास्थकर्तृकर्मातिरिक्तकर्माभावेन च आत्मनेपदस्य एतत्सूत्रप्राप्तस्य प्रतिषेधो वक्तव्य इत्यर्थः। भाष्योदाहरणे आत्मानमिति उभयान्वयि ... इत्युक्तम्। तेन ज्ञायते कैयटादिभिः वार्तिके ण्यन्ते इति पदमध्याहृत्य --- 'आत्मन्शब्दवाच्यः ण्यन्ते यदा कर्म भवति तदा आत्मनेपदं न भवति इति व्याख्यातम् इति।

अत्र शिवरामेन्द्रसरस्वतीमहाभागैश्च आत्मनः ण्यन्ते कर्तृत्वे कर्मत्वे च आत्मनेपदं न इति व्याख्यातम्[13]। भाष्योदाहरणे आत्मानम् इति मध्यमणिन्यायेन उभयान्वयि इति स्वीकृत्य 'आत्मा (= देवदत्तः) आत्मानं घातयति' इति सकर्मकप्रयोगे[14] आत्मनेपदं न इति वार्तिकभाष्ययोः अभिप्रायः साधितः।

ततः 'न वा ण्यन्ते ऽन्यस्य कर्तृत्वात्' इति वार्तिकभाष्ययोः व्याख्यावसरे तदाशयः एवं प्रकटितः --- आत्मा आत्मानं हन्ति > आत्मा आत्मानं घातयति इत्यत्र अणौ कर्म

---

[13] द्रष्टव्यः शिवरामेन्द्रसरस्वतीकृतणेरणिसूत्रव्याख्यायाः हस्तलेखः।

[14] अयं प्रयोगः आत्मा आत्मानं हन्ति > आत्मा आत्मानं घातयति इति क्रमेण अध्यारोपितप्रेषणपक्षरीत्या निष्पन्नः न तु पूर्वप्रदर्शितनिवृत्तप्रेषणपक्षरीत्या इति बोध्यम्। द्रष्टव्यः द्वितीयानुबन्धः।

शरीरात्मा, णौ कर्ता तु अन्तरात्मा। अतः अणौ कर्मणः णौ कर्तृत्वाभावात् आत्मनेपदप्रसक्तिरेव नास्तीति निषेधापेक्षा नास्ति इति।

एवंव्याख्यातॄणां पुरतः एका शङ्का जागर्ति --- आत्मा आत्मानं हन्ति > आत्मा हन्यते > आत्मा आत्मानं घातयति > आत्मा घातयति इत्यत्र चतुर्थकक्ष्याप्रयोगे यदा अणौ कर्मत्वेन विवक्षित एव आत्मा णौ कर्तृत्वेन विवक्ष्यते तदा प्रतिषेधार्थं वार्तिकमावश्यकम्। तत् कुतः प्रत्याख्यातम्? इति।

एवं स्थिते तादृशप्रयोगाणामनभिधानम् इति केचित्[15] तत्र कर्मवत्सूत्रेण आत्मनेपदं भवत्येव इति अन्ये च उक्तवन्तः[16]।

एवम् **अकर्मकं कर्तृस्थक्रियकमेव** ण्यन्तं णेरणिसूत्रस्य लक्ष्यं मन्वानाः हरिदीक्षितादयः वार्तिके अणौ इति पदमध्याहृत्य --- आत्मनः अणौ कर्मत्वे तत्प्रकृतिकण्यन्तात् आत्मनेपदं न भवति इत्युक्त्वा 'आत्मा घातयति' इत्येव लक्ष्यं स्वीकृतवन्तः।

एवंव्याख्यातॄणां पुरतः शङ्काद्वयं जागर्ति --- (१) हनधातोः कर्तृस्थक्रियत्वाभावात् कथं णेरणिसूत्रेण प्राप्तिः, येन निषेधः सार्थकः स्यात्? इति, (२) कर्तृस्थक्रियकधातुप्रयोगे एव एकस्यैव आत्मनः कर्तृत्वे कर्मत्वे 'आत्मा आत्मानं पश्यति > आत्मा दर्शयते' इत्यादौ णेरणिसूत्रेण प्राप्तस्य आत्मनेपदस्य वारणार्थं वार्तिके आवश्यके सति कथं प्रत्याख्यातम्? इति च।

अत्र ते वदन्ति --- एतद्भाष्यप्रामाण्यात् हन्धातुस्थले एव अयं निषेधः नतु 'आत्मा आत्मानं पश्यति > आत्मा दर्शयते' इत्यादौ। तथा च 'आत्मा दर्शयते' इत्यादौ आत्मनेपदं भवत्येव इति[17]।

इदानीं यः कश्चन यदि पृच्छति --- कर्तृस्थक्रियकेषु अकर्मकेष्वेव सूत्रप्रवृत्तिं स्वीकृतवतां दीक्षितादीनां 'घातयति आत्मा' इत्यादौ कर्मस्थक्रियकेषु का सूत्रस्य प्रसक्तिः? प्रसक्त्यभावे किमर्थं वार्तिकमुत्थितम्? इति, इदं पूर्वप्रघट्टकवार्तिकाशयानुगुणं वा? इति, तदा किं ते समादधति इति चिन्तनीयम्।

मम तु इदमाभाति --- प्रथमद्वितीयप्रघट्टकयोः वार्तिकभाष्यकारमते भिन्ने इति स्फुटं प्रतीयमानत्वात् तृतीयप्रघट्टके भाष्यं प्रकारान्तरस्य उपलक्षकम् इति स्वीकर्तव्यमिति। अयमाशयः --- राजा (= आत्मा) आत्मानम् हन्ति > **आत्मा घातयति** इत्यादौ

---

[15] द्रष्टव्यः महाभाष्यप्रदीपोद्द्योतः १.३.६७ वार्तिक ९ = एकस्यैव आत्मनः कक्ष्यान्तरे कर्तृत्वं तु अनभिधानान्न इति सिद्धान्ताशयः।

[16] द्रष्टव्यः बृहच्छब्दरत्नः १.३.६७ = एकस्यैव आत्मनः कर्तृत्वकर्मत्वाङ्गीकारे तु कर्मवद्भावेन आत्मनेपदं दुर्वारमिति भाष्यकाराणामाशयः।

[17] द्रष्टव्यः बृहच्छब्दरत्नः १.३.६७।

अकर्मकमेव कर्मस्थक्रियकमेव वार्तिकाभिमतमुदाहरणम्। कर्तृस्थक्रियके (= अकर्मके सकर्मके च) कर्मस्थक्रियके तु सकर्मके एव सूत्रप्रवृत्तिं स्वीकृतवतः भाष्यकारस्य तु 'राजा (= आत्मा), आत्मानं पश्यति > आत्मा आत्मानं दर्शयति' इत्यादिकमपि। इदं तु कण्ठरवेण यद्यपि नोक्तम्, तथापि पूर्वप्रघट्टकद्वयभाष्यानुसारेण उन्नेतुं शक्यते इति भाष्यकृता मौनमाश्रितम् इति कल्पनं लघुभूतम्। मुनिद्वयसंबन्धिमतभेदस्य स्फुटप्रदर्शकं च भवति इति।

अर्थात्, वार्तिककारस्य मते कर्मस्थक्रियकाकर्मकण्यन्तधातुसहिते 'हन्ति आत्मानम् > घातयति आत्मा' इत्यादौ अतिव्याप्तिवारणार्थं वार्तिकद्वयं, भाष्यकारस्य मते तु (१) राजा (= आत्मा) आत्मानम् पश्यति > आत्मा पश्यति > आत्मा आत्मानम् दर्शयति > **आत्मा दर्शयति** इत्यादौ कर्तृस्थक्रियके अकर्मके, (२) राजा (= आत्मा) आत्मानं पश्यति > **आत्मा आत्मानं दर्शयति** इत्यादौ सकर्मके, (३) हन्ति आत्मानम् आत्मा > **घातयत्यात्मा आत्मानम्** इत्यादौ कर्मस्थक्रियके सकर्मके ऽपि अतिव्याप्तिवारणार्थमिदं वार्तिकद्वयमिति भावः।

अत्र काचित् शङ्का जायते --- वार्तिककारेण 'घातयति आत्मा' इत्यादौ अति-व्याप्तिवारणार्थं कृतयोः वार्तिकयोः परवर्तिना भाष्यकारेण स्वाभिप्रायानुगुणतया व्या-ख्यानं समुचितं वा? इति। तस्येदं समाधानमाभाति --- सूत्रं वार्तिकं च कालतः पूर्वम् अभिप्रायान्तरेण रचितमपि यदि मुनित्रये परवर्तिना मुनिना पूर्वमुन्यनभिमतार्थपरतया व्याख्यायते तदा तदेव व्याख्यानं स्वीकार्यमिति संप्रदायः 'यथोत्तरं मुनीनां प्रामाण्यम्' इति स्वीकुर्वद्भिः वैयाकरणैः आदृतः। अतः एवं व्याख्यानं समुचितमेव इति।

एवं णेरणौसूत्रार्थस्य कर्मवद्भावेन सिद्धिप्रदर्शनपरभर्तृहरिकारिकाव्याख्याने ऽपि केचित् भ्रान्ता इव दृश्यन्ते

एवमेव, णेरणौसूत्रस्थस्य कर्मकर्तृत्वात्सिद्धम् इत्यादिवार्तिकस्य आशयवर्णनपरायाः 'न्यग्भावना न्यन्यग्भवनम् ...' इत्यादिभर्तृहरिकारिकायाः अध्यारोपितप्रेषणपक्षीयोदा-हरणपरत्वं वर्णितं बृहच्छब्दरत्नकृता हरिदीक्षितेन।[18]

एवं वेङ्कटदासनामकेन केनचित् 'न्यग्भावना न्यन्यग्भवनम् ...' इत्यादिसार्धकारि-कायाः अध्यारोपितप्रेषणपक्षीयोदाहरणपरत्वं 'निवृत्तप्रेषणात् धातोः' इत्यादिकारिकार्धस्य तु निवृत्तप्रेषणपक्षीयोदाहरणपरत्वं वर्णितम्।

नागेशेन तु प्रदीपव्याख्याने उद्योते लघुशब्देन्दुशेखरे च णेरणौसूत्रव्याख्यानावसरे कारिकाद्वयस्यापि निवृत्तप्रेषणपक्षीयोदाहरणपरत्वमेव वर्णितम्।

---

[18] एतत्कारिकासंबन्धिविवरणभेदाः तृतीयानुबन्धे द्रष्टव्याः।

वस्तुतः वाक्यपदीये दृष्टे 'न्यग्भावना न्यन्यग्भवनम्' इत्यादिकारिकाद्वयमपि निवृत्तप्रेषणपक्षरीत्या उदाहरणवर्णनपरमिति 'केषांचित् देवदत्तादेः' इति कारिका तु अध्यारोपितप्रेषणपक्षरीत्या द्वितीयकक्ष्यावर्णनपरा इति च ज्ञायते, एवं प्राचीनं हेलाराजग्रन्थमनादृत्य हरिदीक्षित-वेङ्कटदासादिभिः किमर्थमन्यादृशी व्याख्या कृता इति चिन्त्यं सुधीभिः।

उपसंहारः

एवं तत्र तत्र व्याख्यानेषु चिन्त्यतासत्त्वे ऽपि तानि अवश्यमध्येयानि। तत्र बहवः उपयोगिनः अपूर्वाः विषयाः लभ्यन्ते। तत्साहाय्यं विना पूर्वग्रन्थार्थावबोध एव अस्माकं न भवति, किमुत तत्समीक्षाविमर्शादिकम्। अतः ते प्राचीनव्याख्याग्रन्थाः अवश्यमध्येयाः। अत्र स्मारयितुमिच्छामि अभिनवगुप्तपादाचार्यवचनानि ---

ऊर्ध्वोर्ध्वमारुह्य यदर्थतत्त्वं धीः पश्यति श्रान्तिमवेदयन्ती।
फलं तदाद्यैः परिकल्पितानां विवेकसोपानपरम्पराणाम्॥
चित्रं निरालम्बनमेव मन्ये प्रमेयसिद्धौ प्रथमावतारम्।
सन्मार्गलाभे सति सेतुबन्धपुरप्रतिष्ठादि न विस्मयाय॥
तस्मात्सतामत्र न दूषितानि मतानि तान्येव तु शोधितानि।[19] ॥ इति।

---

[19] नाट्यशास्त्रव्याख्या अभिनवभारती षष्ठाध्यायः पृ. २२७।

प्रथमानुबन्धः

स्थलवाक्यस्य विवरणभेदाः

आरोहन्ति हस्तिनं हस्तिपकाः --- **आरोहयमाणो हस्ती स्थलम्**[20] **आरोहयति मनुष्यान्** इति वाक्यं कर्मान्तरनिवृत्तिपरवाक्यस्य प्रत्युदाहरणतया दत्तं प्रथमप्रघट्टकभाष्ये ।

अत्र 'आरोहयमाणो हस्ती' इति णेरणिसूत्रस्य निवृत्तप्रेषणपक्षे उदाहरणं दृष्टान्तार्थं दत्तम्। तत्र अणौ कर्मणः हस्तिनः णौ कर्तृत्वबोधनाय अण्यन्तकर्मातिरिक्तकर्मणः ण्यन्ते अभावबोधनाय च 'आरोहन्ति हस्तिनं हस्तिपकाः' इति वाक्यं दत्तम्। 'हस्ती स्थलमारोहयति मनुष्यान्' इति भाग एव णेरणौसूत्रस्थस्य 'णेरात्मनेपदविधाने ऽण्यन्तस्य कर्म णस्तत्रोपलब्धिः' इति वार्तिकस्य वा 'अणौ यत् कर्म णौ चेत्' इति भाष्यकारकल्पित-वाक्यस्य वा प्रत्युदाहरणतया दत्तः। 'हस्ती'ति तु दृष्टान्तवाक्ये प्रत्युदाहरणवाक्ये च अन्वेति। प्रत्युदाहरणवाक्यस्य अस्य मूलभूततया कल्पिते 'आरोहयमाणं हस्तिनं मनुष्याः आरोहन्ति' इति प्रयोगे कर्मणः हस्तिनः यदि प्रयोजककर्तृत्वं विवक्ष्यते, यदि च मनुष्याः प्रयोज्यत्वेन विवक्ष्यन्ते, तदा --- 'आरोहयमाणो हस्ती आरोहयति मनुष्यान्' इति प्रयोगो भवति। अत्र अणौ कर्म हस्ती अध्यारोपितप्रेषणपक्षरीत्या णौ कर्ता जातः। अत्र ण्यन्ते णिच्प्रकृतिभूतरुहधात्वर्थं प्रति आकाङ्क्षावशात् 'स्थलम्' अपूर्वतया कर्मत्वेन यदि विवक्ष्यते तदा 'आरोहयमाणो हस्ती स्थलमारोहयति मनुष्यान्' इति प्रयोगो भवति।

अत्र अण्यन्तकर्मातिरिक्तयोः स्थलमनुष्ययोः कर्मणोः सत्त्वात् ण्यन्तात् णेरणिसूत्रेण आत्मनेपदं न भवति इति वार्तिकानुयायिनामाशयः। स्थलस्य अपनयने ऽपि अर्थात् 'आरोहन्ति हस्तिनं मनुष्याः > **आरोहयति हस्ती मनुष्यान्**' इत्यादावपि णेरणिसूत्रं न प्रवर्तते, अण्यन्तकर्मातिरिक्तस्य मनुष्यरूपस्य कर्मणः सत्त्वात् इति वार्तिककृदाशयः। अध्यारोपितप्रेषणपक्षे द्वितीयकक्ष्यायां न भवतीति सारः।

भाष्यानुयायिनस्तु --- 'अणौ यत् कर्म णौ चेत्' इति द्वितीयवाक्ये कर्मपदं कर्तुरप्युप-लक्षकमिति स्वीकृत्य 'अणौ ये कर्तृकर्मणी तदतिरिक्तकर्मसत्त्वे एव ण्यन्तात् आत्मने-पदाभावः' इति, स्थलस्य कर्मणः सत्त्वे पूर्वोक्तवाक्ये आत्मनेपदं न भवति, अण्यन्तकर्तृ-कर्मातिरिक्तकर्मणः सत्त्वात्, तदपनयने तु '**आरोहयते हस्ती मनुष्यान्**' इति आत्मनेपदं भवत्येव, तत्र अण्यन्तकर्तृरूपस्यैव कर्मणः सत्त्वात्, इति वदन्ति।

---

[20] गजपृष्ठस्थं काष्ठादिमयमुपवेशनस्थानं स्थलमित्युच्यते। लघुशब्देन्दुशेखरः १.३.६७। इदं वाक्यं स्थल-रूपकर्मान्तरघटितत्वात् स्थलवाक्यम् इति व्यवहृतं व्याख्यानेषु।

भाष्यवार्तिकमतद्वये ऽपि भाष्यप्रदर्शितप्रत्युदाहरणे 'आरोहयमाणो हस्ती' इति भागः दृष्टान्तार्थः --- यथा तत्र आत्मनेपदं भवति तद्वत् स्थलादिकर्मान्तरसत्त्वे ऽपि आत्मनेपदं प्राप्नोति। तद्वारणार्थं वार्तिकं वा भाष्यकल्पितं द्वितीयवाक्यं वा अवश्यमाश्रयणीयम् इत्यर्थः। तत्र हस्तीति पदं मध्यमणिन्यायेन उभयान्वयि इति तेषामाशयः।

हरदत्तादयस्तु --- मनुष्याः स्थलमारोहन्ति > आरोहयमाणः (हस्तिपककर्तृकारोहणविषयीभूतः) हस्ती मनुष्यान् स्थलमारोहयति इति हस्तिनं शुद्धप्रयोजकत्वेन स्वीकृतवन्तः।

हरिदीक्षितादयः --- आरोहयमाणो हस्ती इति पर्यन्तं दृष्टान्तः, हस्ती इति तु न उभयान्वयी। [मनुष्याः स्थलमारोहन्ति >] स्थलं मनुष्यान् आरोहयति इति अध्यारोपितप्रेषणपक्षद्वितीयकक्ष्यारूपं तु प्रत्युदाहरणम् इत्येवं स्वीकृतवन्तः।

अण्यन्तण्यन्तयोः समानक्रियत्वे एव णेरणिसूत्रप्रवृत्तिं वदतां हरदत्तादीनां मते अण्यन्तण्यन्तयोः क्रियासाम्याभावात् तत्र णेरणिसूत्रस्य नातिव्याप्तिः। एवमस्य वाक्यस्य बहुधा व्याख्याः दृश्यन्ते।

द्वितीयानुबन्धः

णेरणौसूत्रस्य कर्मस्थक्रियकधातुप्रकृतिकण्यन्तधातुघटिताः अकर्मका एव प्रयोगाः उदाहरणभूताः इति वार्तिककारस्य मतम्। कर्तृस्थक्रियकधातुप्रकृतिकण्यन्तधातुघटिताः अकर्मकाः सकर्मकाश्च प्रयोगाः, कर्मस्थक्रियकधातुप्रकृतिकण्यन्तधातुघटितास्तु सकर्मका एव प्रयोगाः णेरणिसूत्रस्य उदाहरणभूताः इति भाष्यकारस्य मतम्।

यैः धातुभिः कर्मस्था क्रिया बोध्यते ते धातवः **कर्मस्थक्रियकाः**। यैः धातुभिः कर्तृस्था क्रिया बोध्यते ते धातवः **कर्तृस्थक्रियकाः**।

का **कर्मस्था क्रिया**? यत्र क्रियाकृतविशेषः कश्चित् कर्मणि कालान्तरे कर्तुरसन्निधाने ऽपि उपलभ्यते सा क्रिया कर्मस्थक्रिया। यथा पचनभेदनादिः। पचनक्रियाकर्मणि तण्डुलरोटिकादौ पचनक्रियाकृतः मार्दवकाठिन्यादिः विशेषः कालान्तरे ऽपि उपलभ्यते। अतः सा क्रिया कर्मस्था। एवं भेदनक्रियाकर्मणि काष्ठादौ भेदनक्रियाकृतः द्विधाभवनादिः विशेषः कालान्तरे ऽपि उपलभ्यते। अतः सा क्रिया कर्मस्था। एतादृशक्रियाबोधकधातुप्रयोगे एव कर्मवत्कर्मणा तुल्यक्रियः (३.१.८७) इति सूत्रेण कर्मवद्भावेन आत्मनेपदादिः भवति।

का **कर्तृस्था क्रिया**? यत्र क्रियाकृतविशेषः कश्चित् कर्मणि न उपलभ्यते, किन्तु कर्तर्येव उपलभ्यते सा क्रिया कर्तृस्था। यथा दर्शनगमनादिः। 'भृत्याः राजानं पश्यन्ति' इत्यादौ दर्शनक्रियाकर्मणि राजादौ दर्शनक्रियाकृतः विशेषः कश्चिदपि कालान्तरे नोपलभ्यते। किन्तु दर्शनक्रियाकृतः हर्षादिः कर्तृषु भृत्येष्वेव उपलभ्यते। एवं 'भृत्याः ग्रामं गच्छन्ति' इत्यादौ गमनक्रियाकर्मणि ग्रामादौ गमनक्रियाकृतः विशेषः कश्चिदपि ग्रामे कालान्तरे नोपलभ्यते। अतः एतादृशी क्रिया कर्तृस्था। एतादृशक्रियाबोधकधातुप्रयोगे आत्मनेपदसिद्ध्यर्थमेव णेरणौ ... (१.३.६७) इति सूत्रं प्रवृत्तम्।

एतत्सूत्रलक्ष्याणां साधने प्रकारद्वयमस्ति --- **निवृत्तप्रेषणपक्ष**रीत्या साधनम् **अध्यारोपितप्रेषणपक्ष**रीत्या साधनं चेति।

'आरोहन्ति हस्तिनं हस्तिपकाः' इति प्रथमकक्ष्यायां कर्तृव्यापारं निवर्त्य कर्मणि हस्तिन्येव तद्विवक्षित्वा 'हस्ती आरुह्यते / आरोहति (= न्यग्भवति)' इति द्वितीयकक्ष्यां संपाद्य, ततः पूर्वं निर्वर्तितस्य कर्तृव्यापारस्य प्रयोजकव्यापारत्वेन विवक्षायां णिचं कृत्वा 'आरोहयन्ति हस्तिनं हस्तिपकाः' इति तृतीयकक्ष्यां संपाद्य, पुनरपि हस्तिपकानां प्रयोजककर्तृव्यापारस्य अविवक्षणेन कर्मणि हस्तिन्येव तद्विवक्षणेन च '**आरोहयते हस्ती**' इति चतुर्थकक्ष्यासंपादनं, तत्र णेरणौसूत्रप्रवर्तनं च इति यत् तत् **निवृत्तप्रेषणपक्ष**रीत्या लक्ष्य-

साधनम् इत्युच्यते। अत्र अणौ कर्मणः णौ कर्तृत्वसाधनमेव निवृत्तप्रेषणपक्षरीत्या भवति। ततः लक्ष्यसाधनं भवति। अयम् आद्यप्रकारः।

'आरोहन्ति हस्तिनं हस्तिपकाः' इति प्रथमकक्ष्यास्थकर्मणि हस्तिनि प्रेषणाध्यारोपणे अर्थात्, तत्रत्यकर्मण एव प्रयोजकत्वेन तत्रस्थकर्तुः प्रयोज्यत्वेन च विवक्षणे धातोः णिचि **आरोहयते हस्ती मनुष्यान्** इति द्वितीयकक्ष्या भवति। अत्र कर्तृकर्मगतप्रयोज्य-प्रयोजकभावाविवक्षादिना **आरोहयते हस्ती** स्वयमेव इति तृतीयकक्ष्या भवति। एवं द्वीतीयतृतीयकक्ष्ययोः अणौ कर्मणः णौ कर्तृत्वसाधनं **अध्यारोपितप्रेषणपक्षरीत्या** भवति। ततः लक्ष्यसाधनं भवति। अयं द्वितीयः प्रकारः।

अत्र आद्यप्रकारे द्वितीयप्रकारे च अकर्मकप्रयोग एव सूत्रस्य लक्ष्यमिति वार्तिकाभिप्रायः। द्वितीयप्रकारे द्वितीयकक्ष्या ऽपि उदाहरणमिति भाष्यकाराभिप्रायः।

तृतीयानुबन्धः

न्यग्भावना न्यन्यग्भवनं रुहौ शुद्धे प्रतीयते।
न्यग्भावना न्यन्यग्भवनं ण्यन्ते ऽपि प्रतिपद्यते॥
अवस्थां पञ्चमीमाहुः ण्यन्ते तां कर्मकर्तरि।
निवृत्तप्रेषणाद्धातोः प्राकृते ऽर्थे णिजुच्यते॥ (वाक्यपदीय, साधनसमुद्देश, कारिका ५९-६०)

केषां चिद्देवदत्तादेर्व्यापारो यः सकर्मके।
स विना देवदत्तादेः कटादिषु विवक्ष्यते॥ (वा.कारिका ६२)
निवृत्तप्रेषणं कर्म स्वस्य कर्तुः प्रयोजकम्।
प्रेषणान्तरसंबन्धे ण्यन्ते लेनाभिधीयते॥ (वा.कारिका ६३)

अत्र प्रथमकारिकाद्वयेन वार्तिककारमतमनुसृत्य निवृत्तप्रेषणपक्षरीत्या **आरोहयते हस्ती** इति प्रयोगः विवृतः। तृतीयचतुर्थकारिकाभ्यां तु भाष्यकारमतमनुसृत्य अध्यारोपितप्रेषण-पक्षरीत्या **आरोहयते हस्ती मनुष्यान्** इति द्वितीयकक्ष्या, (ततः हस्तिमनुष्ययोः प्रयोज्यप्रयोजकभावाविवक्षणेन निष्पन्ना) **आरोहयते हस्ती** इति तृतीयकक्ष्या च विवृते। अत एव प्रथमकारिकाद्वयव्याख्यानानन्तरम् 'एवं प्रैषस्य निवृत्त्या कर्मणः कर्तृत्वमुपपाद्य प्रैषाध्यारोपेणापि तदुपपादयितुमाह' इत्यवतारिता तृतीया कारिका। निवृत्तप्रेषणपक्षे द्वितीयतृतीयकक्ष्ययोः अध्यारोपितप्रेषणपक्षतृतीयकक्ष्यायां च वस्तुतः प्रेषणाभावे ऽपि णिच्संपादनार्थमुक्तम् --- 'निवृत्तप्रेषणाद्धातोः प्राकृते ऽर्थे णिजुच्यते' इति, इत्येषा वस्तुस्थितिः।

एताः कारिकाः प्रायशः णेरणौसूत्रभाष्यप्रदीपव्याख्याने उद्योते नागेशेन विवृताः। तत्र उदाहरणभूतायाः अवस्थायाः पञ्चमीत्वं च एवं प्रदर्शितम् --- तत्र द्वितीयकक्ष्यायां फलसमानाधिकरणो व्यापारो ऽर्थः। ततो णिचि तृतीया कक्ष्या। ततो णिजर्थव्यापारस्य प्रकृत्यर्थस्य फलसमानाधिकरणव्यापारस्य च त्यागे चतुर्थी कक्ष्या। ततः फलसमाना-धिकरणे व्यापारे प्रवर्तनात्वेन विवक्षिते णिच्युदाहरणभूतायाः पञ्चमीत्वम्। उभयत्रापि णिज्निर्वाहाय सर्वान्ते हरिणा 'निवृत्तप्रेषणात् ...' इत्युक्तम् इति।

णेरणौसूत्रव्याख्याने हरिदीक्षितास्तु पूर्वोक्तकारिकाद्वयं निवृत्तप्रेषणाध्यारोपितप्रेषणपक्षद्वयविवरणपरतया व्याचक्षाणाः आहुः[21] --- आरोहति हस्ती, आरोहन्ति हस्तिनं हस्तिपकाः इति कक्ष्याद्वयस्य आद्यार्थेन सङ्ग्रहः। निवृत्तप्रेषणाध्यारोपितप्रेषणपक्षाद्यकक्ष्यायाः एकत्वात् न भेदेन सङ्ग्रहः। ण्यन्ते विद्यमाने रुहौ न्यग्भवनं न्यग्भावनमर्थः। णिचोऽर्थस्तु प्रेरणेति द्वितीयार्धस्य अर्थः। तेन निवृत्तप्रेषणतृतीयकक्ष्यायाः अध्यारोपितप्रेषणद्वितीयकक्ष्यायाश्च सङ्ग्रहः। उदाहरणभूतकक्ष्यायास्तु 'अवस्थाम् ...' इत्यादिना सङ्ग्रहः ... इति।

वेङ्कटदासास्तु गजसूत्रवादार्थनामके णेरणौसूत्रव्याख्यानपरे स्वस्य लघुनिबन्धे[22] एतत्कारिकाद्वये सार्धां प्रथमां कारिकाम् अध्यारोपितप्रेषणपक्षमात्रपरतया व्याचक्षाणाः आहुः --- '... आरोहन्ति हस्तिनं हस्तिपकाः इति प्रथमकक्ष्यायां न्यग्भवनरूपफलांशः न्यग्भावनरूपव्यापारांशश्च प्रतीयते। ततो हस्तिनः प्रयोजकत्वविवक्षायां न्यग्भवनन्यग्भावने हस्तिपकनिष्ठप्रयोजकव्यापाररूपपञ्चमावस्था च अण्यन्तकर्मणि हस्तिनि अधुना कर्तरि प्रतीयते इति तस्य श्लोकस्य अर्थः इति। द्वितीयकारिकायाः द्वितीयार्धं निवृत्तप्रेषणपक्षपरतया स्वीकुर्वणाः "निवृत्तप्रेषणाद्धातोः प्राकृते ऽर्थे णिजुच्यते" इत्यादिना निवृत्तप्रेषणपक्षः उपपादयिष्यते' इति। अत्र नागेशाशय एव किञ्चित् मूलग्रन्थस्य अनुगुणः इत्याभाति।

---

[21] अस्य हस्तलेखः मम समीपे अस्ति। मुद्रिते बृहच्छब्दरत्ने णेरणौसूत्रव्याख्याने अयमंशः नास्ति।

[22] अयमप्रकाशितःग्रन्थः। अस्य हस्तलेखः मम समीपे अस्ति।

उपयुक्तप्रधानग्रन्थसूची

Anjaneya Sarma, S. L. P. 2001. णेरणौसूत्रव्याख्यासमीक्षा. In: F. Grimal (ed.), *Les sources et le temps – Sources and Time – A Colloquium, Pondicherry 11–13 January 1997* (Publications du Départment d'Indologie, 91): 113–133. Pondicherry: Institut Français – École Française d'Extrême-Orient.

काशिकावृत्तिःन्यासपदमञ्जरीव्याख्यासहिता Part I. Critically edited by Swami Dwarika Das Shastri & Pt. Kalika Prasad Shukla. Varanasi: Prachya Bharati Prakashan, 1965.

णेरणौसूत्रव्याख्या शिवरामेन्द्रसरस्वतीकृता अप्रकाशिता (वारणासेयसंस्कृतविश्वविद्यालय सरस्वतीभवनस्थः हस्थलेखः)

प्रौढमनोरमा बृहच्छब्दरत्नलघुशब्दरत्नव्याख्यासहिता. Edited by Dr. Sitaram Shastri. Varanasi: Banaras Hindu University, 1992.

बृहच्छेब्देन्दुशेखरः Vol. III. Edited by Dr. Sitaram Shastri. Varanasi Varanaseya Sanskrit Vishvavidyalaya, 1992.

वाक्यपदीय Kanda III, part 1. Edited by K. A. Subrahmania Iyer. Poona: Deccan College, 1963.

वैयाकरणसिद्धान्तकौमुदी बालमनोरमातत्त्वबोधिनीव्याख्यासहिता Vol. III. Delhi: Motilal Banarasidass, 1989.

व्याकरणमहाभाष्यम् प्रदीपोद्द्योतव्याख्यासहितम् Vol. II. Edited by M. M. Pandit Shivdatta Sharma. Delhi: Chowkhamba Sanskrit Prasishthan.

व्याकरणमहाभाष्यप्रदीपव्याख्यानानि Vol. IV. Edited by M. S. Narasimhacharya. Pondicherry: French Institute, 1977.

शब्दकौस्तुभः Vol. II. Edited by Vindhyeswari Prasad Dvivedi & Ganapati Sastri Mokate. Varanasi: Chowkhamba Sanskrit Series Office, 1991.

Pāṇini and Daily Life Activities

SHARON BEN-DOR

Throughout the *Mahābhāṣya*, Kātyāyana and Patañjali present several *paribhāṣā*s ('interpretative principles') which are not stated explicitly in Pāṇini's *Aṣṭādhyāyī*. The question whether Pāṇini has really used these additional *paribhāṣā*s and whether they are necessary for the correct interpretation or application of Pāṇini's grammatical rules to arrive at the right form of a word is already asked in the *Mahābhāṣya* itself. Several times after invoking such an additional *paribhāṣā*, the authors discuss extensively about its validity and necessity. This is done by giving examples where the application of that *paribhāṣā* is necessary, and sometimes also counter-examples where the same *paribhāṣā*, if applied, will cause difficulties in arriving at the desired result. Usually, such a discussion ends with a decision whether the given *paribhāṣā* should be accepted or not. Accepting such a *paribhāṣā* raises another question: why did Pāṇini not state these *paribhāṣā*s in his *Aṣṭādhyāyī*? We have an answer in the *Mahābhāṣya* itself. There, it is argued that some of these *paribhāṣā*s are actually stated implicitly in the *Aṣṭādhyāyī* by the way of indicators (*jñāpaka*), while others belong to the common knowledge of our daily life, and thus are obvious and it was not necessary to state them.[1] This second type of *paribhāṣā* is called *lokanyāyasiddhā* or *nyāyasiddhā*.[2]

[1] Actually, according to Pāṇinīyas, stating this kind of *paribhāṣā*s would be a defect – the defect of *gaurava* ('heaviness') – on behalf of the author.

[2] *lokanyāyasiddhā* means 'established by norms of worldly life' and *nyāyasiddhā* 'established by reasoning' (see Kielhorn 1960: iv–v). Sometimes, the

In the following discussion, I shall discuss two *paribhāṣā*s of this type – the *paribhāṣā*s सन्निपातलक्षणो विधिरनिमित्तं तद्विघातस्य and एकदेशविकृतमनन्यवत् – and examine the arguments, found in the *Mahābhāṣya*, concerning them.[3] Both of these *paribhāṣā*s are accepted in the *Mahābhāṣya*. However, as we shall see, in Pāṇini's system there are many grammatical operations which do not occur according to the principle which the *paribhāṣā* सन्निपातलक्षणो विधिरनिमित्तं तद्विघातस्य expresses, and the number of cases on which Pāṇinīyas agree that this *paribhāṣā* should apply is small. In regard to the *paribhāṣā* एकदेशविकृतमनन्यवत्, it may be argued that Pāṇini's own device – the *sthānivadbhāva* which is stated in A 1.1.56 – covers also the cases where, according to Pāṇinīyas, this *paribhāṣā* applies and therefore it is not necessary to add this *paribhāṣā* as a separate *paribhāṣā* to Pāṇini's system. This argument is found in the Bhāṣya and it seems that this is Patañjali's final word concerning this *paribhāṣā,* although he invokes this *paribhāṣā* a few times for solving some difficulties. The connection of this *paribhāṣā* with Pāṇini's *sthānivadbhāva* is acknowleged by later Pāṇinīyas. This led Nāgeśa to draw a distinction between the cases where *sthānivadbhāva* should apply and the cases where the *paribhāṣā* एकदेशविकृतमनन्यवत् should apply. However, as we shall see some of the cases where in the *Mahābhāṣya* it is argued that this *paribhāṣā* applies, exceed the limit proposed by Nāgeśa, and according to him Pāṇini's *sthānivadbhāva* applies in these cases.

Moreover, as these *paribhāṣā*s are accepted on the basis that they follow daily life activities, it is necessary to ask what is the

---

expression *nyāyasiddhā* is used in the meaning of 'established by a popular maxim (*nyāya*)', see for example footnote 28. With this meaning, *nyāyasiddhā* has the same meaning as *lokanyāyasiddhā*. Patañjali uses the expression *nyāyasiddhā* under A 5.1.19 (Bh II.343.18) and under A 5.3.55 (Bh II.415.11). Cardona (1978: 87–96) discusses the term *nyāya* and gives some examples for *nyāya*s.

[3] I do not present all the arguments and cases, which are given by Pāṇinīyas, concerning these *paribhāṣā*s, since there are many. By discussing these *paribhāṣā*s, my main aim is to show some problems which arise from the use of such *paribhāṣā*s.

ground for this method. Before discussing in detail the *paribhāṣā*s सन्निपातलक्षणो विधिरनिमित्तं तद्विघातस्य and एकदेशविकृतमनन्यवत्, I shall start with a brief discussion on this issue. This discussion will place these *paribhāṣā*s in a wider context that will explain the use of such *paribhāṣā*s in the *Mahābhāṣya*. Moreover, in this brief discussion, I will also show how and to what extent this method is utilized in the *Mahābhāṣya*. This will shed light on the problematic aspect of this issue, and on two different views, found in the *Mahābhāṣya*, concerning the relation of Pāṇini's system to daily life activities.

DAILY LIFE ACTIVITIES AS A GROUND FOR EVALUATING AN ARGUMENT

In the *Mahābhāṣya*, there are numerous references to the ordinary activities in daily life. These references appear in forms of *laukika* examples ('an example taken from daily life') or logical arguments and they are put forward for evaluating the validity of a given argument. An argument may be accepted or rejected on the basis of whether it follows or goes against such examples.[4] This method does not exclusively belong to the *Mahābhāṣya* and it was a common practice used by other disciplines in that time. For example, in *Mīmāṃsāsūtra* 10.5.1, it is stated that when out of a number of articles, which are mentioned in order, only some should be used, the last ones should be left out, as it is in the case of arrival.[5] Śabara explains that in festivals or in feasts the persons, who arrive later,

---

[4] There are many examples where a given argument is proved to be valid since it follows daily life activities. Some examples for this are given later in this paper. An example where an argument is rejected because it does not follow daily life activities is found in the third *vārttika* on A 3.4.21 (Bh II.173.3): लोकविज्ञानान्न सिध्यति ॥ This *vārttika* is rejected in the Bhāṣya under the next *vārttika* by clarifying the meaning of the *laukika* example which has been given in the Bhāṣya under this *vārttika*. See Bhāṣya on A 3.4.21 *vt.* 4 (Bh II.173.7–10).

[5] *Mīmāṃsāsūtra* 10.5.1: आनुपूर्व्यवतामेकदेशग्रहणेष्वागमवदन्त्यलोपः स्यात् ॥ This argument is based on a principle which is established in *Mīmāṃsāsūtra* 5.2.19: अन्ते तु बादरायणस्तेषां प्रधानशब्दत्वात् ॥ I mention here *Mīmāṃsāsūtra* 10.5.1 because of the *laukika* example.

enter without removing the ones who have arrived earlier from their places.[6] Such references occur quite frequently in the *Mīmāṃsā-sūtra* of Jaimini. According to Jha, the Pūrvamīmāṃsā system is a system that deals with principles (*nyāya*s) of textual-interpretation for texts whose authors were no longer present. These principles were used by all the Indian philosophical systems, and he argues that all these systems are indebted to Pūrvamīmāṃsā because it has provided the tools to interpret a text (Jha 1992: 2). As a matter of fact, Nāgeśa in his *Uddyota* uses the above-mentioned principle – which is called *āgantūnām ante niveśa nyāya* – for explaining an argument raised in the Bhāṣya on A 1.1.3 *vt.* 2.[7] As for Kātyāyana, some scholars[8] have already indicated the close relation between the *vārttika*s in the *Mahābhāṣya* and the *Mīmāṃsāsūtra* of Jaimini, and it is likely that some of the interpretative principles mentioned by Kātyāyana are adopted from this discipline.[9] Moreover, what is evident is that already in the time of Kātyāyana, this method of referring to daily life activities for interpreting a text was an established and accepted practice among Indian scholars.[10]

---

[6] *Śābarabhāṣya* on 10.5.1: समाजेषु समासेषु च य आगन्तवो भवन्ति ते पूर्वोपविष्टाननुपमृद्यैव निविशन्ते ॥

[7] *Uddyota* I.189a, under Bhāṣya on A 1.1.3: आगन्तूनामन्ते निवेश इति न्यायेनादेङ्सूत्रे गुणपदोत्तरं वृद्धिपदोपस्थित्या तत्साहचर्येण तत्र सूत्रे स्वरूपपरत्वं तस्य। उतरत्र तु योग्यतया ऽर्थपरत्वम् ॥ Nāgeśa mentions this *nyāya* to explain how the term *vṛddhi*, if it continues from A 1.1.1 to the following *sūtra*s, denotes its own form in A 1.1.2, but in A 1.1.3 and A 1.1.4 denotes its (technical) meaning – the vowels *ā*, *ai* and *au*.

[8] See Parpola 1994: 300–301.

[9] An occurrence of parallel principle in the Mīmāṃsa for a principle mentioned in the *Mahābhāsya* does not necessarily mean that Kātyāyana or Patañjali adopted this principle from this discipline. Such an event might have occurred in both directions. For example, the term *lopa*, which is mentioned several times in the *Mīmāṃsāsūtra* of Jaimini, clearly belongs to the grammatical tradition.

[10] It should be noted that also in the earlier Śrautasūtras, there are principles which are based on logical reasoning or daily life activities. See Chakrabarti 1980: 31. In 13.1.9 of Kātyāyana's Śrautasūtra, Kātyāyana uses the expression *lokapratyayāt*. This expression is similar in its meaning to the expression *lokavijñānāt*. See footnote 19.

The relation of Pāṇini's system to the daily life according to the *Mahābhāṣya*

Furthermore, as it appears from some discussions in the *Mahābhāṣya*, Kātyāyana and Patañjali took this method further, and in addition to the use of such daily life references for interpreting Pāṇini, they also aim to adjust Pāṇini's system to the procedures of daily life. It seems that according to them there is and should be equality between Pāṇini's method of describing the Sanskrit language and the way things occur in this world. This view occurs in its radical mode when it is argued that the daily life activities necessitate an additional *sūtra* or a statement to a certain *sūtra*. For example, the first *vārttika* on A 1.1.1 demands an opening *sūtra* (*adhikārasūtra*) to provide the knowledge that the following *sūtra*s teach technical terms (*saṃjñā*).[11] The ground for this demand is given in the next *vārttika*, which says that otherwise this will not be known, as it is in the world.[12] Patañjali explains that without this additional *sūtra* many *sūtra*s would be meaningless, as in the world, he argues, there are meaningful and meaningless expressions. He presents two examples, one of a meaningful expression and the other of a meaningless one (a string of words without any relation between them).[13]

Such an attempt to relate and even to equalize Pāṇini's system to the procedures found in daily life is particularly concerned with the subject of the *lokanyāyasiddhā* or *nyāyasiddhā paribhāṣā*s. According to Kātyāyana and Patañjali, Pāṇini's system follows the conventions of people about how things actually occur in this world and he took these conventions under consideration while

[11] Bhāṣya on A 1.1.1 *vt.* 1 (Bh I.37.25): संज्ञाधिकारः संज्ञासंप्रत्ययार्थः ॥

[12] Bhāṣya on A 1.1.1 *vt.* 2 (Bh I.38.1): इतरथा ह्यसंप्रत्ययो यथा लोके ॥

[13] Bhāṣya on A 1.1.1 *vt.* 2 (Bh I.38.2–6): अक्रियमाणे हि संज्ञाधिकारे वृद्ध्यादीनां संज्ञेत्येष संप्रत्ययो न स्यात्। इदमिदानीं बहुसूत्रमनर्थकं स्यात्। अनर्थकमित्याह। कथम्। यथा लोके। लोके ह्यर्थवन्ति चानर्थकानि च वाक्यानि दृश्यन्ते। अर्थवन्ति तावत्। देवदत्त गामभ्याज शुक्लां दण्डेन देवदत्त गामभ्याज कृष्णामिति। अनर्थकानि। दश दाडिमानि षडपूपाः कुण्डमजाजिनं पललपिण्डः अधरोरुकमेतत्कुमार्याः स्फैयकृतस्य पिता प्रतिशीन इति ॥

composing his *Aṣṭādhyāyī*, and these *paribhāṣā*s are based on such conventions. In the *Mahābhāṣya*, several times after invoking such a *paribhāṣā* a *laukika* example or a logical reasoning is given without any further explanation.

Moreover, finding a parallel procedure in the daily life or an accepted logical argument for a certain *paribhāṣā* does not only prove the validity of a *paribhāṣā*, as was mentioned before, it also explains why Pāṇini did not state such a *paribhāṣā* in his *Aṣṭādhyāyī*. It releases us from this difficult question and also from the trouble of finding an indication in the *Aṣṭādhyāyī* for the existence of the *paribhāṣā*.[14] In this context it is useful to recall Patañjali's sound argument concerning the *apavādatva* principle[15] that neither does the lord command nor do the authors of the Dharmasūtras teach that general rules should be blocked by exception rules since this occurs also in daily life activities.[16]

Another example where Kātyāyana and Patañjali clearly say that a principle should not be stated because it is known from daily life is found in their discussion under Pāṇini's *paribhāṣāsūtra* आद्यन्तवदेकस्मिन् (A 1.1.21). This discussion is the ground for accepting the *paribhāṣā* व्यपदेशिवदेकस्मिन्. This *paribhāṣā* refers to the term *vyapadeśivadbhāva* used by Kātyāyana and Patañjali. [17] At the end of the Bhāṣya on the fourth *vārttika* on A 1.1.21, it is asked whether it is

---

[14] Although, in principle, it is not necessary to prove a *lokanyāyasiddhā* or *nyāyasiddhā paribhāṣā* in other ways, Pāṇinīyas give indications, found in the *Aṣṭādhyāyī*, for the existence of many of such *paribhāṣā*s. I return to this point later.

[15] The principle, which teaches that general rules are blocked by exception rules. It is stated under *paribhāṣā* no. 57 in the *Paribhāṣenduśekhara*.

[16] Bhāṣya on A 1.1.47 *vt.* 1 (Bh I.114.24–115.2): नैवेश्वर आज्ञापयति नापि धर्मसूत्रकाराः पठन्त्यपवादैरुत्सर्गा बाध्यन्तामिति। किं तर्हि। लौकिको ऽयं दृष्टान्तः। लोके हि सत्यपि संभवे बाधनं भवति ॥

[17] This principle teaches that a designation which refers to an object which has some parts (beginning and end) can refer also to an object which has only one part. For example, the expression *ekāc* interpreted as *bahuvrīhi* – 'which has a single vowel' – used in A 6.1.1, refers also to the verbs such as √*i* ('to go') and √*ṛ* ('to go'). See Bhāṣya on A 1.1.21 *vt.* 3 (Bh I.77.1–4).

necessary to state the *vyapadeśivadbhāva* situation.[18] The answer is given by the next *vārttika* that argues that this should not be stated since it is known from the world.[19] The Bhāṣya under this statement is also a good example to see to what extent Pāṇinīyas considered these daily life activities as instruments for evaluating an argument in general and such *paribhāṣā*s in particular. After paraphrasing the *vārttika*, the Bhāṣya presents a *laukika* example for *vyapadeśivadbhāva*; the word *grāma* ('village') designates a collection of houses and a single house as well.[20] However, this example is rejected by the opponent, who argues that it is inappropriate since, according to him, the word *grāma* has several meanings.[21] Therefore, the proponent is forced to give another *laukika* example; the terms *pada, ṛk* and *sūkta*, designate a collection of sounds (*varṇa*), a collection of *pada*s, a collection of *ṛk*s respectively and a single letter, a single *pada* and a single *ṛk* as well.[22] This example is also rejected by questioning the meaning of these terms.[23] Finally, the Bhāṣya gives three examples[24] which are not rejected and it is accepted that *vyapadeśivadbhāva* occurs in daily life also, and therefore it need not be stated. Consequently, it is not necessary to state explicitly

---

[18] स तर्हि व्यपदेशिवद्भावो वक्तव्यः ॥ Bhāṣya on A 1.1.21 *vt.* 4 (Bh I.77.8–9). It should be noted that the suggestion of stating *vyapadeśivadbhāva* means actually the replacement of the expression *ādyantavat*, mentioned in A 1.1.21, by the expression *vyapadeśivat*. As Nāgeśa says (*Uddyota* I.299b, under Bhāṣya on A 1.1.21 *vt.* 2): व्यपदेशिवदित्याद्यन्तवदित्यस्य स्थाने कार्यमिति भावः ॥

[19] Bhāṣya on A 1.1.21 *vt.* 5. (Bh I.77.10): अवचनाल्लोकविज्ञानात्सिद्धम् ॥

[20] Bhāṣya on A 1.1.21 *vt.* 5 (Bh I 77.11–12): लोके शालासमुदायो ग्राम इत्युच्यते। भवति चैतदेकस्मिन्नप्येकशालो ग्राम इति ॥

[21] Bhāṣya on A 1.1.21 *vt.* 5 (Bh I.77.12–13): विषम उपन्यासः। ग्रामशब्दो ऽयं बह्वर्थः ॥.

[22] Bhāṣya on A 1.1.21 *vt.* 5 (Bh I.77.16–18): यथा तर्हि वर्णसमुदायः पदं पदसमुदाय ऋगृक्समुदायः सूक्तमित्युच्यते। भवति चैतदेकस्मिन्नप्येकवर्णं पदमेकपदर्गेकर्चं सूक्तमिति ॥

[23] Bhāṣya on A 1.1.21 *vt.* 5 (Bh I.77.18–19): अत्राप्यर्थेन युक्तो व्यपदेशः। पदं नामार्थ ऋङ् नामार्थः सूक्तं नामार्थः ॥

[24] One of these examples is that a person, who has arrived at a place which he did not visit before and which will not visit anymore, says: 'this is my first arrival': तथानेत्यानाजिगमिषुराहेदं मे प्रथममागमनमिति ॥ (Bhāṣya on A 1.1.21 *vt.* 5 [Bh I.77.22])

the *paribhāṣā* व्यपदेशिवदेकस्मिन् and we may accept that Pāṇini has used this principle in his *Aṣṭādhyāyī*. Moreover, it should be mentioned that arguing that *vyapadeśivadbhāva* is a daily life event and therefore it should not be stated makes A 1.1.21 useless since *vyapadeśivadbhāva* is supposed to cover also the cases where this *sūtra* applies.[25] This leads us to a crucial point concerning this issue: the argument that a principle known from daily life should not be stated holds a trap, since if this view is taken radically some of Pāṇini's *sūtra*s or parts of *sūtra*s may be considered useless because they may be known from daily life activities.

This radical approach is also found in the *Mahābhāṣya*. For example, *vārttika* eight on A 1.1.50 argues that the term *antaratama*, used in this *sūtra*, should not be stated since it is known from one's own nature (*svabhāva*).[26] Patañjali adds that the whole *sūtra* should not be stated.[27] He gives the *laukika* example; in festivals, feasts or meetings, when it is said: 'have a seat', the thin does not sit with the thin nor the pale with the pales. They sit with whom they have close relation on some significant matters.[28] By arguing in this way Kātyāyana and Patañjali actually admit that Pāṇini has stated in his *Aṣṭādhyāyī* principles that are known from daily life activities. In this regard, it should be mentioned that Patañjali in the opening Bhāṣya on A 1.1.50 argues that use of the word *sthāne* in this *sūtra* is for indicating the principle which is expressed by the *paribhāṣā*

---

[25] See footnote 18.

[26] Bhāṣya on A 1.1.50 *vt.* 8 (Bh I.123.5): अन्तरतमवचनं च ॥

[27] Bhāṣya on A 1.1.50 *vt.* 8 (Bh I.123.6): योगश्चाप्यशिष्यः ॥ This probably was the intention of the *vārttika* since after excluding the *antaratama* from this *sūtra*, the term *sthāne* alone would not make any sense.

[28] Bhāṣya on A 1.1.50 *vt.* 8 (Bh I.123.7–8): समाजेषु समाशेषु समवायेषु चास्यतामित्युक्ते नैव कृशाः कृशैः सहासते न पाण्डवः पाण्डुभिः। येषामेव किंचिदर्थकृतमान्तर्यं तैरेव सहासते ॥ Note the similarity in the repetition *samājeṣu samāśeṣu* of Patañjali and *samājeṣu samāseṣu* of Śabara. See footnote 6. Nāgeśa, under this Bhāṣya, calls this *sūtra* and also the *paribhāṣā* यत्रानेकविधमान्तर्यं तत्र स्थानत आन्तर्यं बलीयः (*paribhāṣā* no. 13 in the *Paribhāṣenduśekhara*) *nyāyasiddhā*: एवंच अन्तरतमो भवतीति यत्रानेकविधमिति च न्यायसिद्धमिति भावः ॥ (*Uddyota* I.403a, under Bhāṣya on A 1.1.50 *vt.* 8).

यत्रानेकविधमान्तर्यं तत्र स्थानत आन्तर्यं बलीयः .[29] Bhartṛhari, in his *Mahābhāṣyadīpikā*, while commenting on this line, gives a *laukika* example for this principle.[30] Interestingly, the opponent argues that if it is accepted that this principle is a daily life activity then the superlative affix *tama* used in this *sūtra* would be useless.[31] Unfortunately, the only reply of the proponent to this argument is that actually the entire *sūtra* is rejected by daily life activities.[32]

Another view on the relation of Pāṇini's system to the daily life

As we can see, the idea that Pāṇini's system follows the conventions of the people about how things actually occur in this world, if taken radically, involves changes in the text itself. This may be the reason why we have in the *Mahābhāṣya* a statement that gives a completely opposite approach. In two different places, the Bhāṣya rejects an argument which is supported by *laukika* example, by stating clearly that the procedures in grammar are not as in the world.[33] This statement should be taken as a restriction to the ap-

---

[29] Bhāṣya on A 1.1.50 (Bh I.120.8–9): यत्रानेकविधमान्तर्यं तत्र स्थानत एवान्तर्यं बलीयो यथा स्यात् ॥ The term *sthāne* could continue from the previous *sūtra* also.

[30] *Mahābhāṣyadīpikā* VIII.25.10–12: कश्चिदेकेन निमित्तेनान्तरः कश्चिद्बहुभिः। यो बहुभिः स कथं स्यादिति। यथा लोके कश्चिदेकपितृकः नानामातृकः कश्चिदेक मातृकः नानापितृकश्चेति कश्चिदेकपितृकः एकमातृकश्चेति ॥

[31] *Mahābhāṣyadīpikā* VIII.25.12–13: यदि च लौकिकीमयमवस्थां प्रतिपद्यते तमग्रहणमनर्थकम् ॥

[32] *Mahābhāṣyadīpikā* VIII.25.13: लौकिक्यां प्रतिपत्तौ सूत्रमेव प्रत्याख्यायते ॥ In the context of A 1.1.50 and the *paribhāṣā* यत्रानेकविधमान्तर्यं तत्र स्थानत आन्तर्यं बलीयः, *Mīmāṃsāsūtra* 6.3.27 should be mentioned. In this *sūtra*, Jaimini says that a similar substance to the original should be used as a substitute, as it is desired to use something similar: सामान्यं तच्चिकीर्षा हि ॥ Moreover, in this text, there are arguments that argue that a proceeding with a certain substance should be the same as the proceeding with another substance since they share many similar qualities. This idea is expressed by the expression *dharmānugrahāt* which occurs in *Mīmāṃsāsūtra*s 8.1.36, 42 and 8.2.23. See also the concluding remarks of Śabara on 8.1.39: दार्शपौर्णमासिकं श्रपणं तस्मिंश्चाज्ये श्रूयते। गुणगतं तत्सामान्याम्। हविर्गतन्तु वैशद्यं चरुशब्दः। तस्मात्ते बलवती ॥

[33] Bhāṣya on A 1.1.1 *vt.* 7 (Bh I.39.10) (and in the Bhāṣya on A 1.1.1 *vt.* 7 [Bh I. 39.7–8]): न यथा लोके तथा व्याकरणे ॥ It should be noted that this may be only the opinion of Patañjali and not of Kātyāyana since there is no *vārttika*

proach which is presented in the examples given above. In addition to this, there are places in the *Mahābhāṣya* that *jñāpaka* is assigned to some of the *lokanyāyasiddhā* or *nyāyasiddhā paribhāṣā*s. For example, under A 1.1.68, the Bhāṣya argues that the term *rūpa*, which is mentioned in this *sūtra*, is a *jñāpaka* for the *paribhāṣā* अर्थवद्ग्रहणे नानर्थकस्य.[34] By such a procedure Pāṇinīyas admit that Pāṇini did state such *paribhāṣā*s in his *Aṣṭādhyāyī*, and this, of course, is contrary to their own argument that such a *paribhāṣā* should not be stated.[35] After this background, we can start the discussion on the *paribhāṣā*s सन्निपातलक्षणो विधिरनिमित्तं तद्विघातस्य and एकदेशविकृतमनन्यवत्.

THE *PARIBHĀṢĀ* सन्निपातलक्षणो विधिरनिमित्तं तद्विघातस्य

The first *paribhāṣā* that I shall discuss is the *paribhāṣā* सन्निपातलक्षणो विधिरनिमित्तं तद्विघातस्य. '(That which is taught in) a rule (the application of) which is occasioned by the combination (of two things), does not become the cause of the destruction of that (combination).'[36]

This *paribhāṣā* is already mentioned in a complete version by Kātyāyana in his *vārttika*s[37] and appears in all the available *pari-*

---

which expresses such an idea. With this statement the Bhāṣya on A 1.1.1 *vt.* 7 rejects the necessity for an *adhikāra sūtra* which the first and the second *vārttika*s on this *sūtra* ask for.

[34] Bhāṣya on A 1.1.68 (Bh I.175.23–24): किमेतस्य ज्ञापने प्रयोजनम्। अर्थवद्ग्रहणे नानर्थकस्येत्येषा परिभाषा न कर्तव्या भवति ॥ The *paribhāṣā* अर्थवद्ग्रहणे नानर्थकस्य (*paribhāṣā* no. 14 in the *Paribhāṣenduśekhara*) is considered *nyāyasiddhā* by most of the *paribhāṣā* commentators.

[35] Assigning a *jñāpaka* to such *paribhāṣā*s may only be attributed to Patañjali and not to Kātyāyana. In my examination of the arguments about the *paribhāṣā* of this kind in the *Mahābhāṣya*, I did not find any *vārttika* expressing such a case.

[36] Kielhorn's translation (1960: 410). It should be noted that the *samāsa tadvighāta* is generally interpreted as an *upapada tatpuruṣa* meaning 'that which destroys it' (*taṃ vihanti*) and not as a *ṣaṣṭhī tatpuruṣa*. See *Mahābhāṣyadīpikā* VII.15.8–9 and also *Paribhāṣenduśekhara*, p. 163. Wujastyk (1993: 69) translates it in the following way: 'An operation occasioned by a concomitance does not cause it to be disrupted.'

[37] See footnote 55.

bhāṣā collections.[38] As we shall see, although Kātyāyana found many defects (*doṣa*)[39] in this *paribhāṣā*, he and also Patañjali chose to accept it and to include it in Pāṇini's system. Following their opinion, all the *paribhāṣā* commentators, except the author of the *Vyāḍīyaparibhāṣāvṛtti,* accept this *paribhāṣā.* In solving the problem of its defects, they define it as *anitya* ('not invariable') which means that this *paribhāṣā* does not apply invariably, and in places where its application leads to wrong results it should not be applied.

The case of *śatāni/sahasrāṇi*

Let me first present a case – that of *śatāni* ('hundreds') or *sahasrāṇi* ('thousands')[40] – where this *paribhāṣā* applies. This will help to understand the principle behind this *paribhāṣā* and will show how it applies:

<u>*śatāni*</u>[41]

1. *śata* + ***jas/śas***

The case ending ***jas/śas*** [42] are added after a nominal stem according to प्रातिपदिकार्थलिङ्गपरिमाणवचनमात्रे प्रथमा (A 2.3.46) / कर्मणि द्वितीया (A 2.3.2)

2. *śata* + ***śi***

After a neuter stem, ***jas/śas*** are replaced by ***śi*** according to जश्शसोः शि (A 7.1.20)

---

[38] Iṭ is *paribhāṣā* no. 10 (Abhyankar's edition) / no. 7 (Wujastyk's edition) of Vyāḍi, no. 12 of Śākaṭāyana, no. 31 of the *Kātantra*, no. 39 of Jainendra, no. 10 of Puruṣottamadeva, no. 64 of Sīradeva, no. 75 of Nīlakaṇṭha, no. 66 of Haribhāskara, no. 73 of Śeṣādri and no. 85 of Nāgeśa.

[39] Cases where the application of this *paribhāṣā* may lead to undesired results.

[40] Nominative/accusative plural neuter. This case is given by Patañjali as one of the purposes of this *paribhāṣā*. Bhāṣya on A 1.1.39 *vt.* 10 (Bh I.98.20–21): इमानि तर्हि प्रयोजनानि शतानि सहस्राणि। नुमि कृते ष्णान्ता षट् (१.१.२४) इति षट्संज्ञा प्राप्नोति। सन्निपातलक्षणो विधिरनिमित्तं तद्विघातस्येति न दोषो भवति ॥

[41] The same with *sahasrāṇi.*

[42] Nominative and accusative plural endings.

3. *śata* + ***num*** + *i*

The augment ***num*** is added before *śi* according to नपुंसकस्य झलचः (A 7.1.72) → *śatan* + *i*

At this stage, since the form *śatan* ends with *n*, it may be called *ṣaṣ* according to ष्णान्ता षट् (A 1.1.24).[43] Including this form under this group of words would cause the dropping of the case ending *śi* according to षड्भ्यो लुक् (A 7.1.22). This will lead us to the form *śatān*, which is incorrect. Here the *paribhāṣā* सन्निपातलक्षणो विधिरनिमित्तं तद्विघातस्य comes to the rescue: the augment ***num***, which appears because of the combination *śata* (a 'word ending in a vowel') + *śi*, cannot cause the application of a rule which would destroy this combination.[44] Thus, the next stage is:

4. *śatān* + *i*

In stems ending in *n*, the preceding vowel is lengthened according to सर्वनामस्थाने चासंबुद्धौ (A 6.4.8)[45] → *śatāni*

One may agree that, from this example, it appears that this *paribhāṣā* is based on a logical and realistic principle; how can an element, which appears on the ground of the existence of another element, eliminate that element? This would be an ungrateful act.[46] According to some of the *paribhāṣā* commentators, this *paribhāṣā* is a *lokanyāyasiddhā*.[47] Nāgeśa argues that it is based on the *upa-*

---

[43] It should be noted that we must consider this form as ending in *n*, otherwise सर्वनामस्थाने चासंबुद्धौ (A 6.4.8) would not apply in this case. See the last stage of the derivation of *śatāni*.

[44] In this case, the dropping of *śi*.

[45] One may argue correctly that also here, there is a destruction of the combination. I will return to this point later.

[46] In this context, it would be appropriate to remind the reader of the words of Lakṣmaṇa to Sugrīva that he has committed the crime of ungratefulness (*kṛtaghna*) by not fulfilling his promise to Rāma, who has made him a king, and that this is the worst crime, which does not have any expiation, and the one who has committed such a crime deserves to die. See *Rāmāyaṇa*, Kiṣkindhākāṇda 34.7–12. For this reference I thank Śrinarayan Miśra with whom I read these portions of the *Mahābhāṣya*.

[47] As in the *Jainedraparibhāṣāvṛtti*: लोकन्यायसिद्धैषा ॥ *Jainedraparibhāṣāvṛtti paribhāṣā* no. 39; *Paribhāṣāsaṃgraha*, p. 89. It should be noted that in the *Mahābhāṣya*, there is no statement about this matter.

jīvya virodhasya ayuktatvaṃ nyāya that says that is not proper for one to be hostile to another which provides or supports ones own existence.[48]

Mahābhāṣya's discussion on A 1.1.39

In the *Mahābhāṣya*, a long discussion concerning this *paribhāṣā* takes place under *sūtra* कृन्मेजन्तः (A 1.1.39). This *sūtra* provides the name *avyaya* to a derivative, which is derived with *kṛt* affix that ends with *m* or a diphthong.[49] One may argue that this *sūtra* may apply unnecessarily to words such as *kumbhakāra* when the last vowel *a* of this form changes to *e* when it is followed by the dative/ablative case ending *bhyas*.[50] Consequently, this case ending might be dropped according to अव्ययादाप्सुपः (A 2.4.82).[51] One way to solve this difficulty is to add a special statement which would state that A 1.1.39 applies only to forms which originally[52] end with *m* or a diphthong, thus preventing it from applying to forms such as *kumbhakāre* (*kumbhakāre+bhyas*).[53] Kātyāyana gives this solution in his second *vārttika* on A 1.1.39.[54] However, in his next *vārttika*, he rejects this addition by stating that the *paribhāṣā* सन्निपातलक्षणो विधिरनिमित्तं तद्विघातस्य can solve such a difficulty.[55] This *paribhāṣā* would not allow the vowel *e* to cause the dropping of the case end-

---

[48] *Paribhāṣenduśekhara*, p. 163: उपजीव्यविरोधस्यायुक्तत्वमिति न्यायमूलैषा ॥

[49] This is not the only possible meaning of this *sūtra* since the *samāsa mejanta* can be analyzed in a few ways. Each of them will give a different meaning to this *sūtra* and thus, changes its scope. See the beginning of the discussion in the *Mahābhāṣya* on this *sūtra*.

[50] According to the *sūtra* बहुवचने झल्येत् (A 7.3.103).

[51] The form *kumbhakāre* has a *kṛt* affix that ends in *e* (*kāre* ← *kāra*).

[52] Before the process of the derivation starts at the stage of the *upadeśa* (the first teaching of the forms – as they presented in the *Gaṇapātha* of the *Dhātupāṭha*). By using the word 'originally' here I follow Kātyāyana's suggestion in the second *vārttika* on A 1.1.39.

[53] In this form the original vowel is not *e* but *a*.

[54] A 1.1.39 *vt.* 2 (Bh I.359.6): अनन्यप्रकृतिरिति वा ॥

[55] Bhāṣya on A 1.1.39 *vt.* 3 (Bh I.97.10): न वा सन्निपातलक्षणो विधिरनिमित्तं तद्विघातस्येति ॥

ing *bhyas* which is actually the cause for the appearance of this vowel. In this way, we can prevent the application of A 2.4.82 in such cases. The opponent under this *vārttika* asks whether the *paribhāṣā* should be made or the additional statement should be stated.[56] Patañjali answers determinedly that the *paribhāṣā* should be made since this *paribhāṣā* has many purposes.[57] This argument opens a long discussion about this *paribhāṣā.* In each of the next six *vārttikas*, Kātyāyana presents a case where this *paribhāṣā* applies. Surprisingly, Patañjali rejects all of these cases as proper purposes for this *paribhāṣā* and offers three cases which according to him are proper purposes to this *paribhāṣā.*[58] More surprisingly, the discussion does not end here. Kātyāyana states that this *paribhāṣā* has defects and in each of the next seven *vārttika*s he presents a case where this *paribhāṣā,* if applied, would cause a difficulty. Patañjali accepts most of these cases[59] as defects for this *paribhāṣā*.

In sum, in the discussion on A 1.1.39, the Bhāṣya accepts four cases where the *paribhāṣā* सन्निपातलक्षणो विधिरनिमित्तं तद्विघातस्य should apply and six cases where it should not apply.[60] Since this *paribhāṣā* has many defects, it is inevitable to ask whether this *pari-*

---

[56] Bhāṣya on A 1.1.39 *vt.* 3 (Bh I.97.13–14): कः पुनरत्र विशेष एषा वा परिभाषा क्रियेतानन्यप्रकृतिरिति वोच्यते ॥

[57] Bhāṣya on A 1.1.39 *vt.* 3 (Bh I.97.14–15): अवश्यमेषा परिभाषा कर्तव्या। बहून्येतस्याः परिभाषायाः प्रयोजनानि ॥ This statement is given several times by Patañjali after stating a *paribhāṣā*.

[58] All these cases are given also by Kātyāyana in A 1.1.24 *vt.* 3 (Bh I.83.17), in A 3.1.36 *vt.* 5 (Bh II.46.9) (both of these *vārttika*s are '*uktaṃ vā*' *vārttikas*) and in A 7.3.2 *vt.* 6 (Bh III.343.5). In the next *vārttika* on A 7.3.2, Kātyāyana offers another way for solving the difficulty which is under discussion there.

[59] He actually accepts all of them except the last one.

[60] The cases are: *ādhaye/ādheh/cikīrṣave/cikīrṣoḥ* (when the *guṇa* replacment takes place according to *sūtra* घेर्ङिति [A 7.3.111], the dative ending *ṅe* may be dropped), *kumbhakārebhyas*, *śatāni*, *śakaṭau/paddhatau* (after the vowel *i* of *śakaṭi/paddhati* has changed to the vowel *a* according to अच्च घेः [A 7.3.119], the affix *ṭāp* may be added according to अजाद्यतष्टाप् [A 4.1.4]), and *iyeṣa/uvoṣa* (after the *guṇa* replacement in the root *iṣ* and *uṣ* before the perfect ending *ṇal* according to पुगन्तलघूपधस्य च [A 7.3.86], the affix *ām* may be added according to इजादेश्च गुरुमतो ऽनृच्छः [A 3.1.36]). Three more cases for this *paribhāṣā* are given in the Bhāṣya on A 2.4.81 *vt.* 4, on A 7.2.101 and on A 8.2.2 *vt.* 4.

bhāṣā is necessary at all. This question is already asked by the opponent in the Bhāṣya under the sixteenth *vārttika* on A 1.1.39. He argues that since the number of the defects is the same as or more than the number of the purposes, this *paribhāṣā* is useless.[61] Patañjali, however, does not agree, and argues that it is not proper to say that a *paribhāṣā* should not be made or that a principle should not be promoted because there are defects. He supports his argument by a colorful illustration and says that although there are beggars, cooking pots are set and although there are animals, barley is sown. Moreover, he adds that the defects, which are given, are listed in full but the purposes are only examples.[62] It seems that the opponent is not satisfied with Patañjali's last statement and asks: 'for what reason is this?'[63] Patañjali answers in an obscure way that these defects do not have a distinguishing trait (*lakṣaṇa*) but these are the purposes of this *paribhāṣā* and they are the reason why it should be done. He concludes by saying that these defects should be solved without giving any explanation of how it can be done.[64]

---

[61] Bhāṣya on A 1.1.39 *vt.* 16 (Bh I.99.24): एते दोषाः समा भूयांसो वा तस्मान्नार्थो ऽनया परिभाषया ॥

[62] Bhāṣya on A 1.1.39 *vt.* 16 (Bh I.99.24–100.2): न हि दोषाः सन्तीति परिभाषा न कर्तव्या लक्षणं वा न प्रणेयम्। न हि भिक्षुकाः सन्तीति स्थाल्यो नाधिश्रीयन्ते। न हि मृगाः सन्तीति यवा नोप्यन्ते। दोषाः खल्वपि साकल्येन परिगणीताः। प्रयोजनानामुदाहरणमात्रम् ॥ To say that all the defects are presented in the discussion on A 1.1.39 is not correct. Later Pāṇinīyas starting from Bhartṛhari present more defects to this *paribhāṣā*. In his commentary on this passage (*Mahābhāṣyadīpikā* VII.19.21–23), Bhartṛhari says it clearly: न दोषाः साकल्येन परिगणिताः। दोषान्तरस्य भावात् ॥

[63] Bhāṣya on A 1.1.39 *vt.* 16 (Bh I.100.2): कुत एतत् ॥

[64] Bhāṣya on A 1.1.39 *vt.* 16 (Bh I.100.2–4): न हि दोषाणां लक्षणमस्ति। तस्माद्यान्येतस्याः परिभाषायाः प्रयोजनानि तदर्थमेषा परिभाषा कर्तव्या प्रतिविधेयं दोषेषु ॥ Nāgeśa interprets the word *lakṣaṇa* as: *upalakṣakaṃ rūpam*. See *Uddyota* I.356b, under Bhāṣya on A 1.1.39 *vt.* 16. It should be noted that in the *Mahābhāṣya*, there are two more discussions which develop in the same manner and end with the same remarks. Also, there, the given *paribhāṣā*s are accepted although there are many defects. See A 4.1.1 *vt.* 4–15 (Bh II.192.3–194.20) and A 6.1.13 *vt.* 5–14 (Bh III.21.1–23.25). It is interesting that in the discussion under A 6.1.13, Kātyāyana offers a solution for removing the defects of the *paribhāṣā* which is under discussion there.

Did Patañjali know how to solve these defects? And if he knew, why didn't he show how they are solved? Already Bhartṛhari criticized Patañjali on this matter.[65] He takes on himself the task of solving these defects and shows ways to solve four of them. For the remaining ones, he says that an effort should be made to solve them also.[66] Clearly, Bhartṛhari did not have a suggestion on how to solve the rest of the defects. Kaiyaṭa follows Bhartṛhari's attempt and proposes solutions to all the defects.[67]

Until now, after we have ways to remove all the defects, we may agree that Pāṇini has used the *paribhāṣā* सन्निपातलक्षणो विधिरनिमित्तं तद्विघातस्य in his *Aṣṭādhyāyī*.[68] However, we should keep in mind that the number of purposes which the Bhāṣya gives for this *paribhāṣā,* is small. Moreover, to make this matter more complicated, it must be added that while commenting on the purposes given in the Bhāṣya on A 1.1.39 for this *paribhāṣā*, Bhartṛhari, who found it necessary to give solutions to the defects, rejects most of them.[69] Moreover, the author of the *Vyāḍīyaparibhāṣāvṛtti* hardly tries to find a purpose for this *paribhāṣā*. He gives all the three purposes which are given by Patañjali under A 1.1.39, and all of them are rejected. At the end, he gives up and says that a purpose for this *paribhāṣā* should be sought.[70]

---

[65] *Mahābhāṣyadīpikā* VII.19.24: प्रतिविधेयं दोषेष्विति । न च प्रतिविधानमुक्तम् ॥

[66] *Mahābhāṣyadīpikā* VII.20.2–3: अन्येषु त्वाकारालोपादिषु चिन्त्यं प्रतिविधानम् ॥

[67] I do not present here their solutions but I may say that most of them may be acceptable.

[68] This also would mean that this *paribhāṣā* applies invariably throughout the *Aṣṭādhyāyī*.

[69] Concerning *kumbhakārebhyas*, he says that it can also be solved in another way. See footnote 91.

[70] *Vyāḍīyaparibhāṣāvṛtti*, *paribhāṣā* 7, p. 16: तस्मात्प्रयोजनं मृग्यम् ॥ It should be noted that this is an unusual argument of the author of the *Vyāḍīyaparibhāṣāvṛtti*. Most times when a *jñāpaka* or a purpose to a certain *paribhāṣā* is not found he usually rejects the *paribhāṣā*. See for example *Vyāḍīyaparibhāṣāvṛtti*, *paribhāṣā* 2, p. 7 and *paribhāṣā* 3, p. 9.

Two different conclusions concerning the cases of *upādāsta* and *nikucita*

Let me now discuss briefly two of the cases which Kātyāyana gives as purposes to the *paribhāṣā* सन्निपातलक्षणो विधिरनिमित्तं तद्विघातस्य. These cases are dealt in other places in the *Mahābhāṣya*. In these places, the conclusions of the Bhāṣya about these cases differ from the conclusions which are given in the Bhāṣya on A 1.1.39. This will show how much the case of this *paribhāṣā* was ambiguous already at that time.[71] In the seventh *vārttika* on A 1.1.20, Kātyāyana argues that a prohibition to this rule should be stated for excluding the verb √*dī*[72] from the group of verbs which are called *ghu.*[73] This would prevent the changing of the second vowel *ā* in forms such as *upādāsta*[74] to the vowel *i* according to the *sūtra* स्थाघ्वोरिच्च (A 1.2.17). After explaining the difficulty in this case, Patañjali is asked whether this prohibition should be made. He answers that it should not be made, since in case we include this verb in the *ghu* group, the *paribhāṣā* सन्निपातलक्षणो विधिरनिमित्तं तद्विघातस्य would prevent the substitution of the vowel *ā* to *i.*[75] However, in the discussion about this *paribhāṣā* in the Bhāṣya on A 1.1.39, Kātyāyana and Patañjali give opposite arguments. In his eighth *vārttika,* Kātyāyana presents this form as one of the cases where the *paribhāṣā* सन्निपातलक्षणो विधिरनिमित्तं तद्विघातस्य applies. However, under the same *vārttika*, Patañjali rejects this argument and argues that the prohibition that is suggested in the seventh *vārttika* on A 1.1.20 (which in that place, he himself rejects and claims that it is unnecessary!) would solve this difficulty.[76]

---

[71] I do not discuss these cases in detail. I only want to show the different conclusions in the *Mahābhāṣya* concerning these cases.

[72] √*dīṅ* – 'to waste', 'to decay'.

[73] Bhāṣya on A 1.1.20 *vt.* 6 (Bh I.75.15): दीङः प्रतिषेधः स्थाघ्वोरित्त्वे ॥

[74] Aorist, third person singular *ātmanepada* of *upa*+√*dī.*

[75] Bhāṣya on A 1.1.20 *vt.* 6 (Bh I.75.21–23): स तर्हि प्रतिषेधो वक्तव्यः ॥ न वक्तव्यः। घुसंज्ञा कस्मान्न भवति। सन्निपातलक्षणो विधिरनिमित्तं तद्विघातस्येत्येवं न भविष्यति ॥

[76] Bhāṣya on A 1.1.39 *vt.* 8 (Bh I.98.12–13): एतदपि नास्ति प्रयोजनम्। उक्तमेतत् दीङ् प्रतिषेधः स्थाघ्वोरित्त्व इति ॥

A similar feature occurs with another case which in the Bhāṣya on A 1.1.39 is claimed to be a purpose for this *paribhāṣā*. In the sixth *vārttika* on A 1.1.4, Kātyāyana argues that this *sūtra* is unnecessary.[77] Under this *vārttika*, the opponent presents several forms and asks how they can be acquired without this *sūtra*. Patañjali shows how these forms can be acquired. At the end of the discussion on this *vārttika*, the opponent gives another set of forms and asks the same question. One of these forms is *nikucita*.[78] This question is answered by a *vārttika* which is similar to an '*uktaṃ vā*' *vārttika* though with a minor change in its wording.[79] Concerning the form *nikucita*, Patañjali argues that this *vārttika* refers to the argument that the difficulty in this case is solved by the *paribhāṣā* सन्निपातलक्षणो विधिरनिमित्तं तद्विघातस्य.[80] This ends the discussion on A 1.1.4. Patañjali does not say anything more and it seems that he agrees that this *sūtra* is unnecessary and that in the case of *nikucita*, this *paribhāṣā* applies. However, while commenting on A 1.1.39 *vt.* 6, which presents this form as one of the purposes of this *paribhāṣā*,[81] Patañjali rejects this *vārttika* by arguing that this difficulty is solved by A 1.1.4 – the same *sūtra* which it appears that Patañjali agrees with the rejection of this *sūtra*.[82] These instances clearly show the difficulty in reaching a conclusion about this *paribhāṣā* in spite of the concluding remarks of the Bhāṣya under A 1.1.39, and the *Mahābhāṣya* leave for us to decide between these two alternatives.

---

[77] Bhāṣya on A 1.1.4 *vt.* 7 (Bh I.52.21): अनारम्भो वा ॥

[78] Bhāṣya on A 1.1.4 *vt.* 7 (Bh I.53.11–12): कथं स्यदः प्रश्रथः हिमश्रथः जीरदानुः निकुचित इति ॥ *nikucita* – past passive participle of *ni*+√*kuñc*.

[79] Bhāṣya on A 1.1.4 *vt.* 7 (Bh I.53.13): उक्तं शेषे ॥

[80] Bhāṣya on A 1.1.4 *vt.* 7 (Bh I.53.15): निकुचिते ऽप्युक्तम् सन्निपातलक्षणो विधिरनिमित्तं तद्विघातस्येति ॥

[81] Bhāṣya on A 1.1.39 *vt.* 6 (Bh I 97.23): उदुपधत्वमकित्त्वस्य निकुचिते ॥

[82] Bhāṣya on A 1.1.39 *vt.* 6 (Bh I.98.1–3): एतदपि नास्ति प्रयोजनम्। अस्त्वत्राकित्त्वम्। न धातुलोप आर्धधातुके (१.१.४) इति प्रतिषेधो भविष्यति ॥

Other solutions for the difficulties to the cases of *śatāni/sahasrāṇi* and *kumbhakārebhyas*

Let us now return to the cases of *śatāni/sahasrāṇi* and *kumbhakārebhyas* and see how they can be solved without the use of *paribhāṣā* सन्निपातलक्षणो विधिरनिमित्तं तद्विघातस्य. Although having more than one solution to a certain difficulty cannot prove the futility of one of them, I present these solutions since, as we shall see, these solutions are more accepted by some Pāṇinīyas.[83] As has been mentioned before, the case of *kumbhakārebhyas* can be solved by stating that A 1.1.39 teaches that the term *avyaya* applies only to forms which originally have final *m* or diphthong. In a similar way, the case of *śatāni/sahasrāṇi* can be solved by stating that A 1.1.24 provides the name *ṣaṣ* only to numbers which have originally final *ṣ* or *ṇ*. Kātyāyana suggests this option in his first *vārttika* on A 1.1.24.[84] Although these additional statements are rejected in the *Mahābhāṣya*, the *Kāśikā* chooses this alternative for solving these difficulties. In addition to this, according to the *Kāśikā* it is unnecessary to state these special statements at all, since the use of the word *anta* in each of these *sūtra*s indicates those ideas and therefore no harm to the text is done.[85] This is also the opinion of the author of the *Vyāḍīyaparibhāṣāvṛtti*, and of Bhartṛhari.[86] Rāma-

---

[83] These solutions may solve also other cases where this *paribhāṣā* is used.

[84] Bhāṣya on A 1.1.24 *vt.* 1 (Bh I.83.10): षट्संज्ञायामुपदेशवचनम् ॥

[85] *Kāśikā* I.113 on A 1.1.24: अन्तग्रहणमौपदेशिकार्थम्। तेनेह न भवति – शतानि सहस्राणि ॥ And *Kāśikā* I.135 on A 1.1.39: अन्तग्रहणमौपदेशिकप्रतिपत्त्यर्थम्। इह मा भूत् – आधये चिकीर्षवे कुम्भकारेभ्यः ॥ It is clear that the author of the *Kāśikā* prefers to solve these cases without the use of the *paribhāṣā* सन्निपातलक्षणो विधिरनिमित्तं तद्विघातस्य ॥

[86] Bhartṛhari on the case of *śatāni/sahasrāṇi*: अत्राप्युपदेशवचन- मस्तीति। एतदप्य-प्रयोजनं दृश्यते ष्णान्तेत्यन्तवचनाच्च ॥ (*Mahābhāṣyadīpikā* VII.16.26). The author of the *Vyāḍīyaparibhāṣāvṛtti* says that the purpose in the use of the term *anta* in A 1.1.24 is that the *samāsa ṣṇāntā* would refer to those which have *ṣ* or *ṇ* always (*nitya*): ष्णान्ता षडित्यु (१.१.२४) अत्र अन्तग्रहणं प्रत्याख्याय प्रयोजनमुपदिशति नित्यषकारन-कारान्तायाः संख्याया इति ॥ (*Vyāḍīyaparibhāṣāvṛtti*, p. 14, lines 16–18). The argument that this *samāsa* has such a meaning is probably based on the idea that a *bahuvrīhi samāsa* has the meaning of a 'permanent relation' (*nityayoga*) as in case of the affix *matup* (see A 5.2.94). In this way, Jinendrabuddhi explains how

candra, in his *Prakriyākaumudī*, while paraphrasing A 1.1.24, says that it concerns forms which end with *ṣ* or *n* '<u>at the time of the *upadeśa*</u>'.[87] Interestingly, Śrīkṛṣṇa explains that this condition is given because of the possibility of applying the *sūtra* षड्भ्यो लुक् (A 7.1.22) to forms such as *śatan* (*śatan* + *i*) in case this form gets the name *ṣaṣ*. Why could A 7.1.22 apply? Śrīkṛṣṇa says that it is because of the variable status (*anityatva*) of the *paribhāṣā* सन्निपातलक्षणो विधिरनिमित्तं तद्विघातस्य.[88] This instance shows how much trouble this *paribhāṣā* has caused to the later Pāṇinīyas.

Did Pāṇini, in A 1.1.24 and A 1.1.39, intend to say that the terms *ṣaṣ* and *avyaya* apply only to forms which have the given conditions in their original stage? It is hard to answer this. However, considering the cases where these names apply correctly, it seems that he did. Yet there still remains the question why he did not state this explicitly in these *sūtras*.

In addition to what have been said above, there are more ways to solves the difficulties in cases such as *śatāni*/*sahasrāṇi* and *kumbhakārebhyas*. Some Pāṇinīyas argue that the difficulty in the case of *śatāni*/*sahasrāṇi* and *kumbhakārebhyas* can be solved by the *paribhāṣā* लक्षणप्रतिपदोक्तयोः प्रतिपदोक्तस्यैव ग्रहणम्.[89] which is used

---

the term *anta* is used to convey the understanding that these *sūtras* concern only with forms which have such conditions at the stage of the *upadeśa*: नित्ययोगे बहुव्रीहिविज्ञानादौपदेशिकप्रपिपत्तिः ॥ *Nyāsa* on A 1.1.39 (*Kāśikā* I.135).

[87] *Prakriyākaumudī* on A 1.1.24; *Prakriyākaumudī* I.335: उपदेशकाले षान्ता नान्ता च संख्या षट्संज्ञा स्यात् ॥

[88] *Prakāśa* under *Prakriyākaumudī* on A 1.1.24; *Prakriyākaumudī* I.335: शतानीति। सत्यां तु संज्ञायां षड्भ्यो लुक् स्यात् सन्निपातपरिभाषाया अनित्यत्वादिति भावः ॥ It should be noted that Jñānendrasarasvatī, in his *Tattvabodhinī*, refers to followers of this view and considers their argument as nothing but a thoughtless one because, according to him, in case of non-application of this *paribhāṣā* to a desired case, the undesired result would be that this *paribhāṣā* does not have any significance: यत्त्वाहुः परिभाषाया अनित्यत्वाल्लुक् स्यादिति तत्साहसमात्रम्। इष्टस्थलेऽप्यप्रवृत्तौ परिभाषाया अकिञ्चित्करत्वापत्तेः ॥ (*Tattvabodhinī* I.383, under *Siddhāntakaumudī* on A 1.1.24).

[89] This *paribhāṣā* teaches that terms which are stated in Pāṇini's *sūtras* refer to the original elements (before the process of derivation) and not to elements which are acquired through the process of the derivation in case both of the forms – an original form and a derived form – are available. Accordingly,

several times in the *Mahābhāṣya*. In his *Nyāsa*, Jinendrabuddhi, while commenting on the argument of author of the *Kāśikā* that the word *anta* in A 1.1.39 means *upadeśa*, argues that the difficulty in the case of *kumbhakārebhyas* can be solved by the *paribhāṣā* लक्षणप्रतिपदोक्तयोः प्रतिपदोक्तस्यैव ग्रहणम् .[90] Bhartṛhari shares the same opinion.[91] The only question that remains is why Patañjali and Kātyāyana ignored this *paribhāṣā* and chose to solve these difficulties with the use of the *paribhāṣā* सन्निपातलक्षणो विधिरनिमित्तं तद्विघातस्य.[92] We have an indication that this question has been asked already in early times. After stating that the difficulty in the case of *kumbhakārebhyas* can be solved by the *paribhāṣā* लक्षणप्रतिपदोक्तयोः प्रतिपदोक्तस्यैव ग्रहणम्, Bhartṛhari says that Patañjali does not mention this alternative because he wants to introduce other purposes of the *paribhāṣā* सन्निपातलक्षणो विधिरनिमित्तं तद्विघातस्य.[93]

A 1.1.24 and A 1.1.39 do not apply to forms such as *śatan* (*śatan+śi*) and *kumbhakāre* (*kumbhakāre+bhyas*) since these forms are obtained after applying another grammatical rule. It should be mentioned that these difficulties may be solved by the *paribhāṣā* यथोद्देशं संज्ञापरिभाषम् ॥

[90] *Nyāsa* on A 1.1.39 (*Kāśikā* I.135): ननु च लक्षणप्रतिपदोक्तपरिभाषयैव वा असिद्धं बहिरङ्गमन्तरङ्गे इत्येव वात्र संज्ञा न भविष्यति ॥ In this statement, Jinendrabuddhi argues that the same case can be solved also by another *paribhāṣā* – the *paribhāṣā* असिद्धं बहिरङ्गमन्तरङ्गे ॥ The *paribhāṣā* लक्षणप्रतिपदोक्तयोः प्रतिपदोक्तस्यैव ग्रहणम् can solve another difficulty which according to Patañjali is removed by the *paribhāṣā* सन्निपातलक्षणो विधिरनिमित्तं तद्विघातस्य ॥ Under A 2.4.81 Patañjali argues that in the derivation of the form *āma*, this *paribhāṣā* applies. However, while commenting on Patañjali's words on this matter, Nāgeśa says that this difficulty can also be solved by the *paribhāṣā* लक्षणप्रतिपदोक्तयोः प्रतिपदोक्तस्यैव ग्रहणम् ॥ भाष्ये – सन्निपातेति। लक्षणप्रतिपदोक्तपरिभाषया प्रत्ययाप्रत्ययोरिति परिभाषया च सुसाध्यमेतत् ॥ (*Uddyota* II.379–380, under Bhāṣya on A 2.4.81 *vt.* 4).

[91] *Mahābhāṣyadīpikā* VII.15.3–4: कुम्भकारेभ्य इति । शक्यं तत्र प्रतिषेधो विधातुं लक्षणप्रतिपदोक्तयोः 'प्रतिपदोक्तस्यैवेति ॥ In the next sentence, Bhartṛhari says that this case can be solved also by the *paribhāṣā* असिद्धं बहिरङ्गमन्तरङ्गे ॥

[92] In fact, the reason why Kātyāyana does not use the *paribhāṣā* लक्षणप्रतिपदोक्तयोः प्रतिपदोक्तस्यैव ग्रहणम् in respect to this case is that for him this *paribhāṣā* does not concern such a case. I discuss this issue at length in chapter two of my PhD dissertation. (Ben-Dor 2009: 101–232).

[93] *Mahābhāṣyadīpikā* VII.15.5–6: एतत्तु नोक्तम् परिभाषान्तरप्रयोजनानि विचारयिष्यामीति ॥

Did Pāṇini use this *paribhāṣā* in his *Aṣṭādhyāyī*? And if he did, what are its purposes? Clearly, we can see that on this matter, there was disagreement among early Pāṇinīyas.

Cases which occur in opposition to the *paribhāṣā* सन्निपातलक्षणो विधिरनिमित्तं तद्विघातस्य

Before ending the discussion on this *paribhāṣā*, let me present the process of the derivation of the form *rāmāya*.[94] In this case, the application of the *paribhāṣā* सन्निपातलक्षणो विधिरनिमित्तं तद्विघातस्य will prevent us form reaching to the desired form. This case shows that Pāṇini's system does not follow the principle on which this *paribhāṣā* is based and in his system, such an 'ungrateful' act is allowed.

rāmāya

1. *rāma+ṅe*

The dative singular ending *ṅe* is introduced after the word according to चतुर्थी सम्प्रदाने (A 2.3.13).

2. *rāma+ya*

The ending *ṅe* is replaced by *ya* after a stem that ends in the vowel *a* according to ङेर्यः (A 7.1.13).

3. *rāmā+ya*

The final vowel *a* of a stem changes to *ā* before a *sārvadhātuka* affix which begins with *y* according to सुपि च (A 7.3.102) → *rāmāya*.

As we can see, at stage 2 (*rāma+ya*), the ending *ṅe* is replaced by *ya* because it is preceded by a short vowel *a*. In the next stage, this *ya*, whose appearance is caused by this short vowel, causes replacement of this vowel to a long one. Clearly, this procedure occurs in opposition to the principle which the *paribhāṣā* सन्निपातलक्षणो विधिरनिमित्तं तद्विघातस्य expresses. This case is recognized by Pāṇinīyas as

[94] Dative singular form of the word *rāma* – 'for/to Rāma'. This case is given by Bhartṛhari as one more defect to this *paribhāṣā*: इह 'ङेर्यः' इति यत्वं संनिपातलक्षणं तत् दीर्घस्यानिमित्तं प्राप्नोति ॥ (*Mahābhāṣyadīpikā* VII.19.22–23).

one of the defects to this *paribhāṣā* and later Pāṇinīyas explain that in this case this *paribhāṣā* does not apply.[95] To make my argument stronger let me now present also the process of the derivation of the form *sarveṣām*. In this case also, the application of Pāṇini's rules opposes the principle which is expressed by the *paribhāṣā* सन्निपातलक्षणो विधिरनिमित्तं तद्विघातस्य.[96]

<u>*sarveṣām*</u>

1. *sarva+ām*

The genitive case ending *ām* is added after a word according to षष्ठी शेषे (A 2.3.50).

2. *sarva+suṭ+ām*

After a word that ends in the vowel *a*, the case ending *ām* gets the augment *suṭ* at the beginning according to आमि सर्वनाम्नः सुट् (A 7.1.52).

3. *sarve+sām*

The vowel *a* changes to *e* before a case ending which begins with a consonant according to बहुवचने झल्येत् (A 7.3.103) → *sarveṣām.*[97]

As we can see, at stage 2, the augment *suṭ* is added because of the combination *sarva+ām*. This augment causes the replacement of the vowel *a* to *e* (stage 3) and destroys the combination of a word that ends in *a* and the case ending *ām* in spite of the *paribhāṣā* सन्निपातलक्षणो विधिरनिमित्तं तद्विघातस्य. Moreover, in this case the same procedure occur again when this vowel *e* which appears because of the combination *sarva+sām* (stage 3) cause the replacement of the sound *s* of *sām* to *ṣ* (last stage). The same may be said also about

---

[95] For example in *Kāśikā* VIII.368 (on A 7.1.13): सन्निपातलक्षणो विधिरनिमित्तं तद्विघातस्य (व्या. प. १२) इति परिभाषेयमनित्या। तेन दीर्घो भवति ॥

[96] In the *Laghuśabdenduśekhara* on बहुवचने झल्येत् ॥ (A 7.3.103), Nāgeśa says that the use of the term *jhal* in this *sūtra* indicates that in this case the *paribhāṣā* does not apply: झल्ग्रहणमेत्त्वे सन्निपातपरिभाषाया अप्रवृत्तिज्ञापनार्थं तेन सर्वेषामित्यादावेत्वसिद्धिरित्युत्तरम् ॥ (*Laghuśabdenduśekhara* I.270).

[97] *s* changes to *ṣ* according to आदेशप्रत्यययोः (A 8.3.59).

the derivation process of *śatāni* and *sahasrāni* in which the augment ***num*** causes the replacement of the short vowel *a* to the corresponding long vowel.[98]

All these three cases belong to the same area: declination of nominal stems. This event occurs in other sections of Pāṇini's grammar as well. Consider, for example, the formation of the form *acīkarat*[99] where the affix ***caṅ*** replaces *cli* when this affix is preceded by affix ***ṇic*** and followed by *luṅ* according to the *sūtra* णिश्रिदुस्रुभ्यः कर्तरि चङ् (A 3.1.48), and by *sūtra* णेरनिटि (A 6.4.55) ***caṅ*** causes the deletion of the affix ***ṇic*** which is part of the combination that cause the appearance of ***caṅ***. The same occur also in operations which deal with *sandhi*, as in formation of the form *śivo 'rcyaḥ* (*śivas+arcyas*), when the vowel *u* replaces *r* (***ru***) when it is preceded and followed by short vowel *a* (*apluta*), according to अतो रोरप्लुतादप्लुते (A 6.1.113), and by the *sūtra*s आद्गुणः (A 7.1.87) and एङः पदान्तादति (A 6.1.108) the preceding vowel *a* of and the following vowel *a* are assimilated to the diphthong *o* because of this vowel *u*.

Considering all the cases which oppose the principle that is expressed by the *paribhāṣā* सन्निपातलक्षणो विधिरनिमित्तं तद्विघातस्य, and the small number of cases in which this *paribhāṣā* should be applied according to the *Mahābhāṣya*, and the fact that these cases can be solved in other ways, we may conclude that Pāṇini did not use this *paribhāṣā* in his *Aṣṭādhyāyī*.

---

[98] See footnote 45. Examining carefully the derivation process of *śatāni* raises another dilemma concerning the *paribhāṣā* सन्निपातलक्षणो विधिरनिमित्तं तद्विघातस्य ॥ At stage 3 when the augment ***num*** is added before *śi* according to नपुंसकस्य झलचः (A 7.1.72), it comes in the middle of the combination that causes its appearance and thus already destroys this combination. The insertion of this augment in this case is similar to the case of the undesired insertion of the augment ***tuk*** in forms such as *grāmaṇikulam*. This operation may occur according to the *sūtra* ह्रस्वस्य पिति कृति तुक् (A 6.1.71). Kātyāyana uses the *paribhāṣā* सन्निपातलक्षणो विधिरनिमित्तं तद्विघातस्य to prevent the application of this *sūtra*. See A 1.1.39 *vt*. 4.

[99] 3 sg.act.caus.aor of √*kṛ*.

THE *PARIBHĀṢĀ* एकदेशविकृतमनन्यवत्

Now, I shall turn to the discussion about the *paribhāṣā* एकदेशविकृतमनन्यवत् 'That which has undergone a change in regard to one of its parts, is by no means (in consequence of this change) something else (than what it was before the change had taken place).'[100] In other words, a partially changed form of a grammatical element, such as a word or an affix, is still considered as the original element. This *paribhāṣā* is mentioned several times in the *Mahābhāṣya* and there are four *vārttika*s which state this *paribhāṣā*.[101] Patañjali invokes this *paribhāṣā* in three other places.[102] This *paribhāṣā* appears in all the *paribhāṣā* collections[103] except in the Vyāḍi's *paribhāṣā* collection.[104] Most of the *paribhāṣā* commentators consider this *paribhāṣā* as *lokanyāyasiddhā*, following the *laukika* example, which is given in the Bhāṣya, that a dog whose tail or ear has been cut is still a dog and not a horse or a donkey.[105]

The necessity of the *paribhāṣā* एकदेशविकृतमनन्यवत्

A long discussion which is closely related to the to the case of this *paribhāṣā* takes place in the *Mahābhāṣya* on Pāṇini's *sūtra* स्थानिवदादेशो ऽनल्विधौ (A 1.1.56). This discussion shows also the connection of this *paribhāṣā* to Pāṇini's *sthānivadbhāva*,[106] which is stated in this *sūtra*. In *vārttika* nine on this *sūtra*, Kātyāyana argues that it

---

[100] Kielhorn's translation. See Kielhorn 1960: 179.

[101] In *śivasūtra* 2 *vt.* 4, A 1.1.56 *vt.* 10, A 2.4.85 *vt.* 10 and in A 8.3.85 *vt.* 1.

[102] Bhāṣyas on A 4.1.83, on A 6.1.69 *vt.* 3 and on A 6.4.149 *vt.* 2.

[103] No. 14 in Puruṣottamadeva's, no. 42 in Sīradeva's and no. 37 in Nāgeśa's *Paribhāṣenduśekhara*.

[104] Although this *paribhāṣā* is not treated separately in the Vyāḍi's *paribhāṣā* collection, it is mentioned in the *vṛtti* under the *paribhāṣā* गौणमुख्ययोर्मुख्ये कार्यसम्प्रत्ययः (*paribhāṣā* no. 3 in Wujastyk's edition). See Wujastyk 1993: 8.24–25.

[105] श्वा कर्णे वा पुच्छे वा छिन्ने श्वैव भवति नाश्वो न गर्दभ इति ॥ Bhāṣya on A 1.1.56 *vt.* 10 (Bh I.136.9–10).

[106] The treatment of the substitute (*ādeśa*) like the original (*sthānin*), as in the case of the replacement of *as* for *bhū* (according to अस्तेर्भूः [A 2.4.52]). Since *as* is a verbal base (*dhātu*) *bhū* also is considered to be a verbal base (for grammatical operations which apply to such bases).

should be added that the *sūtra* concerns also forms which have been changed only in part.[107] The Bhāṣya under this *vārttika* says that the purpose of this addition is that also forms such as *pacatu* and *pacantu*[108] would be considered as ending in *tiṅ* affixes and consequently also called *pada*s.[109] Let me first present the derivation's process of the form *pacatu*.[110] This will explain the reason behind this argument.

<u>*pacatu*</u>

1. *pac+laṭ*

The affix *laṭ* comes after a root according to वर्तमाने लट् (A 3.2.123).

2. *pac+tip*

Laṭ is replaced to *tip* according to लस्य (A 3.4.77) and तिप्तस्झिसिप्थस्थमिब्वस्मस्तातांझथासाथांध्वमिड्वहिमहिङ् (A 3.4.78).

3. *pac+śap+ti*

The affix *śap* is added before *tip* according to कर्तरि शप् (A 3.1.68).

4. *pac+a+tu*

The vowel *i* of *tip* is replaced by the vowel *u* according to एरुः (A 3.4.86).

One may argue that after the vowel *i* of *tip* has been replaced by the vowel *u* (stage 4), this form cannot be called *pada*. According to the *sūtra* सुप्तिङन्तं पदम् (A 1.4.14), a *pada* is an element which ends in *tiṅ* or *sup* affixes and since the form *pacatu* does not end in *tip* (as one of the *tiṅ* suffixes) but in *tu*, it cannot be considered as such.[111] Accepting the addition which is suggested in *vārttika* nine

---

[107] Bhāṣya on A 1.1.56 *vt.* 9 (Bh I.136.5): एकदेशविकृतस्योपसंख्यानम् ॥

[108] Imperative third person singular/plural.

[109] Bhāṣya on A 1.1.56 *vt.* 9 (Bh I.136.6–7): एकदेशविकृतस्योपसंख्यानं कर्तव्यम्। किं प्रयोजनम्। पचतु पचन्तु। तिङ् ग्रहणेन ग्रहणं यथा स्यात् ॥

[110] Although in the discussion on A 1.1.56 the cases of *pacatu* and *pacantu* are stated together, at this stage I prefer to discuss only the derivation's process of the form *pacatu*. There is a difference in the derivation of these forms. I will discuss this matter later.

[111] Not considering such forms as *pada*s would prevent the application of rules which apply to this term and that is of course not desired.

on A 1.1.56 will solve this problem and *sthānivadbhāva* will apply also in such cases. Consequently, the ending *tu* in *pacatu* will get the properties of the original form *ti* (*tip*). Thus, what ends with *tu* also is called a *pada*. One may agree that in the same way that this addition solves this problem, the *paribhāṣā* एकदेशविकृतमनन्यवत् may solve this problem: the ending *tip* has been changed only in part and according to this *paribhāṣā*, the form *tu*, which is obtained from this partial change, is not considered as different from *tip*. Thus, what ends with *tu* also is called a *pada*. This is argued by the next *vārttika* on this *sūtra*.[112]

The reasons why *sthānivadbhāva* cannot solve cases of partial change

Now, the question which should be asked is why *sthānivadbhāva*, as it is stated by Pāṇini, cannot apply to solve the difficulty in cases such as *pacatu*. The answer to this question is given in the following discussion on A 1.1.56 which presents the opinion of the Bhāradvāja School. The followers of this school also argue for the addition which is suggested in *vārttika* nine.[113] In this discussion two reasons are given for the question why *sthānivadbhāva* cannot apply in such cases: (1) because A 1.1.56 uses the term

---

[112] Bhāṣya on A 1.1.56 *vt.* 10 (Bh I.136.8): एकदेशविकृतस्यानन्यत्वात्सिद्धम् ॥ Patañjali explains: एकदेशविकृतमनन्यवद्भवतीति तिङ्ग्रहणेन ग्रहणं भविष्यति ॥ (A 1.1.56 *vt.* 10 [Bh I.136.9]). Therefore this addition is unnecessary. However, the next *vārttika* argues that the acceptance of this *paribhāṣā* is opposed to the theory that words are eternal (*nitya*) and therefore, we should accept the solution given in *vārttika* nine instead of this *paribhāṣā*: अनित्यत्वविज्ञानं तु तस्मादुपसंख्यानम् ॥ (A 1.1.56 *vt.* 11 [Bh I.136.11]). Arguing that words are eternal involves also the claim that they are unchanging. How can someone who advocates for the eternity of words claim the occurrence of changes in a word? It should be noted that in the same way that the *paribhāṣā* एकदेशविकृतमनन्यवत् opposed this theory, also this addition to *sūtra* may oppose this theory. The Bhāṣya does not say how this conflict does not occur in this alternative. It should be noted also that this is the last opinion of Kātyāyana on this matter, and it seems that according to him, the additional statement should be made.

[113] Bhāṣya on A 1.1.56 *vt.* 11 (Bh I.136.15): भारद्वाजीयाः पठन्ति । एकदेशविकृतेषूपसंख्यानम् ॥

ādeśa and in these cases these elements (*tu* and *antu*) are not *ādeśa*s[114] and (2) because the forms *pacati* and *pacatu* are different forms.[115] The first reason is easier to explain. In A 1.1.56, Pāṇini states that the *ādeśa* ('substitute') is treated as the *sthānin* ('original'). Now, in the case of the forms *pacatu*/*pacantu*, the endings *tu* and *antu* are not mentioned as *ādeśa*s in A 3.4.86 but the vowel *u* is. Therefore, we cannot consider these endings as *ādeśa* to ***tip* and** *jhi*. Consequently, A 1.1.56 is not applicable for transferring the properties of ***tip* and** *jhi* to *tu* and *antu*. Kaiyaṭa elaborates on this point and says that these endings are not *ādeśa*s because the whole form, (that is *ti* and *tu*) <u>is not perceived directly</u> in A 3.4.86.[116] In other words for applying A 1.1.56 in the case of *pacatu*, we need to have a *sūtra* that would say that the ending ***tip*** (*sthānin*) is replaced by *tu* (*ādeśa*). In that case, we would be able to consider *tu* as ***tip*** according to *sthānivadbhāva*. The second reason is understood more easily, with the help of Kaiyaṭa's commentary. He says that after the replacement of the vowel *u* to *i*, we have the form *tu*, and since this form is not identical to ***tip***, we cannot recognize this original form. Thus, *tu* and ***tip*** are considered as different forms.[117] Therefore, the use *paribhāṣā* एकदेशविकृतमनन्यवत् is necessary in this case. According to this *paribhāṣā*, the element *tu* is not considered different than ***tip***, although these two elements look different and although we do not have any *sūtra* which would establish a *sthānin–ādeśa* relation between the two forms.

---

114 Bhāṣya on A 1.1.56 *vt.* 11 (Bh I.136.16–18): किं च कारणं न स्यात् ॥ अनादेशत्वात् ॥ आदेशः स्थानिवदित्युच्यते न चेम आदेशाः ॥ The phrase अनादेशत्वात् is a *vārttika*.

115 Bhāṣya on A 1.1.56 *vt.* 11 (Bh I.136.18): रूपान्यत्वाच्च ॥ अन्यत्खल्वपि रूपं पचतीत्यन्यत्पचत्विति ॥ The phrase रूपान्यत्वाच्च is a *vārttika*. Here only the case of *pacatu* is mentioned.

116 *Pradīpa* I.432a, under Bhāṣya on A 1.1.56 *vt.* 11: **न चेम इति।** तुशब्दादयः। एरुरित्यत्र साक्षात्समुदायानुपादानात् ॥

117 *Pradīpa* I.432a, under Bhāṣya on A 1.1.56 *vt.* 11: यद्ययमवयवादेशो रूपं न भिन्द्यात्स्यादेव प्रत्यभिज्ञानात्तिङ्त्वम्। यतस्तु भेदको रूपस्य तस्मान्नास्ति तिङ्त्वमिति भावः ॥

Patañjali's opinion

Patañjali, however, does not agree with the argument that these elements (*tu* and *antu*) are not *ādeśa*s and argues that also they are *ādeśa*s. In his answer to the objection, mentioned above, he simply says that *ādeśa* is that which is substituted and they are substituted.[118] This argument is not rejected and it seems that it is agreed that these elements are also *ādeśa*s. The intention of Patañjali by arguing that the element *tu* and *antu* are also *ādeśa* would be better understood if we recall what he has said in the Bhāṣya under A 1.1.20 *vt.* 5. Under this *vārttika,* in giving an answer to the question whether it is proper to teach augmentation for words which are considered to be eternal (*nitya*),[119] Patañjali concludes that the *āgama*s ('augments') are also *ādeśa*s and in the case of augmentation, different words are concerned – with *āgama* and without *āgama*.[120] The basis for this argument is given in a *śloka* that says:

> for Pāṇini, the son of Dākṣī, everything is *ādeśa*s for the entire word, since *nityatva* is not obtained in case of a change in a part.[121]

Accordingly, in regard to the case of *pacatu*, although the element *tu* is aquired by a partial change of ***tip***, both of these elements are considered as two different individual elements and one (*tu*) is the

[118] Bhāṣya on A 1.1.56 *vt.* 11 (Bh I.136.18–19): इमे ऽप्यादेशाः। कथम्। आदिश्यते यः स आदेश इमे चाप्यादिश्यन्ते ॥

[119] Bhāṣya on A 1.1.20 *vt.* 5 (Bh I.75.8): युक्तं पुनर्यन्नित्येषु नाम शब्देष्वागमशासनं स्यात् ॥

[120] Bhāṣya on A 1.1.20 *vt.* 5 (Bh I.75.10–12): अथ युक्तं यन्नित्येषु शब्देष्वादेशाः स्युः। बाढं युक्तम्। शब्दान्तरैरिह भवितव्यम्। तत्र शब्दान्तराच्छब्दान्तरस्य प्रतिपत्तिर्युक्ता। आदेशास्तर्हीमे भविष्यन्त्यनागमकानां सागमकाः ॥ In this context, compare Jaimini's statement in *Mīmāṃsāsūtra* 1.1.16 that in case of changes in letters, there is no change but actually different letters: वर्णान्तरमविकारः ॥

[121] Bhāṣya on A 1.1.20 *vt.* 5 (Bh I.75.13–14): सर्वे सर्वपदादेशा दाक्षीपुत्रस्य पाणिनेः। एकदेशविकारे हि नित्यत्वं नोपपद्यते ॥ It should be noted that Haradatta states this *śloka* in solving the difficulty in *pacatu*. See *Padamañjarī* under *Kāśikā* on A 1.1.56.

substitute *-ādeśa-* of the other (***tip***) – the *sthānin*.[122] Thus A 1.1.56 is applicable also in this case.

The discussion on the necessity of the additional statement to A 1.1.56 does not end with Patañjali's argument that these elements are also *ādeśa*s; it continues and a few more points which are relevant to our matter are given. The proponent for this addition turns the attention to the *sthānin* the other part of the *sthānin–ādeśa* equation. He argues that these elements cannot be treated as the *sthānin* because in A 1.4.14, they are not mentioned as the base for giving the name *pada*.[123] This is understood from Kaiyaṭa's commentary. He explains that the vowel *i* which is stated as the *sthānin* in A 3.4.86 is not the base for giving the name *pada*.[124] Patañjali rejects also this argument and says that it should not be argued that when we rely on the whole, the part that is not relied upon, since a part is included in the whole, as a tree that shakes, shakes with its parts.[125] This means that, according to Patañjali, the terms ***tip*** and *jhi* (as one of the *tiṅ* suffixes) which is mentioned in A 1.4.14 refers also to their part – the vowel *i*.[126]

---

[122] In his long commentary on this passage, Nāgeśa mentions this case. See *Uddyota* I.296a, under Bhāṣya on A 1.1.20 *vt.* 5. It should be noted that the same argument appears also in the Bhāṣya under A 1.1.46. There Patañjali gives an example for his argument. He says that in आर्धधातुकस्येड् वलादेः (A 7.2.35) the term *iṭ* means that which begins with the vowel *i* and accordingly, the element which begins with the vowel *i* is the *ādeśa* (to the element without the vowel *i*): तत्र आर्धधातुकस्येड् वलादेः (७.२.३५) इत्युपस्थितमिदं भवत्यादिरिति। तेनेका- रादिरादेशो भविष्यति ॥ Bhāṣya on A 1.1.46 (Bh I.113. 2–3).

[123] Bhāṣya on A 1.1.56 *vt.* 11 (Bh I.136.19–20): आदेशः स्थानिवदिति चेन्नानाश्रित- त्वात् ॥

[124] *Pradīpa* I.432b, under Bhāṣya on A 1.1.56 *vt.* 11: यो ऽत्रादेश इति। इकारस्य उकारः। नासावाश्रीयते पदसंज्ञायाम् ॥

[125] Bhāṣya on A 1.1.56 *vt.* 11 (Bh I.136.21–23): नैतन्मन्तव्यं समुदाय आश्रीयमाणे ऽवयवो नाश्रीयते इति। अभ्यन्तरो हि समुदाये ऽवयवः। तद्यथा वृक्षः प्रचलन्सहावयवैः प्रचलति ॥

[126] The next *vārttika* raises another objection and says that when we say that these *ādeśa*s are also the base for giving the name *pada*, there is a possibility of considering it as *alvidhi*; Bhāṣya on A 1.1.56 *vt.* 11 (Bh I.136.23): आश्रय इति चेदल्विधिप्रसङ्गः ॥ Patañjali rejects also this argument by saying that accepting this argument would cause to consider all the rules as *alvidhis*: नैष दोषः। नैवं सति कश्चिदनल्विधिः स्यात्। उच्यते चेदमनल्विधाविति तत्र प्रकर्षगतिर्विज्ञास्यते साधीयो यो

On the term *ādeśa* used by Pāṇini in A 1.1.56

From this discussion we can see that according to Patañjali, also the elements *tu* and *antu* are *ādeśa*s to the case endings *tip* and *jhi* respectively, although they are not stated fully in A 3.4.86 as such. Therefore, in these cases also, *sthānivadbhāva* applies and it is not necessary to make any additional statement to this rule or to use the *paribhāṣā* एकदेशविकृतमनन्यवत्. In addition to this, at the end of this discussion, Patañjali adds another alternative to solve this problem. He says that the difficulty in forms such as *pacatu* and *pacantu* can be solved also by what he has said earlier about the purpose of the use of the term *ādeśa* in this *sūtra.*[127] This refers to the beginning of his commentary on this *sūtra*, where he says that the purpose for the use of this term is to indicate that *sthānivadbhāva* applies to any *ādeśa* and that the addition concerning a change in a part, which will be suggested by Kātyāyana later, is not necessary.[128] What does Patañjali actually mean by saying that *sthānivadbhāva* applies to any *ādeśa*? Kaiyaṭa's explains that there are two kinds of *ādeśa*, one that is perceived directly (*pratyakṣa*) as in the *sūtra* अस्तेर्भूः (A 2.4.52),[129] and the other which is understood by inference (*ānumānika*) as in the *sūtra* एरुः (A 3.4.86).[130] He further explains the second kind and argues that in this *sūtra*, by the term *i* the

---

ऽल्विधिरिति। कश्च साधीयः। यत्र प्राधान्येनालाश्रीयते। यत्र नान्तरीयको ऽलाश्रीयते नासावल्विधिरिति ॥ Bhāṣya on A 1.1.56 *vt.* 11 (Bh I.136.24–137.1).

[127] Bhāṣya on A 1.1.56 *vt.* 11 (Bh I.137.1–2): अथवोक्तमादेशग्रहणस्य प्रयोजनमादेशमात्रं स्थानिवद्यथा स्यादिति ॥

[128] Bhāṣya on A 1.1.56 (Bh I.133.8–9): इदं तर्हि प्रयोजनमादेशमात्रं स्थानिवद्यथा स्यात्। एकदेशविकृतस्योपसंख्यानं चोदयिष्यति तन्न वक्तव्यं भवति ॥ This argument is a result of a preceding discussion concerning the use of the term *ādeśa* in this *sūtra.* This discussion reaches to the conclusion that the use of the term *ādeśa* is not necessary since it is obvious that what comes instead of the *sthānin* is *ādeśa*. Bhāṣya on A 1.1.56 (Bh I.133.5–8): अथादेशग्रहणं किमर्थम्। स्थानिवदनल्विधौ इतीयत्युच्यमाने क इदानीं स्थानिवत्स्यात्। यः स्थाने भवति। कश्च स्थाने भवति। आदेशः ॥ Recall Patañjali's argument on the use of the term *sthāne* in A 1.1.50. See footnote 29.

[129] Where the *ādeśa bhū* is mentioned completely.

[130] *Pradīpa* I.423b, under Bhāṣya on A 1.1.56: द्विविधः आदेशः – प्रत्यक्षश्चास्तेर्भूरित्यादिः। आनुमानिकश्चैरुरित्यदिः ॥

expression 'what ends in vowel *i*' (that is the suffix ***tip***) is inferred and by the term *u* the expression 'what ends in the vowel *u*' is inferred (that is the ending *tu*).[131] According to Kaiyaṭa, Patañjali refers to these two kinds of *ādeśa* when he says that *sthānivadbhāva* applies to any *ādeśa*.[132] This means that according to Patañjali, the use of the term *ādeśa* in this *sūtra* is for teaching that *sthānivadbhāva* applies also in cases where there is a change in a part[133] and not only in cases where there is a complete and direct substitution of two elements. Here, Patañjali does not go roundabout by way of argumentation and reasoning to explain how Pāṇini's *sthānivadbhāva*, as it is stated in the *Aṣṭādhyāyī*, applies in cases such as *pacatu* and *pacantu*. He proves this event by simply stating that this is the reason behind the use of term *ādeśa* by Pāṇini in this *sūtra*.

Until now, we have four alternatives to solve the difficulty in cases such as *pacatu*: (1) to make the additional statement suggested by Kātyāyana in *vārttika* nine on A 1.1.56; (2) to accept that Pāṇini has used the *paribhāṣā* एकदेशविकृतमनन्यवत् in his *Aṣṭādhyāyī*; (3) to consider such cases as a *sarvādeśa*; or (4) to claim that the use of the term *ādeśa* in A 1.1.56 teaches that *sthānivadbhāva* applies in such cases also. It is clear that Patañjali chooses to solve the difficulty in *pacatu* and *pacantu* by alternatives 3, or 4. The

---

131 *Pradīpa* I.423b, under Bhāṣya on A 1.1.56: अत्र हि – इकारेणेकारान्तः स्थान्यनुमीयते। उकारेणोकारान्त आदेशः। ततस्तेस्तुरिति संपद्य ॥ He also gives a limitation to this procedure and says that where there is only a direct perception, there should not be a use of inference: तत्र प्रत्यक्षस्यैव ग्रहणं स्यात्। नानुमानिकस्येति भावः ॥ (*Pradīpa* I.423b, under Bhāṣya on A 1.1.56).

132 *Pradīpa* I.424a) under Bhāṣya on A 1.1.56: आदेशमात्रमिति। प्रत्यक्षमनुमितं चेत्यर्थः ॥ Kaiyaṭa also gives the reason why in such rules we should follow this procedure. He says that in this rule, what is perceived directly as *ādeśa* is the vowel *u* and as *sthānin* is the vowel *i* and there is not any operation concerning the replacement of the vowel *i* by the vowel *u* but there is an operation concerning the replacement of *tip* by *tu*: एरुरित्यत्र प्रत्यक्षमुकारस्यादेशत्वमिकारस्य च स्थानित्वम्। न च किंचिदिकारस्य कार्यमस्ति यदुकारे ऽतिदिश्येत। तिशब्दकार्यं तु तुशब्दस्यातिदिश्यत इति पदत्वसिद्धिः ॥ (*Pradīpa* I.424a, under Bhāṣya on A 1.1.56).

133 Following Kaiyaṭa's explanation: where only a part of the element is mentioned.

question remains whether Patañjali's intention by choosing these alternative was that *sthānivadbhāva* covers all the cases where this *paribhāṣā* एकदेशविकृतमनन्यवत् is used in the *Mahābhāṣya*[134] and therefore, this *paribhāṣā* is not necessary. According to Nīlakaṇṭha, this was Patañjali's intention. He says it clearly in his short commentary on this *paribhāṣā.*[135]

In which cases does the *paribhāṣā* एकदेशविकृतमनन्यवत् operate?

Nāgeśa, who, of course, was aware of the problem that Pāṇini's *sthānivadbhāva* may cover the cases where the *paribhāṣā* एकदेश-विकृतमनन्यवत् is applied, gives a simple solution. According to him, when half or more than a half of a form has been changed, *sthānivadbhāva* applies since in such cases we cannot recognize the original form. In other cases, the *paribhāṣā* एकदेशविकृतमनन्यवत् applies.[136] In the case of *pacatu*, the change is of at least half of the original form and therefore according to Nāgeśa *sthānivadbhāva* applies. As we saw, this argument is not opposed to the opinion of Patañjali concerning this case. However, some of cases where this *paribhāṣā* is invoked in the *Mahābhāṣya* do not follow this condition. An example is the case of the form *kartā*,[137] which is given in the Bhāṣya under A 2.4.85. In this form, the suffix *tip* is replaced by *ḍā* according to the *sūtra* लुटः प्रथमस्य डारौरसः (A 2.4.85). Under this *sūtra*, Kātyāyana and Patañjali give two alternatives on how this substitution occurs: (1) *ḍā* replaces *tip* completely (*sarvādeśa*),

---

[134] There are five more cases in which it is argued in the *Mahābhāṣya* that this *paribhāṣā* applies. Three of them are already given by Kātyāyana and two only by Patañjali. In all these cases Patañjali used this *paribhāṣā* without referring to his conclusions, which are given in the Bhāṣya on A 1.1.56 concerning this matter.

[135] Nīlakaṇṭha's *Paribhāṣāvṛtti, paribhāṣā* no. 125; *Paribhāṣāsaṃgraha*, p. 314: स्थानिवत्सूत्रादेशग्रहणसिद्धार्थकथनमेतत् ॥

[136] *Paribhāṣenduśekhara*, p. 63: यत्र त्वर्धं तदधिकं वा विकृतं तत्र जातिव्यञ्जकभूयोऽवयवदर्शनाभावेन तत्त्वाप्रतीतौ कार्यसिद्ध्यर्थं विकृतानल्रूपावयवत्वप्रतीत्यर्थं च स्थानिवत्सूत्रम् ॥

[137] Periphrastic future (*luṭ*) third person singular.

(2) *ḍā* replaces only the last portion of ***tip*** – the vowel *i*,[138] and after that, the *t* of ***tip*** is deleted according to A 6.4.143.[139] Although, it seems that the first alternative is more accepted, what interests us is what Kātyāyana and Patañjali argue about the second alternative. Let us first go over the process of derivation of the word *kartā* according to this alternative:

<u>*kartā*</u>

1. *kṛ+luṭ*

The ending *luṭ* is added to a root for expressing an action in the future which does not occur in the same day according to अनद्यतने लुट् (A 3.3.15).

2. *kṛ+**tip***

luṭ changes to ***tip*** according to लस्य (A 3.4.77) and तिप्तस्झिसिप्थस्थमिब्वस्मस्तातांझथासाथांध्वमिड्वहिमहिङ् (A 3.4.78).

3. *kar*[140]*+t+ḍā*

The vowel *i* changes to the vowel *ā* (*ḍā*) according to लुटः प्रथमस्य डारौरसः (A 2.4.85).

4. *kṛ+tās+tā*

The affix *tās* is added before ***tip*** which replaces *luṭ* according to स्यतासी लृलुटोः (A 3.1.33).

5. *kar+t+ā*

The *ti* portion of an *aṅga* is dropped before affixes marked with *ḍ* according to टेः (A 6.4.143) → *kartā*.

As in the case of *pacatu*, the form *kartā* does not end in one of the *tiṅ* affixes, therefore one may argue that it cannot be considered as *pada*. If we follow the derivation's process given above,

---

[138] Bhāṣya on A 2.4.85 *vt.* 6 (Bh I.501.9): सिद्धमलो ऽन्त्यविकारात् ॥

[139] Bhāṣya on A 2.4.85 *vt.* 7 (Bh I.501.12): डिति टेर्लोपाल्लोपः ॥ After the replacement ***tip*** → *tā*, the stage is *kar+tāstā* the portion *āst* is *ṭi*. Then, we get the desired form. As Kaiyaṭa explains: आकारे डिति परतः सतकारस्य टिसंज्ञकस्य लोपः ॥ (*Pradīpa* II.386, under Bhāṣya on A 2.4.85 *vt.* 7).

[140] *kṛ* changes to *kar* according to सार्वधातुकार्धधातुकयोः (A 7.3.84) and उरण् रपरः (A 1.1.51).

A 1.1.56 cannot apply since the acquired form of the ending after applying A 2.4.85 is *tā* and this form is not mentioned as the *ādeśa* for *tip* in A 2.4.85. This is the ground for the objection given in the Bhāṣya under *vārttika* nine on this *sūtra*.[141] This objection is answered by the next *vārttika* that says that this ending is considered as *tiṅ* because 'that which has been changed in a part is not different (from the original)'.[142] Except paraphrasing this *vārttika* in the same wording as in the Bhāṣya on A 1.1.56 *vt.* 10, Patañjali does not say more and it seems that he agrees that in this case, the *paribhāṣā* एकदेशविकृतमनन्यवत् applies.[143] The only comment of Kaiyaṭa on this matter is that this case is as the case of *pacatu* and *pacantu*.[144] Now, it should be pointed out that the term *pada* concerns, of course, the final stage of this derivation. In this stage, we have the form *kartā* and in this form, the ending is only the vowel *ā*. How can we recognize from this ending the original form (*tip*) which has been changed in a part? In this ending, there are not any parts which belong to the original form and actually, this form has been changed completely. Therefore, *paribhāṣā* एकदेशविकृतमनन्यवत् cannot solve this difficulty. This is also the opinion of Nāgeśa. According to him, in this case the change is more than half and therefore, it cannot be solved by this *paribhāṣā* but by A 1.1.56.[145]

---

[141] Bhāṣya on A 2.4.85 *vt.* 9 (Bh I.501.21): यदा तर्ह्ययमन्त्यस्यस्थाने भवति तदा तिङ्-ग्रहणेन ग्रहणं न प्राप्नोति ॥

[142] Bhāṣya on A 2.4.85 *vt.* 10 (Bh I.501.22): तिङ्ग्रहणमेकदेशविकृतस्यानन्यत्वात् ॥

[143] Bhāṣya on A 2.4.85 *vt.* 10 (Bh I.501. 24): एकदेशविकृतमनन्यवद्भवतीति तिङ्ग्रहणेन ग्रहणं भविष्यति ॥

[144] *Pradīpa* II.387, under Bhāṣya on A 2.4.85 *vt.* 10: एकदेशविकृतमिति। पचतु पचन्त्वित्यादौ यथा ॥

[145] *Uddyota* II.387, under Bhāṣya on A 2.4.85 *vt.* 10: अर्धाधिकविकारान्न्यायेनासिद्धेः स्थानिवदित्यतिदेशप्रवृत्तेरुपलक्षणमिति बोध्यम् ॥ The same argument appear also in the *Uddyota* VI.596, under Bhāṣya on A 6.1.69 *vt.* 3. In the Bhāṣya it is argued that after dropping *m* of the case ending *am* according this *sūtra*, the form *a* is still considered as the case ending *am* by the *paribhāṣā* एकदेशविकृतमनन्यवत् for the application of the *sūtra* अमि पूर्वः (A 6.1.107). Nāgeśa comments: ननु मलोपे ऽकारमात्रस्य विभक्तित्वाभावो ऽत आह – एकदेशेति। स्थानिवद्भावेनेत्यर्थः ॥ (*Uddyota* VI.596, under Bhāṣya on A 6.1.69 *vt.* 3).

Consider also the case of *pacantu* which Patañjali gives in the discussion on A 1.1.56, in addition to the form *pacatu*. In this case we start the derivation process with the form *jhi*, by the *sūtra* झोऽन्तः (A 7.1.3) we get the form *anti*, and then by A 3.4.86 we get the form *antu*. Here, as in the case of *kartā*, we do not have a partial change, and actually in the form *antu*, not any part of original form (*jhi*) remains. How can the *paribhāṣā* एकदेशविकृतमनन्यवत् solve this problem?[146] It is clearly not a case of this *paribhāṣā*.[147]

The *paribhāṣā* एकदेशविकृतमनन्यवत् has a *jñāpaka*

Before concluding, there is one more fact that must be pointed out concerning this *paribhāṣā*: In one place in the *Mahābhāṣya*, this *paribhāṣā* is invoked not for solving a certain difficulty but for explaining a peculiar instance in Pāṇini's wording; A 4.1.83 teaches that the affix *aṇ* should be understood to occur after whatever is taught in the following *sūtras* up to the *sūtra* that uses the term *dīvyati*. This refers to A 4.4.2 where this term is stated. However, in A 4.1.83, Pāṇini does not state this term in this form but in the form *dīvyat*. In the Bhāṣya under this *sūtra*, a question is raised about the reason behind this peculiarity.[148] Patañjali answered directly and clearly that it is for indicating the existence of the *paribhāṣā* एकदेशविकृतमनन्यवत्. Patañjali gives also the reason for this indication. He says that the additional statement, which is suggested under A 1.1.56, for the cases in which there is a change in a part should not be made. Here Patañjali gives a *jñāpaka* to a *paribhāṣā* to which he himself gave a *laukika* example. Does he admit that also this kind of *paribhāṣās* are stated in the *Mahābhāṣya*?[149]

---

[146] Consider Patañjali's *laukika* example for this *paribhāṣā*; the dog that has undergone such change is surely not a dog anymore!

[147] If one insists in using this *paribhāṣā* in this case, we will have to apply this *paribhāṣā* twice: first, when we get the form *anti* by A 7.1.3 and secondly, when this form changes to *antu* according to A 3.4.86.

[148] Bhāṣya on A 4.1.83 (Bh II.235.4–5): किं पुनः कारणं विकृतनिर्देशः क्रियते ॥

[149] After giving this answer, Patañjali gives another explanation for this peculiarity. Therefore, it seems that he was not satisfied with this argument.

The case of the *paribhāṣā* एकदेशविकृतमनन्यवत् differs from the case of the *paribhāṣā* सन्निपातलक्षणो विधिरनिमित्तं तद्विघातस्य. There are many cases where the *paribhāṣā* एकदेशविकृतमनन्यवत् applies correctly and it seems that it does not oppose Pāṇini's system. The question whether Pāṇini's intention in A 1.1.56 was that it also covers cases where this *paribhāṣā* applies or whether he has used the *paribhāṣā* एकदेशविकृतमनन्यवत् as a separate *paribhāṣā* is hard to answer. However, the problem in cases such as *pacantu* shows that this *paribhāṣā* cannot apply in these cases and we have to solve such difficulties with the help of Pāṇini's *sthānivadbhāva*. Therefore, we may assume that Pāṇini's *sthānivadbhāva* applies in all cases where there is a partial change. The reasons which I give in my final conclusion may explain why he did not state it explicitly.

CONCLUSION

In the *Mahābhāṣya*, many arguments are supported by examples from the daily life. Finding a proper *laukika* example for a given argument is mostly considered a sound proof for its validity. This also prevents any argument against it. This method was already an accepted and an established method among the Indian scholars of the time of Kātyāyana, and it particularly concerns with the subject of the *lokanyāyasiddhā* or *nyāyasiddhā paribhāṣā*s. The validity of such *paribhāṣā*s is proved by daily life activities or by reasoning. The *paribhāṣā*s सन्निपातलक्षणो विधिरनिमित्तं तद्विघातस्य and एकदेशविकृतमनन्यवत् are *paribhāṣā*s of this type. Although a *laukika* example is not given in the *Mahābhāṣya* for the *paribhāṣā*s सन्निपातलक्षणो विधिरनिमित्तं तद्विघातस्य, the principle which is expressed by this *paribhāṣā* seems ,to be very logical and realistic and therefore some Pāṇinīyas find its parallel in daily life. For the *paribhāṣā* एकदेशविकृतमनन्यवत् , already Patañjali gives a *laukika* example. Having such a realistic ground makes it difficult to ignore these *paribhāṣā*s. This may be one of the reasons why these *paribhāṣā*s are accepted in the *Mahābhāṣya.*

Although both Kātyāyana and Patañjali admit that there are many cases which are opposed to the *paribhāṣā* सन्निपातलक्षणो विधिरनिमित्तं तद्विघातस्य, they argue that Pāṇini's system follows the principle behind this *paribhāṣā.* Considering the small number of cases where it is agreed in the *Mahābhāṣya* that this *paribhāṣā* applies and number of cases where it should not apply, we must question the use of this *paribhāṣā* by Pāṇini. Already the author of *Vyāḍīya-paribhāṣāvṛtti* has doubted the existence of this *paribhāṣā* in the *Aṣṭādhyāyī.* This doubt appears also from Bhartṛhari's commentary which rejects most of the purposes given under A 1.1.39 in the *Mahābhāṣya* to this *paribhāṣā.* Moreover, the cases such as the derivation process of the form *rāmāya* shows that the system of Pāṇini does not follow this principle and allows the occurrence of such 'ungrateful' act. The fact that this *paribhāṣā* is already mentioned by Kātyāyana and appears in Vyāḍi's *paribhāṣā* collection indicates that it was known from very early time and may also have been known to Pāṇini. It may have belonged to another system and have been adopted into the Pāṇinian system before Kātyāyana. Another possibility is that this *paribhāṣā* was very popular in his time and therefore was difficult to ignore. This may also explain the insistence of Patañjali in accepting this *paribhāṣā.* Moreover, we may have an indication that this *paribhāṣā* was very well known and popular in that time. This indication appears in the *Mīmāṃsā-sūtra* of Jaimini; *sūtra* 6.6.9 uses a very similar wording of this *paribhāṣā.*[150] Although, the situation which is under discussion in this *sūtra* differs from the situation in which the *paribhāṣā* सन्निपातलक्षणो विधिरनिमित्तं तद्विघातस्य is used by Pāṇinīyas and the terms refer to different objects, it is hard to ignore the striking similarity in the wording.

---

[150] *Mīmāṃsāsūtra* 6.6.9: सन्निपातात्तु निमित्तविघातः स्याद्‌बृहद्रथन्तरवद्विभक्तशिष्टत्वाद्वसिष्ठनिर्वर्त्ये ॥ In this context, the term *sannipāta* refers to a combination of persons which belong to different families. Every family has different instructions concerning which act to perform. This may prevent persons from different families to perform together the same ritual. The expression *nimittavighātaḥ* means the destruction of such differences.

In regard to the *paribhāṣā* एकदेशविकृतमनन्यवत्, although, it seems that this *paribhāṣā* is not opposed to Pāṇini's procedure, the arguments in the *Mahābhāṣya* concerning this *paribhāṣā* raise a doubt about its necessity. For this *paribhāṣā,* there is a clear indication that it was known in very early time. A similar principle to *paribhāṣā* was already used by the early grammarians and it is stated in the *Taittirīyaprātiśākhya* 1.50–51.[151] Moreover, in the *Mīmāṃsāsūtra*, there are many arguments that follow the principle that a partial change does not make a difference; for example, in *sūtra* 6.3.12, it is argued that a change in the substance does not make the act different.[152] An interesting argument is given in *sūtra* 1.3.28 in which it is argued that also a corrupted form of a word expresses its meaning because of similarity,[153] and the following *sūtra* says that in the case of use of a wrong case ending, the meaning is still understood because a part of the word (*ekadeśatvāt*) is the same as that of the correct word.[154] In *sūtra* 12.1.4, Jaimini says that due to a modification (*vikāra*) there is no difference because the purpose is not changed.[155] Śabara gives the *laukika* example:

> there is no conflict (*virodha*) in case milk mixed with sugar is given to one, who is ordered to be fed on milk, because even milk with sugar is still milk.[156]

All these instances show that Kātyāyana and Patañjali were correct in their claim that the principle expressed by the *paribhāṣā* एकदेश-

---

[151] *Taittirīyaprātiśākhya* 1.50: पदग्रहणेषु पदं गम्यते and 1.51: अपि विकृतम् ॥ The relation of these *sūtra*s with the *paribhāṣā* एकदेशविकृतमनन्यवत् was already indicated by Renou (see Staal 1985: 443).

[152] *Mīmāṃsāsūtra* 6.3.12: अपि वा ऽव्यतिरेकाद्रूपशब्दाविभागाच्च गोत्ववदैककर्म्यं स्यान्नामधेयं च सत्त्ववत् ॥

[153] *Mīmāṃsāsūtra* 1.3.28: तदशक्तिश्चानुरूपत्वात् ॥

[154] *Mīmāṃsāsūtra* 1.3.29: एकदेशत्वाच्च विभक्तिव्यत्यये स्यात् ॥ My interpretation of this *sūtra* and of the preceding one follows Śabara's commentary.

[155] *Mīmāṃsāsūtra* 12.1.4: विकाराच्च न भेदः स्यादर्थस्याविकृतत्वात् ॥ In this case, the modification concerns with a change in time or in quantity.

[156] *Śābarabhāṣya* on *Mīmāṃsāsūtra* 12.1.4: यस्य क्षीरेण भोजनमुदितं भवति यदि तस्मै सशर्करं दीयते न कश्चिद्विरोधो भवति सशर्करमपि तत् पय एवेति ॥

विकृतमनन्यवत् was accepted and popular. Surely, it was like that in their time and it is likely to be so also in the time of Pāṇini. This may be the reason why Pāṇini did not mention it specifically in his *Aṣṭādhyāyī*, and he just ignored such a problem.

A FINAL REMARK

As we have seen, Pāṇini has stated some principles which are considered as daily life principles, and for some of the *nyāyasiddhā* or *lokanyāyasiddhā paribhāṣā*s, the commentators give indications from the *Aṣṭādhyāyī* itself. This shows that they admit that Pāṇini did not strictly follow the theory which argues that obvious things should not be stated. Moreover, although such *paribhāṣā*s express logical and obvious principles, they were not necessarily used by Pāṇini, as especially the case of the *paribhāṣā* सन्निपातलक्षणो विधिरनिमित्तं तद्विघातस्य shows. Already Patañjali has said that grammar does not follow the procedures which occur in daily life and we should keep this in mind.[157]

REFERENCES

Primary Sources

A Pāṇini's *Aṣṭādhyāyī*.

Bh *The Vyākaraṇa-Mahābhāṣya*, I–III. Ed. by Franz Kielhorn. 3rd edition by K. V. Abhyankar. Poona: Bhandarkar Oriental Research Institute, 1965. [References to volume, page, lines.]

Kāśikā of Vāmana and Jayāditya with Nyāsa or Kāśikā-Vivaraṇapañjikā of Jinendrabuddhi and Padamañjarī of Haradatta Miśra with the Bhāvabhodinī by Jaya Shankar Lal Tripathi, I–X. Critically edited by Jaya Shankar Lal Tripathi & Sudhakar Malaviya. Varanasi: Tara Book Agency, 1988. [References to volume, page.]

Laghuśabenduśekhara by Nāgoji Bhaṭṭa with a Commentary Chandrakalā by Bhairava Miśra, I–II. Ed. by Narahari Śāstri Pendse (Re-edited by

---

[157] I would like to thank Prof. George Cardona for his helpful comments on this subject and for his careful reading of this paper. However, I take sole responsibility on the final format of this paper.

Gopāla Śāstri Nene). Varanasi: Chaukhambha Sanskrit Sansthan, 1987. [References to volume, page.]

Mahābhāṣyadīpikā, Fascicule VII: Āhnika VI, part II. Critically ed. by V. B. Bhagavat & Saroja Bhate. Fascicule VIII: Āhnika VII. Critically ed. by G. B. Palsule & V. B. Bhagavat. Poona: Bhandarkar Oriental Research Institute, 1990 & 1991. [References to fascicule, page, lines.]

Mīmāṃsāsūtra of Jaimini (The Aphorisms of the Mīmāṃsā by Jaimini) with the Commentary of Śabara-Svāmin, I–II. Ed. by Mahesachandra Nyāyaratna. Calcutta: Bibliotheca Indica, 1873.

The Paribhāṣenduśekhara of Nāgojībhaṭṭa with the Commentary Tāttvādarśa of MM. Vasudev Shastri Abhyankar, Part I. Critically ed. by Kashinath V. Abhyankar. Poona: Bhandarkar Oriental Research Institute, 1962.

Pradīpa and *Uddyota*: *Patañjali's Vyākaraṇa Mahābhāṣya, Kaiyaṭa's Pradīpa, and Baṭṭoji Dīkṣita's Śabdakaustubha and Nāgoji Bhaṭṭa's Uddyota of Nāgeśa Bhaṭṭa with the Commentary Rājalakṣmī by Pt. Guruprasad Shastri*, I–VIII. Edited by Pt. Nandkishore Shastri. Delhi: Pratibha Prakashan, 1999. [References to volume, page, column.]

Prakriyā Kaumudī by Rāmacandrācārya with the Prakāśa by Śrikriṣṇa, I–III. Edited by Pt. Muralīdhara Miśra. Varanasi: Sampurnanand Sanskrit Vishvavidyalay, 1977. [References to volume, page.]

Tattvabodhinī: *Vaiyākāraṇa Siddhāntakaumudī of Bhaṭṭojidīkṣita with Bālamanoramā of Vāsudevadīkṣita* and *Tattvabodhinī of Jñānendrasarasvatī*, I–IV. Edited by Caturvedi Giridharaśarmā & Parameśvarānandaśarma Bhāskara. Varanasi: Motilal Banarasidass, 1987–91. [References to volume, page.]

Vyāḍīyaparibhāṣāvṛtti: *Metarules of Pāṇinian Grammar*, I. *The Vyāḍīyaparibhāṣāvṛtti*. Critically ed. by Dominik Wujastyk. Gronigen: Egbert Forsten, 1993.

Translations and Secondary Sources

BEN-DOR, Sharon 2009. *The paribhāṣās arthavadgrahaṇe nānarthakasya, lakṣaṇapratipadoktayoḥ pratipadoktasyaiva grahaṇam and ekadeśavikṛtam ananyavat. Studies on Some Metarules in Pāṇinian System.* Academic dissertation. (Publications of the Institute for Asian and African Studies, 9.) Helsinki: Helsinki University Print.

CARDONA, George 1978. Still again on the history of the Mahābhāṣya. *Annals of the Bhandarkar Oriental Research Institute* 58–59 (Diamond Jubilee Volume): 79–99.

CHAKRABARTI, Samiran Chandra 1980. *The Paribhāṣās in the Śrautasūtras.* Calcutta: Sanskrit Pustak Bhandar.

JHA, Vashishtha N. 1992. Foreword to the second edition of the *Mīmāṃsākoṣaḥ*. Ed. by Kalanandasaraswati. Delhi: Sri Satguru Publications.

KIELHORN, Franz 1960. *The Paribhāṣenduśekhara of Nāgojībhaṭṭa Edited and Explained,* Part II. *Translation and Notes.* 2nd edition by Kashinath V. Abhyankar. Poona: Bhandarkar Oriental Research Institute.

PARPOLA, Asko 1994. On the formation of the Mīmāṃsā and the problems concerning Jaimini. Part II. *Wiener Zeitschrift für die Kunde Südasiens* 38: 293–308.

STAAL, Fritz (ed.) 1985. *A Reader on the Sanskrit Grammarians*. Delhi: Motilal Banarasidass.

WUJASTYK, Dominik 1993. *Metarules of Pāṇinian Grammar. The Vyāḍīyaparibhāṣāvṛtti*, Part II. Critically edited with translation and commentary. Gronigen: Egbert Forsten.

Interpreting Forms with Markers: The Morphological Approach

MARIA PIERA CANDOTTI & TIZIANA PONTILLO

1. The aim of this study[1] is to take up again and offer some further reflections on the status of markers in Pāṇinian metalanguage, as can be worked out from the evidence of the *Aṣṭādhyāyī* and some interesting suggestions found in the *Mahābhāṣya*. It is principally A 1.3.9 *tasya lopaḥ* which governs the interpretation of forms with markers in the *Aṣṭādhyāyī*. This *sūtra* which teaches an unconditioned *lopa* of all the elements previously defined as *it* (A 1.3.2–8) has more than one element that could capture scholars' attention. First of all it resorts to the grammatical device of *lopa* – taught as *adarśanam* 'non-perception' in A 1.1.60 and commonly applied to phonological or morphological units of the object language – not to account for the object language itself but rather for the interpretation of metalanguage. Secondly it involves no conditions, something quite unusual inasmuch as this kind of rule is generally restricted by means of some specified left or right context. In fact to teach a non-perception of an element without conditions amounts to denying the non-perceived element any reality in the object language.

[1] This paper is the result of a joint work and it is very hard to clearly determine the contribution of each of us; thus for convenience purposes alone we have ascribed sections 1.1, 2, 3.2, 3.4, 4 to Maria Piera Candotti and sections 1, 3, 3.1, 3.3 and 5 to Tiziana Pontillo.

The tradition itself defines A 1.3.9 as *anaimittika*,[2] 'unconditioned' and, in his commentary, Patañjali tackles the problem of interpreting the use (*prayojana*) of this rule. This topic is discussed in *vtt.* 6–8 *ad* A 1.3.9. First, *vt.* 6 states that the functioning of markers is impaired by a conflict between existence (*bhāva*) and non-existence (*abhāva*). In fact markers seem to be contemporaneously existent (as they are uttered in the grammar's metalanguage) and non-existent, as the grammar itself teaches their unconditioned *lopa*. Patañjali elucidates the matter, adding that we do not know for what purpose (*abhiprāya*) the teacher attaches (*pra-sañj-*) the markers nor why he excludes (*nivṛttim kṛ-*) them. In other words, it seems that it is the lack of limitation in the operation of *lopa* that makes the purpose of the rule so doubtful.[3] As a solution *vtt.* 7–8 propose considering *lopa* as a means for blocking the operativity of markers just like a specific rule (*apavāda*) with respect to a general one.[4] In fact, while the existence of the *anubandha* grants the application of some *it* rules, the *lopa* rule A 1.3.9 restricts the role of the *anubandha* to those rules alone.

It may be useful to illustrate this statement with an example. An element ending with an *anubandha*, let us say the *anubandha K*, is subject to some *K-it* rule. But, if it were not subject to *lopa*, it would also be liable to some other rules concerning elements ending in *ka-kāra* sounds; therefore A 1.3.9 can be considered as a specific rule which restricts the scope of the *anubandha* to the *it* rule directly concerned. In fact, instead of a contradiction between the assertion of unconditional existence and non-existence, there is

---

[2] See M I.76.11 *ad* A 1.1.20 *vt.* 9: *anaimittiko hy anubandhalopaḥ*. The term (*a*)*naimittika* is used with reference to some other grammatical operations, see M I.156.27 *ad* A 1.1.59 *vt.* 8; 237.21 *ad* A 1.2.64 *vt.* 19 and KV *ad* A 5.4.1.

[3] See M I.265.11–13 *ad* A 1.3.9 *vt.* 6: *anubandhalope bhāvābhāvayor vipratiṣedhād aprasiddhih* || *vt.* 6 || *anubandhalope bhāvābhāvayor virodhād aprasiddhiḥ* | *na jñāyate kenābhiprāyeṇa prasajati kena nivṛttiṃ karotīti.*

[4] See M I.265.14–17 *ad* A 1.3.9 *vtt.* 7–8: *siddhaṃ tv apavādanyāyena* || *vt.* 7 || *siddham etat* | *katham* | *apavādanyāyena* || *kiṃ punar iha tathā yathotsargāpavādau* | *bhāvo hi kāryārtho 'nanyārtho lopaḥ* || *vt.* 8 || *kāryaṃ kariṣyāmīty anubandha āsajyate kāryād anyan mā bhūd iti lopaḥ.*

a dynamics between existence in some specified contexts and non-existence in others.

1.1 Of course, there are cases that do not fit neatly into the picture. Cases where the absence of markers is predicted while their presence is needed, or the contrary. Commentaries record and discuss some of these cases in the wider frame of two views concerning the relationship between markers and the autonym (*anukaraṇa*) they are attached to, commonly labelled as the *ekānta* 'integrated' and the *anekānta* 'non-integrated' view. Suggestively, both views are discussed in the *vārttika*s immediately following the ones we have just discussed concerning the *bhāva/abhāva* status of markers in rule A 1.3.9.

The *ekānta* view considers the marker as forming a single integrated whole with the autonym form to which it is added, like a branch that, while on a tree, is considered as being part of that tree.[5] This view is declared by Patañjali as being more legitimate than the *anekānta* view because it reflects what we actually see in grammar, namely that markers invariably and consistently go with the form they are attached to.[6] Yet, it also entails some drawbacks to be taken care of through some interpretational rules (*paribhāṣā*) which Patañjali recovers through *jñāpaka* reasonings.[7] It is clear, Patañjali argues, that Pāṇini's mention of the optionality of the primary suffix *Śa* (taught by A 3.1.139) with respect to the suffix *Ṇa*

[5] M I.265.19–21 *ad* A 1.3.9 *vt*. 9: *ekāntas tatropalabdheḥ* ‖ *vt*. 9 ‖ *ekānta ity āha* | *kutaḥ* | *tatropalabdheḥ* | *tatrastho hy asāv upalabhyate* | *tad yathā* | *vṛkṣasthā śākhā vṛkṣaikānta upalabhyate*. Kaiyaṭa (*Pradīpa* II.192 *ad* A 1.3.9 *vt*. 9) further explains that in the *ekānta* view markers are parts of an integrated whole, while in the *anekānta* view they are just temporary marks like a crow on the roof of a house. Cf. M I.84.22–85.1 *ad* A 1.1.26 *vt*. 3 and *Vākyapadīya* III.2.3; for some comparable *Mahābhāṣya* occurrences of the image of the tree with its branches as a metaphor of a specific kind of part-whole relationship, see Candotti & Pontillo 2007.

[6] M I.266.22–23 *ad* A 1.3.9 *vt*. 15.

[7] M I.266.24–267.6 *ad* A 1.3.9 *vt*. 15. The interpretational rules required by the adoption of the *ekānta* view have become crystallized in the tradition as *paribhāṣā* 6, 7 and 8.

(A 3.1.41), indicates that he considers that a marker is not sufficient to make two affixes different in form (*asarūpa*), a condition that would have granted them optionality by A 3.1.94 *vāsarūpo 'strīyam*.[8] Similarly it can be demonstrated that Pāṇini considered that a monosyllabic element does not become polysyllabic when a marker is attached to it: A 1.1.55 *anekal śit sarvasya* teaches to substitute the whole element quoted (and not just the last sound) when the substitute is polysyllabic or when it is followed by the marker *Ś*.[9] And, lastly, Pāṇini's practice shows that a root ending with *e*, *o* or *ai* is considered as still ending with *e*, *o* and *ai* when a marker is added to it: in A 3.4.19 *udīcāṃ māṅo vyatihāre* Pāṇini quotes the verbal base *meṄ* as *māṄ* thus showing that the actual presence of the marker *Ṅ* does not preclude the substitution with *ā* of *e*, *o* or *ai* finals of a verbal base, as taught by A 6.1.45.[10] Thus, once Pāṇinian practice is correctly understood, Patañjali suggests, there is no real difficulty in accepting the *ekānta* view.[11]

The *anekānta* view does not present the same difficulties: in fact if *Śa* and *Ṇa* are interpreted as *Ś+a* and *Ṇ+a* their common form appears more vividly. Similarly, in this view, it is quite evident that *auT* (= *au+T*) is monosyllabic and that *dai+P* may be

[8] In the same way, all the primary affixes differentiated only by markers, like *aṆ* (taught by A 3.2.1) and *Ka* (A 3.2.3), occur in mutually exclusive contexts, as desired.

[9] E.g. *auT* taught as a substitute of *div-* in A 7.1.84, since it is monosyllabic, substitutes the final sound of *div-* and not the whole as it would if it were polysyllabic (*anekāl*) and thus liable to A 1.1.55: *anekal śit sarvasya*.

[10] Thus, the *adāP* restriction in A 1.1.20 may thus also denotate the verbal base *daiP* → **dāP* (through A 6.1.45). The same problem was tackled by Patañjali in his commentary on A 1.1.20, where he proposes 'the comprehension of what was there before' (*bhūtapūrvagati*) as an alternative solution to *paribhāṣā* 7.

[11] Cardona (1976: 169) states that a correct interpretation of the import of the term *upadeśa* as encompassing both the moment at which an item is first introduced and the moment at which its markers are deleted just before the item enters into grammatical operations is sufficient to cope in a satisfactory way with all the difficulties of the *ekānta* view which, in Cardona's opinion, is the only justifiable view in terms of Pāṇini's metalanguage.

subject to a substitution rule even before its marker has been zeroed through A 1.3.9. Yet, as we have seen, Patañjali's final view is to prefer the *ekānta* option because a positive reason is given for that, namely the fact that the markers are perceived only and coherently attached to the forms they qualify.[12]

2. The *Mahābhāṣya* passage commenting on *vtt.* 6–10 *ad* A 1.3.9 is a well-known reference, almost the foundation of the traditional interpretation of markers from the commentaries. However this passage has a striking point – namely the comparison of a *lopa* rule with an *apavāda* rule – which deserves perhaps some further consideration. This comparison reminds us strongly of a similar passage where Kātyāyana, while commenting A 1.1.56 *sthānivad ādeśo 'nalvidhau*, suggests the possibility that it could extend from rules teaching *ādeśa*s to specific (*apavāda*) rules, because of their similarity.[13] The way out, for Kātyāyana, is to resort to the fact that, in the domain of substitution, the genitive case explicits the specific unit which has to be replaced. In this way, the *sthānin/ādeśa* relationship, inscribed in the general frame of *utsarga/apavāda* opposition, is specifically defined by emphasizing the standard pattern of the substitution by means of the explicit usage of the sixth *vibhakti* taught in A 1.1.49.[14] Third crucial analogous comparison

[12] Another reason in favour of the *ekānta* view will be advanced some centuries later by Bhartṛhari in his *Dīpikā* (2.18, ll. 6–9 *ad Śivasūtra* 3–4 *vt.* 1), namely the fact that only within this view can we account for the endings put at the end of imitative names followed by the marker. For a translation and discussion of this passage cf. Candotti 2006: 189–190.

[13] M I.138.1 *vt.* 15 *ad* A 1.1.56: *apavādaprasaṅgas tu sthānivattvāt*, 'But there is the risk of applying to the *apavāda* (the corresponding *utsarga*) because of its being like a *sthānin*'.

[14] In fact Kātyāyana (M I.138.6 *vt.* 17 *ad* A 1.1.56) solves the problem enunciated in *vt.* 15 by merely recalling the reference to A 1.1.49, which is compulsory for the substitution: *siddhaṃ tu ṣaṣṭhīnirdiṣṭasya sthānivadvacanāt*, 'But this is accomplished by the statement that the *sthānivadbhāva* is expressly limited to a unit mentioned in the genitive case'. As Patañjali explains in M I.138.7–9, there is actually no need for additional restrictions: *tat tarhi ṣaṣṭhīnirdiṣṭagrahaṇaṃ kartavyam | na kartavyam | prakṛtam anuvartate | kva pra-*

between substitution schemas and *utsarga/apavāda* schemas is suggested by Patañjali in his commentary on A 1.1.60 and Kātyāyana's *vt.* 4 thereon. Kātyāyana's statement that *lopa* is not a generic non-perception, but rather the non-perception of something which would otherwise be expected (*prasakta*),[15] actually evokes two different technical scenarios. This is because the procedure of positing something as expected but not realized is typical of the interpretation of both mechanisms.[16] Yet, Patañjali explicitly restricts the circle around the pure *sthānin/ādeśa* relations by pondering the proposal of specifying that the *prasakta* unit must be quoted in the genitive.[17]

The analogy in the arguments used and the homogeneous terminology occurring in the *Mahābhāṣya* on these three *sūtra*s A 1.1.56, 1.1.60 and 1.3.9 seems to suggest an implicit reference of each rule to the others. The relation between an element and its *lopa* replacement is interpreted by Patañjali as a relation between *sthānin* and *ādeśa*[18] and it is most likely that this interpretation may

---

kṛtam | ṣaṣṭhī sthāneyogā iti, 'If this is thus, then should an additional mention of *ṣaṣṭhīnirdiṣṭasya* "of a unit expressly indicated in the genitive case" be made? It needs not to be made. What has been originally (as a prototype) introduced continues (in the ectype). Where has this been originally introduced? In the rule A 1.1.49.'

[15] M I.158.21 *vt.* 4 *ad* A 1.1.60: *siddhaṃ tu prasaktādarśanasya lopasaṃjñā.*

[16] For the usage of the term *prasakta* in the domain of general vs. specific rules see e.g. M I.44.11–12 *ad* A 1.1.3 *vt.* 2, in the domain of substitution see e.g. M I.130.14 *ad* A 1.1.52 *vt.* 3. An outline of the analysis of *Mahābhāṣya* occurrences has been presented in Candotti & Pontillo 2008. For a supposed dependence of the term on the *Kalpasūtra* technical tradition see Pontillo 2008: 94–97.

[17] M I.158.23–24 *ad vt.* 4 *ad* A 1.1.60: *prasaktādarśanaṃ lopasaṃjñaṃ bhavati ṣaṣṭhīnirdiṣṭasya*. Yet Patañjali (M I.158.24–159.1 *ad vt.* 4 *ad* A 1.1.60) cannot accept this restriction, because it cuts out some rules such as A 8.1.62–63, where we find some elements subject to *lopa* and acting as conditions, whose *lopa* has not been taught and thus are out of the substitution frame: *yadi ṣaṣṭīnirdiṣṭasyety ucyate cāhalopa evety avadhāraṇe cādilope vibhāṣā ity atra lopasaṃjñā na prāpnoti.*

[18] Furthermore, Patañjali (M I.164.20–23 *ad vt.* 14 *ad* A 1.1.62) explicitly discusses and refutes the view attributed to an opponent that *lopa* is not *ādeśa*: *lopa* must be an *ādeśa*, objects Patañjali; if this is not so, some of the traditional ex-

safely be attributed to Pāṇini too. In the rules, *lopa* is always taught through a nominative plus genitive pattern and it is quite evident that – even though not explicitly defined as an *ādeśa* – it behaves as an *ādeśa*.[19]

On the other hand as there is no rule teaching the specific functioning of *lopa* of *anubandha*, we are generally committed to resorting to the common functioning of technical *lopa* in grammar, – a common practice in evaluating metalanguage phenomena. Of course, it is still possible to interpret *lopa* in A 1.3.9 as a kind of *laukika* term but it would not be easy to explain how exactly this non technical *lopa* works and how it could possibly account for the *bhāva/abhāva* condition of *anubandha*s. Our hypothesis, on the contrary, is that reference to A 1.1.56 is essential for understanding how *anubandha*s work, and how they solve their conflict between existence and non-existence.

3. If we accept that *lopa* is an *ādeśa* and shares all the features of an *ādeśa*, it will also be subject to A 1.1.56, a difficult *sūtra* allowing more than one interpretation. This is nevertheless not the place to recall all the thriving literature on substitution and neither will it be possible for us to thoroughly discuss our position on the interpretation of this *sūtra*; we shall simply expound here some points which are fundamental to our argument on markers.[20]

3.1 The assertive part of the *sūtra sthānivad ādeśaḥ* is less problematic, especially as far as our argument is concerned. The *analvidhau* restriction is a more debated and essential point. However there are some details which seem to be widely accepted and which

---

amples about the substitution metarule A 1.1.57, which are examples regarding *lopa*, would not be pertinent.

[19] At least if we accept the traditional interpretation by which *ādeśa* is not continued in A 1.1.60 from A 1.1.56. Kaiyaṭa suggests the *anuvṛtti* of *sthāne* in A 1.1.60 from A 1.1.49.

[20] See Candotti & Pontillo 2004 for a more exhaustive discussion and illustration of the points raised here.

can be taken as a basis for further reasoning. It is quite commonly agreed, from Patañjali onwards,[21] that by *alvidhi-* only *sthānyal-vidhi-* is intended. Adopting this interpretation, A 1.1.56 means that the *ādeśa* generally behaves as the *sthānin*, but not in the case of rules concerning or conditioned by sounds *of the sthānin*. This seems quite an uncontroversial point, since forbidding A 1.1.56 in the case of *ādeśalvidhi* would make no sense. There is no point in blocking *sthānivadbhāva* in rules that already concern only the *ādeśa*s. Patañjali however wonders if it is possible to evaluate A 1.1.56 looking at both the sounds of the *sthānin* and of the *ādeśa*.[22] This solution too is eventually discarded, as it would require a special provision of *sthānivadbhāva* for all the rules quoting a phonic condition pertaining to the *ādeśa* itself, which would involve an undesired remarkable series of types of derivations.[23]

There are nevertheless frequent instances of a rather haphazard handling of the rule in the traditional examples and also among modern scholars in the assessment of each specific case. One of the most important misunderstandings, particularly evident in modern scholars' writings, is to focus on the substitution rule as the determinant for evaluating the *analvidhau* restriction. Since the rule of substitution itself is the very rule which teaches the link between *sthānin* and *ādeśa*, it should not be involved in the decision of

---

[21] M I.135.23–25 *ad vt.* 8 *ad* A 1.1.56: *kiṃ punar atra jyāyaḥ | ādeśiny aly āśrīyamāṇe pratiṣedha ity etad eva jyāyah*, 'But which is the better interpretation here? The better interpretation is certainly that the prohibition is applicable when the rule is based on sounds of the *sthānin*'. As far as further tradition is concerned, cf. for example KV *ad* A 1.1.56: *sthānivad ādešo bhavati sthānyāśrayeṣu kāryeṣv analāśrayeṣu, sthānyalāśrayāni kāryāni varjayitvā*, 'The substitute behaves like the *sthānin* in case of operations based on *sthānin* not based on sounds, that is except operations which are based on sounds of *sthānin*'.

[22] The question is for the first time enunciated in the introduction of the *vt.* 7, namely M I.135.9–10 *ad vt.* 6 *ad* A 1.1.56: *kiṃ punar ādeśiny aly āśrīyamāṇe pratiṣedho bhavaty āhosvid aviśeṣenādeśa ādeśini ca.*

[23] M I.135.17 *vt.* 8 *ad* A 1.1.56: *ādeśy ādeśa iti cet suptiṅkṛdatidiṣṭeṣūpasaṅkhyānam*, 'If the prohibition is applicable when the rule is based on sounds of the *sthānin* and of the *ādeśa*, we should include in the *sthānivadbhāva* case endings, verbal terminations, primary derivative suffixes'.

whether or not to apply *sthānivadbhāva*. There is no need, when operating the substitution e.g. of *vadh-* for *han-* (A 2.4.42–44) to wonder if one is justified in transferring to the substitute *vadh-* the rules which are taught for the *sthānin han-*. Only when we come across a rule concerning or conditioned by the *sthānin han-* one wonders if the rule could, by *sthānivadbhāva*, also apply to the *ādeśa*s of this same *sthānin*. And it is with reference to these rules that the *analvidhau* limitation must be reckoned. Evaluating the *analvidhau* limitation in the substitution rule would block the original and the substitute in a fixed relation with each other, which would either allow, or not, once and for all, treatment like the *sthānin*, throughout the grammar.

Joshi and Roodbergen in their two fundamental contributions on this topic, namely in their 1985 paper and the 1990 monograph on A 1.1.56, sometimes look at the substitution rule to decide whether or not to apply *sthānivadbhāva*[24] and, at least in one important instance, this seems to create a difficulty that would otherwise have been avoidable. The problem arises with the very first example of *sthānivadbhāva* that Patañjali gives in his *Mahābhāṣya*. Patañjali's argument is quite easy to follow: he affirms that the mention of *-vat* in *sthānivad-* is necessary because the relation between a *sthānin* and its *ādeśa* should not be assimilated to the relation between a *saṃjñā* and its *saṃjñin*; in fact a *saṃjñā* never receives grammatical operations, while the *sthānin* does. Patañjali substantiates his argument with an example: if *han-* in A 1.3.28 (*āṅo yamahanaḥ*) were the name (*saṃjñā*) of its substitute *vadh-* taught in A 2.4.42–44, the *ātmanepada* endings prescribed after *han-* would be applied only after the verbal base *vadh-* in its quality of *saṃjñin* of *han-*. But *han-* is the *sthānin* of *vadh-* and consequently the *ātmanepada* endings should apply by A 1.3.28 to both

[24] See Joshi & Roodbergen 1990: 98 (*vt.* 18), 109 (*vt.* 21), 115 (*vt.* 23), 123 (*vt.* 25), 126 (*vt.* 26), 128 (*vt.* 27), 133 (*vt.* 28), 140 (*vt.* 29); Joshi & Roodbergen 1985: 474–476 (*vtt.* 18, 20–21, 23, 25–29).

han- and through *sthānivadbhāva* to *vadh-*.[25] This is a classical example of good functioning of *sthānivadbhāva*. Patañjali does not point out any difficulty in dealing with this rule. By contrast Joshi and Roodbergen (1985: 476), who evoke this same set of rules to account for the form of precative *āvadhiṣīṣṭa*[26] (from the verbal base *vadh-*), consider allowing the transfer of the rule from *han-* to *vadh-* somewhat arduous, because they assume that the substitution rules concerned (namely A 2.4.42–44) are *alvidhi*. Still, the application of *sthānivadbhāva* has to be evaluated with reference to A 1.3.28 itself which, as we will show later, we also consider *analvidhi*.

3.2 But what exactly is meant by *alvidhi-* and *analvidhi-* in A 1.1.56? Here tradition does not resort to the well-known double interpretation of negative compounds as *paryudāsa* or *prasajyapratiṣedha*. This generally means that both interpretations should be acceptable and that, at the most, the first should be preferred because of *laghutva*. From our point of view both these analyses are substantially equivalent as neither of them allows us to deduce the existence of a specific encompassing class constituted by *analvidhi*s. In fact even accepting a *paryudāsa* interpretation, does not entail that *an-al* units form a homogeneous class.

Of course, in Pāṇini's grammar there is a class name that appears to fit neatly into the category of *an-al* units, namely the category, summoned in A 1.2.45, of meaningful units (*arthavat*) which

---

[25] M I.133.1–4 *ad* A 1.1.56: *vatkaraṇam kim artham | sthānyādeśo 'nalvidhāv itīyaty ucyamāne saṃjñādhikāro 'yaṃ tatra sthānyādeśasya saṃjñā syāt | tatra doṣaḥ | āṅo yamahana ātmanepadaṃ bhavatīti vadher eva syād dhanter na syāt | vatkaraṇe punaḥ kriyamāṇe na doṣo bhavati | sthānikāryam ādeśe 'tidiśyate guruvad guruputra iti yathā.*

[26] This example is taken by Joshi & Roodbergen 1985: 476 from Patañjali's commentary to *vt.* 23 and they argue that '[...] the form is not attested outside grammatical literature and may have been just for the purpose of justifying the traditional interpretation of *alvidhi*'. Still, the problem of *ātmanepada* endings is not confined to the precative form quoted in *vt.* 23. In the discussion about *-vat*, Patañjali speaks generally about *ātmanepada* endings to be applied to the substitute *vadh-*.

concerns (at least) verbal bases (*dhātu*), nominal bases (*prātipadika*) and affixes (*pratyaya*). Yet, if prototypical *aL* units are without doubt meaningless and prototypical *an-aL* units are meaningful morphs like verbal bases and so on, the less prototypical cases are more difficult to determine: let us think of some affixes taught as meaningless (*svārthika*), of particles (*nipāta*) declared to be *anarthaka* by Kātyāyana in the commentary at A 1.2.45 itself,[27] and then, of course, augments and reduplication syllables. Each of these cases will be assessed specifically with regards to the transfer of *sthānivadbhāva* without equating too straightforwardly meaningless units to pure sounds. Some of these meaningless units at least show some 'morphological' traits: position for example or effects on the base.[28] The prevention of *sthānivadbhāva* specifically concerns rules where the *sthānin* is referred to as a pure sequence of sounds without any morphological trait.

Nevertheless, we consider that this distinction between rules involving a pure sequence of sounds and rules involving morphological segments should not entail a kind of ontological status of these elements working throughout the grammar. On the contrary the status of the elements quoted always seems to need evaluation in each single rule. Patañjali hints at this kind of interpretation when he specifies that reference to the sounds can be made either primarily (*prādhānyena*) or as qualifying something else (*viśeṣaṇatvena*) and that a correct interpretation of the restriction *analvidhi* must encompass both these cases. He exemplifies his point quoting A 7.2.35 *ārdhadhātukasyeḍ valādeḥ*, 'The initial augment *iṬ* is inserted before an *ārdhadhātuka* beginning with semivowels and consonants excluding *y*'. If A 7.2.35 were not an *alvidhi*, the initial augment *iṬ* should also be inserted before the *ādeśa -ya*, even if this does not begin with a *vaL*-sound. In fact the *sthānin Ktvā* is

[27] M I.220.25 *vt.* 12 *ad* A 1.2.45.

[28] A lot of work is still to be done to satisfactorily classify these units. Some far from exhaustive on this interesting question may be found in Candotti & Pontillo 2004: 3–5.

dealt with as a *pratyaya* (precisely an *ārdhadhātuka*) beginning with a *vaL*-sound (semivowels and consonants excluding *y*) and the rule is consistently treated as an *alvidhi*.[29]

In other words a meaningful segment can be phonically qualified in a number of rules, and these rules are therefore reckoned as *alvidhi* as far as this element is concerned.[30] Centuries later, Bhartṛhari will theorize this intuition by positing that linguistic units are not monolythic concepts: they can be referred to by highlighting their purely phonic dimension or their capacity for conveying meaning or their morphological dimension. The same phonic material *i*, Bhartṛhari exemplifies, is referred to as the meaningful verbal base *iṆ* in *Dhātupāṭha* II.36 while, as a vowel (*aC*), it is subject to doubling following A 6.1.1 *ekāco dve*.[31] This possibility of handling linguistic segments differently in different rules is a central point for our argument. We will come back to it later.

3.3 Nevertheless, there is remarkable hesitation in the tradition on this point: there are many instances in which it seems that Patañjali is, on the contrary, thinking about the ontological status of some elements or, at least, that he is not giving great importance to how exactly they are quoted in the rules. Some examples drawn from the 13 cases of overt difficulty (*doṣa*) registered by Kātyāyana onwards in blocking an undesired transfer from a *sthānin* to its *ādeśa* should give a clear understanding of the complexity of the elements involved.

---

[29] M I.133.14–16 *ad* A 1.1.56: *yatra prādhānyenālāśrīyate tatraiva pratiṣedhaḥ syāt | yatra viśeṣaṇatvenālāśrīyate tatra pratiṣedho na syāt | kiṃ prayojanam | pradīvya prasīvyeti valādilakṣaṇa iṇ mā bhūd iti.*

[30] In other cases this phonological qualification of a morph may not be sufficient to grant the correct application of the rules. Notably, when discussing A 1.1.62 (M I.165.1–7 *ad vt.* 15 *ad* A 1.1.62), Patañjali feels obliged to propose an even stricter interpretation of rules similar to A 7.2.35, that is rules with an element described both as a morph and phone. In this interpretation these elements are considered as morphologically qualified phones. Only this reading in fact grants these rules the status of non-*pratyaya* rules and thus blocks the application of A 1.1.62 in the desired cases.

[31] Cf. *Dhātupāṭha* I.25, ll. 6–9 *ad vt.* 1.

Among these we find e.g. the analysis[32] of the risk of applying the initial augment *ī* which is taught after *as-* by rule A 7.3.96[33] to its substitute *bhū*.[34] The rule accounts for formations like *āsīt*, 'he was', while its application in the parallel formation of *abhūt* has to be avoided. Unexpectedly, to block the transfer of the rule from *as-* to *bhū-*, Patañjali resorts to a *praśliṣṭanirdeśa* procedure, that is interpreting *astisico* in A 7.3.96 as *astissico* 'after the verbal base *as-* ending in *s*'.[35]

Analogously, *vt.* 26 aims at preventing the risk of obtaining the undesired form *trayāṇāṃ* instead of the correct *tisṛṇām* for the plural genitive feminine form of number *tri-*, i.e. the possibility to extend the form *traya-*, which is taught before the ending *-ām* (A 7.1.53),[36] to the feminine stem *tisṛ-*, which is just taught as a replacement of *tri-* (A 7.2.99).[37] Once again Patañjali[38] is forced to adopt a solution which is entirely beyond the substitution procedure. In fact he resorts to A 1.4.2 *vipratiṣedhe paraṃ kāryam* in order to state that the substitution rule, being enunciated later on, should be applied instead of A 7.1.53.[39] The difficulty with this

---

[32] M I.139.10–17 *ad* A 1.1.56 *vt.* 21.

[33] A 7.3.96: *astisico 'pṛkte* <*aṅgasya*> <*īṭ piti sārvadhātuke hali*>, 'After the *aṅga* of the verbal base *as-* or (an *aṅga*) terminating in *siC*, the initial augment *ī*, is inserted at the head of a consonantal *sārvadhātuka* affix with marker *P* consisting of a single phoneme.'

[34] A 2.4.52: *aster bhūḥ* <*ārdhadhātuke*>, '*bhū-* in place of *as-* before *ārdhadhātuka* affixes'.

[35] More plainly we consider the *sthānivadbhāva* blocked by the fact that the rule involved is actually an *alvidhi* rule, quoting the *sthānin as-* as a phonic form, namely as an *aṅga*, that is as 'the form beginning with a unit after which an affix is introduced in the form it takes before that affix' (A 1.4.13: *yasmāt pratyayavidhis tadādi pratyaye 'ṅgam*).

[36] A 7.1.53: *tres trayaḥ* <*aṅgasya*> <*āmi*>, '*traya-* in place of the *aṅga tri-* before the ending *ām*'.

[37] A 7.2.99: *tricaturoḥ striyāṃ tisṛcatasṛ* <*aṅgasya*> <*vibhaktau*>, '*tisṛ* and *catasṛ* in place of the whole *aṅgas tri-* and *catur-* used in the feminine, before endings'.

[38] M I.140.13–18 *ad* A 1.1.56 *vt.* 26.

[39] More precisely afterwards he again presents the eventuality of a new application of the prior rule on the basis of the principle of reapplication of a super-

specific case lies in the fact that *prātipadika*s are not taught in a special grammatical section like *dhātu*s or *pratyayas*, and never bear markers. Thus, it is hard to distinguish between the sound-sequence *t-r-i* and the *prātipadika tri-*.[40]

Patañjali's comment on *vt.* 20 *ṅyāpgrahaṇe 'dīrghaḥ* is more complex. It propounds the prohibition of the non-long substitute in the interpretation of *Ṅī* and *āP* mentioned in A 6.1.68. Among other things this *sūtra* – *halṅyābbhyo dīrghāt sutisyapṛktaṃ hal* – teaches the substitution with *lopa* of the nominative singular *-s* for the nominal bases ending in the two feminine suffixes *Ṅī* and *āP*. The substitution rule involved is A 1.2.48 *go striyor upasarja-nasya*, 'A short vowel in place of the final vowel of the *upasarjana go-* "cow" and of an *upasarjana* ending with a feminine affix'. According to this *ādeśa* we obtain bases ending with a short vowel such as *niṣkauśāmbi-* and *atikhaṭva-*, to which the *vibhakti*s will be regularly added, respectively forming *niṣkauśāmbiḥ* 'who has departed from Kauśāmbī' and *atikhaṭvaḥ* 'who has violated the nuptial bed (*khaṭvā*)'. The risk pointed out by the *vārttika* is that of applying – by *sthānivadbhāva* – the *lopa* of the *-s* of nominative singular taught by A 6.1.68 to a base ending with the short vowel substitute of feminine affixes, resulting from A 1.2.48. Initially Patañjali offers the same answer he gave while handling A 7.2.35 and highlights the condition *dīrghāt* in A 6.1.68[41], which is a phonic specification and is therefore non transferable to a substitute of *Ṅī* and *āP*. Nevertheless, later on, he finds it more profitable to accept the *vt.* 20 and consequently to omit the word *dīrghāt* in A 6.1.68[42], because this seems helpful in solving another difficulty which does

seded rule (cf. *paribhāṣā* 39: *punaḥprasaṅgavijñānāt siddham*) and resorts to another principle to establish that, if there is conflict, the rule which has once been superseded is superseded for good.

[40] We consider the operational rule A 7.1.53 *alvidhi* for the same reason we saw in the previous case, i.e. because the *sthānin* is referred to as an *aṅga*.

[41] See M I.139.1–2: *nanu ca dīrghād ity ucyate.*

[42] See M I.139.2–3: *tan na vaktavyaṃ bhavati | kiṃ punar atra jyāyaḥ | sthānivatpratiṣedha eva jyāyaḥ.*

not concern us here.[43] In this passage Patañjali shows a clear awareness of the fact that it is the very expression *dīrghāt* which enables us to decide on the necessity of the *vārttika* even if, at the end, he does not resort to this to solve the *doṣa*.

These are merely a few samples among the interpretational difficulties highlighted by Patañjali's handling of *doṣa*. On the contrary there is at least one that does not seem at stake, namely the misleading interpretation of the *alvidhi* as *ekālvidhi* 'rule concerning one single sound'. This interpretation is attributed to Patañjali by Joshi and Roodbergen (1985 and 1990) and is implicit in Filliozat's translation of the *doṣa*s, nevertheless it does not rest on sound textual evidence. In fact the origin of the *anekāl-* interpretation is blurred. The only explicit statement in earlier tradition is in KV *ad* A 1.1.56 *analvidhir anekālvidhir ity arthaḥ* which is nevertheless far from philologically certain.[44] From what we have seen till now it seems that Patañjali's difficulties came far more from the changing status of linguistic units than from a mechanical calculation of sounds.

3.4 Our proposal as a consequence consists in testing the presupposition that Pāṇini does not work with the ontological status of units, aiming to check if this could result in a real improvement in dealing with the traditional *doṣa*s. Therefore we will pay attention here to how exactly Pāṇini quotes the different elements of the operational rules involved in the analysis of a number of these.

The difficulty pointed out e.g. by *vt.* 28 *svare vasvādeśe* refers to the substitution of the affix *vasU* for which we need a prohibition with regard to accent. The rule involved is A 6.1.173 *śatur anumo nadyājādi <antodātta> <antodattāt> <asarvanāmasthāne>*, which among other things warrants the accent *udātta* of non-*sarvanāmasthāna* forms like accusative masculine plural *tudatáḥ*

[43] For a more detailed discussion of this *vārttika* see Candotti & Pontillo 2004: 22–24.

[44] Cf. also Candotti & Pontillo 2004: 7–9.

derived by means of the affix *-at-* (*ŚatṚ*). The *doṣa* points out the risk of applying A 6.1.173 also to *vasU* as a substitute for *ŚatṚ* by A 7.1.36 *videḥ śatur vasuḥ*, 'The affix *vasU* in place of the affix *ŚatṚ* after the verbal *aṅga vid-*'. This would lead to the *viduṣás* form instead of the desired accusative masculine plural *vidúṣas*. Once again Patañjali provides here a solution which lies completely outside the domain of substitution mechanisms.[45] But if we carefully consider the exact formulation of the *sūtra*, we can see that it includes a phonic condition (*antodāttāt*) on the affix *ŚatṚ*, namely the high-pitched accented vowel in the final syllable, and that we are therefore not allowed to apply the rule by *sthānivadbhāva* to the substitutes of *ŚatṚ*.

As is self-evident if we interpret these rules through a kind of ontological status of elements, it is difficult to understand how units such as *ŚatṚ* in A 6.1.173 could be interpreted as a pure sound-sequence. But if we pay attention to how each single rule quotes the *sthānin*, we are able to recognise that there are different ways of prompting elements as meaningful units or as pure sequences of sounds. As we have seen in the previous pages, to quote an element as an *aL*, Pāṇini may, for example, use expressions like *valādi-* (A 7.2.35), *dīrgha-* (A 6.1.68), *udātta-* (A 6.1.173) and so on. The other way round, Pāṇini also knows several means to specify that a given sound-sequence should not be considered as an *aL*. Let us go back to the example of *ātmanepada* endings added by A 1.3.28 *āṅo yamahana*, '*ātmanepada* endings after *yam-* and *han-* co-occurring with the preverb *ā-*, when they are without object' to the *sthānin han-* and also – as it is commonly agreed – to its *ādeśa vadh-* by *sthānivadbhāva*. Patañjali has no problem in granting *sthānivadbhāva* from *han-* to *vadh-* in A 1.3.28; he probably considers A 1.3.28 as a *dhātuvidhi* even if this is never clearly stated. Strictly speaking, in this rule the verbal base *han-* could be quoted as a pure phonic sequence as it does not bear the form it has

---

[45] M I.141.28 *ad* A 1.1.56 *vt.* 28.

in the *Dhātupāṭha*, namely *hanÁ* (II.2). Still there is no doubt about it being quoted as a *dhātu* because of the *akarmakāt* condition, i.e. 'when they are without object', which comes in A 1.3.28 by *anuvṛtti* from A 1.3.26.

4. This kind of interpretation of A 1.1.56 indicates the need to give careful consideration to how a *sthānin* is quoted in the relevant rule, to decide on the *sthānivadbhāva* of the *ādeśa*. It is crucial to keep the distinction between a grammatical element and the specific practice of quotation by which it is evoked in the rule: it is always possible to quote a meaningful element as a pure sound-sequence.

At times, when there is no other hint about the phonological or the morphological character of a certain rule, the quotation of an element with or without a marker is sufficient to determine it. This can be quite clearly shown by the discussion concerning the *doṣa*- pointed out by *vt.* 18 *tasya doṣas tayādeśa ubhayapratiṣedhaḥ*, 'This is a shortcoming of this rule: as far as the substitute of *taya*- is concerned, we need a prohibition for *ubhaya*'. The problem highlighted in this *sūtra* is that of applying A 1.1.33 *prathamacaramatayālpārdhakatipayanemaś ca*, 'Marginally also *prathama*-, *carama*-, units ending in *-taya*-, *-alpa*-, *-ardha*-, *-katipaya*-, *-nema*-, obtain the technical term *sarvanāman* before the plural masculine nominative case ending'. This rule marginally gives the name of *sarvanāman* to bases ending in *-taya*, also to the *-aya* substitute of *-taya* as taught necessarily after the nominal base *ubha*- in A 5.2.44 *ubhāt udātto nityaṃ* <*tayasyāyac*> <*avayave*>, '*-aya-* necessarily in place of *-taya-* (A 5.2.43) after the nominal stem *ubha*- to signify "consisting of X parts" (A 5.2.42) and it bears the *udātta*-accent'.

Now, if *sthānivadbhāva* were allowed here, forms ending in *ayaC* would marginally obtain the designation of *sarvanāman*. This would give us both the nominative plural forms *ubhaye* and *ubhayāḥ*, along the lines of forms ending with *-taya* like *dvitayāḥ/dvitaye* whereas, at least in the *bhāṣā*, only the form *ubhaye* is accepted. But if we look at how the *pratyaya taya-* is quoted in A 1.1.33, we see that it is quoted as a pure sound-sequence without *anubandhas*, and consequently A 1.1.33 is an *alvidhi* as far as *taya-* is concerned. So, there is no need to marginally give the name of *sarvanāman* to *ubhaya-*, formed by *ubha+ayaC*, in the sense of 'composed by both parts'.[46]

Still, blocking the *sthānivadbhāva* for *ayaC* in A 1.1.33 is not enough, because *sthānivadbhāva* has, on the other hand, to be granted, for this same *ayaC* substitute of *tayaP*, in the formation of the feminine *ubhayī*. This fact has already been pointed out by Patañjali, who solves the problem in A 1.1.33 by positing that *ayaC* in A 5.2.44 is not a substitute of *tayaP* (and could not therefore receive marginally the name of *sarvanāman*). But this way he has to deal with the problem of how to get the feminine pronominal forms. In fact the feminine, by adjunction of the *pratyaya NīP*, is taught for bases ending with *tayaP* by A 4.1.15 *ṭitḍhāṇañdvayasajdaghnajmātractayapṭhañkañkvarapaḥ*, 'The feminine affix *NīP* is introduced after nominal stems ending in the affixes with marker *Ṭ* and in the affixes *ḍha*, *aṆ*, *aÑ*, *dvayasaC*, *daghnaC*, *mātraC*, *tayaP*, *ṬHAK*, *ṬHAÑ*, *KvaraP* to form a feminine nominal stem'. The problem is: can we also apply A 4.1.15 by *sthānivadbhāva* to the bases ending with the substitute affix *ayaC* and so get the desired form *ubhayī*? If we look closely at the two rules involved, namely A 1.1.33 and A 4.1.15, the only difference is that A 1.1.33

[46] From the point of view of the evidence in the language the situation is quite complex. There seems to be two different declension patterns for *ubhaya-*, the nominal one, attested only in Vedic sources and the pronominal declension more common in later language. But there are also two ways of forming the *ubhaya-* base in Pāṇini. The first one, by means of the substitution rule A 5.2.44 gives us *ubhaya-* with nominal declension in the sense of 'composed by two parts': the nominal declension is especially attested in Vedic language and, as far as can be judged from the data, the meaning of 'composed by two parts' as opposed to the meaning of 'both' is possible (even if not certain). The second way to get the *ubhaya*-base and to grant the pronominal declension is simply to get it from the *gaṇapāṭha sarvādi* among other nominal bases which get the name *sarvanāman* by A 1.1.27. This *doṣa* is discussed with more details in Candotti & Pontillo 2004: 20–21.

quotes the *pratyaya* as a pure sound-sequence without markers, while A 4.1.15 quotes it as a *pratyaya* using the marker with which it was taught (A 5.2.42). Some other traditional *doṣa*s can be solved along the same lines.[47]

5. This is an essential point as far as the metalinguistic functioning of *anubandha*s is concerned. It entails that *taya-* and *tayaP* in the *sūtra*s above are two different words of grammatical metalanguage, denoting two different things, namely *taya*, a sound-sequence, and taya, an enclitic *pratyaya*.

Now, this kind of opposition between *taya* and *tayaP* is better read in the context of the *ekānta* view, which conceives markers as integrated members of a whole, collaborating in shaping the meaning of that whole. Moreover, in the context of this same view, it makes better sense to state, as commentators have done,[48] that markers are *prasakta* 'expected' in a given position as they are necessary to get a correctly formed metalinguistic expression: somehow, the presence of the marker *P* attached to the imitative name (*anukaraṇa*) is necessary to create a well-formed metalinguistic term to denote the enclitic *pratyaya* taya, after which, as Bhartṛhari's underlines, nominal endings may be safely added. We may even go one step further: from what it has already been said it seems that markers should not be interpreted as pure sound units (*aL*) but must, in some way or the other, be considered as meaningful units attached to imitative noun-bases. This 'morphological' approach to markers may be quite awe-striking at first sight, yet it is not unprecedented in grammatical tradition. While commenting on the interpretation of A 1.1.46 *ādyantau ṭakitau* Patañjali proposes reading the rule as teaching the technical names *Ṭ* and *K* with the meaning of 'beginning' and 'end' respectively. Imitative names with these markers should, in this view, be interpreted as *bahuvrīhi*

---

[47] Namely *doṣavārttika*s 24 and 25.

[48] KV *ad* A 1.1.60 (*aparasyānubhandhādeḥ prasaktasya*) quotes the markers as mere first example of non-perception of otherwise *prasakta* units.

compounds with the marker as the second member of the compound. An imitative name with a marker like *iṬ* will thus be read as 'having *i-* at the beginning'.[49] And if the theoretical interpretative frame of composition is explicitly recalled here in this passage, affixation may also prove to be an effective tool for interpreting forms with markers.[50]

Moreover, assuming a morphological point of view in dealing with markers is the only way to grant them the *bhāva/abhāva* condition which, as we have seen at the beginning of this paper, is one of their more relevant features. If markers were pure *aL*s, it would not be possible to refer to them in any operational rule because they are all unconditionally replaced by *lopa* and, by A 1.1.56, their *lopa*-replacement would not benefit from the condition of being *sthānivat*.[51]

---

[49] M I.113.1–5 *ad* A 1.1.46.

[50] A hypothesis of comparison between *lopa* of markers and *lopa* of morphological units, precisely fictitious *pratyayas* like *CVI* or *KVIP*, was suggested by Devasthali (1967: 28) who first recalls the fact that 'the *anubandha*s may be considered as existing only when they are expected to produce some effect, otherwise they may be considered as non-existent' and then compares this mechanism with that of the already mentioned *pratyaya*s which 'are practically non-existent (because they are to be dropped) and yet the modifications caused by them in the bases to which they are appended do remain unaffected even if the suffixes which have caused them are dropped'. A similarity between the same elements is also pointed out by Pandit (1990: 48) who, on the contrary, seems to interpret markers as well as the *pratyaya*s like *CVI* or *KVIP* as pure sounds (and 'sound groups') without 'pre-zero existence in similar forms in the language'. Nevertheless, both units should share the so-called 'potent or strong zero' that is the linguistic zero granted by A 1.1.62 of 'the power to bring about the stated grammatical changes in the process of generating the formations' (Pandit 1990: 67).

[51] As for other morphological units of the object language what is chiefly transferred by A 1.1.56 is the operativity of the rules; otherwise it would be difficult to account for different applications of the same marker in different contexts, as it is required for a number of them. A *K-it* suffix, for example, provides for the blocking of *guṇa* and *vṛddhi* replacement on the stems to which it is added by A 1.1.5 whereas, when it is a *taddhita* affix, it compels a *vṛddhi* replacement of the first vowel of the stem by A 7.2.118. This example is taken from Mishra 1987: 105. If we had a monolithic functioning of markers, we should postulate the existence of two homophone markers *K* each 'having as its

From what precedes we assume that an *ekānta* view in a morphological interpretative frame is implicit in Pāṇini's treatment of markers and that the same view was favoured by Patañjali among other possible options. This reading has solid grounds in Patañjali's interpretation of imitative names as completely distinct from the linguistic unit of the same form they name[52], a view of metalanguage as a second level language with its own rules of correct formation that will be fully developed centuries later by Bhartṛhari.

REFERENCES

A = *Pāṇini's Grammatik.* Herausgegeben, übersetzt, erläutert und mit verschiedenen Indices versehen von Otto Böhtlingk. Leipzig: Verlag von H. Haessel, 1887.

CANDOTTI, Maria Piera 2006. *Interprétations du discours métalinguistique. La fortune du sūtra A 1 1 68 chez Patañjali et Bhartṛhari.* (Kykéyon Studi e Testi, I.5.) Firenze: Firenze University Press.

CANDOTTI, Maria Piera & Tiziana PONTILLO 2004. Substitution as a descriptive model in Pāṇini's grammar: towards an opposition between phonological and morphological rules. In: Guido Borghi & Rosa Ronzitti (eds.), *Atti del secondo incontro di Studi Vedici e Pāṇiniani, Genova 23 luglio 2003; 15 Settembre 2003*: 1–45. Recco: Le Mani Microart's Edizioni.

CANDOTTI, Maria Piera & Tiziana PONTILLO 2007. The (in)separable parts of a plant in the Mahābhaṣya imagery i.e. how nature may inspire a grammarian. In: J. Vacek (ed.), *Pandanus '07*: 43-63. Prague: Signeta.

CANDOTTI, Maria Piera & Tiziana PONTILLO 2008. Conceptualizing absence: interpretations of zero in early Pāṇinian grammarians. Paper presented at the International Conference on the History of Language Sciences XI (Workshop 'The Indian Traditions of Language Studies'), Aug 28 – Sept 2, 2008, Potsdam, Germany.

CARDONA, George 1976. *Pāṇini. A Survey of Research*. The Hague: Mouton & Co.

---

sense' a different grammatical operation. On the contrary, we consider that these different, even contrasting, operations take place simply because any of the operational rules involves among its different conditions anything blocking the *sthānivadbhāva* of marker *K* itself.

[52] The 'homophonic' interpretation of autonyms is clearly stated and discussed in M I.20.22–26 *ad Śivasūtra* 2 *vt*. 3.

DEVASTHALI, Govind Vinayak 1967. *Anubandhas of Pāṇini*. (Publications of the Centre of Advanced Study in Sanskrit, class B, 2.) Poona: University of Poona.

FILLIOZAT, Pierre-Sylvain (ed.) 1978. *Le Mahābhāṣya de Patañjali avec le Pradīpa de Kaiyaṭa et l'Uddyota de Nāgeśa, Adhyāya 1 Pada 1, Āhnika 8–9*. (Publications de l'Institut Français d'Indologie, 54.3.) Pondichéry: Institut français d'Indologie.

JOSHI, Sivaram Dattatreya & J. A. F. ROODBERGEN 1985. On P I.1.56. *Journal of the American Oriental Society* 105: 469–477.

JOSHI, Sivaram Dattatreya & J. A. F. ROODBERGEN (eds.) 1990. *Patañjali's Vyākaraṇa-Mahābhāṣya. Sthānivadbhāvāhnika Part I (P. 1.1.56–1.1.57)*: Introduction, text, translation and notes. (Publications of the Centre of Advanced Study in Sanskrit, class C, 11.) Poona: University of Poona.

KV *Kāśikā. A Commentary on Pāṇini's Grammar by Vāmana & Jayāditya*, I–II. Edited by Aryendra Sharma, Khanderao Deshpande & D. G. Padhye. Hyderabad: Osmania University 1969–70.

M *The Vyākarana-Mahābhāshya* of Patañjali, I–III. Ed. by Franz Kielhorn. Osnabrück: Otto Zeller Verlag, 1970 [Bombay 1880–85]. [References to volume, page, lines.]

MISHRA, Madhusudan 1987. Anubandhas: a rethinking. *Vishveshvaranand Indological Journal* 25: 103–108.

PANDIT, M. D. 1990. *Zero in Pāṇini*. (Publications of the Centre of Advanced Study in Sanskrit, class. B, 12.) Poona: University of Poona.

PONTILLO, Tiziana 2008. The edible part of the rice in the Mahābhāsya imagery: what are the husks of rules? What is a-tantram? In: J. Vacek (ed.), *Pandanus '08*: 79-96. Prague: Triton.

On Some Sources in Nāgeśa's *Mahābhāṣyapradīpoddyota*

GEORGE CARDONA

1.0 In his *Uddyota* on Kaiyaṭa's *Pradīpa,* Nāgeśa alludes to views of other scholars, with whose views he might disagree, and commonly does not specify the persons in question. Two prominent examples of this are interpretations which in his *Chāyā* Nāgeśa's student Vaidyanātha attributes on the one hand to a work referred to as 'Ratnaprakāśa', 'Ratna', composed by an author referred to simply as 'Ratnakṛt', and on the other hand to an author named simply Kṛṣṇa. The source for the first has been identified. Thus, Filliozat and Narasimhacharya have noted that Vaidyanātha refers to Śivarāmendra Sarasvatī's *Mahābhāṣyasiddhāntaratnaprakāśa.* The former remarks that 'Pāyaguṇḍe le mentionne et l'identifie parfois comme l'objet d'une critique de son maître' (Filliozat 1973: xiii), and the latter considers one particular instance where Vaidyanātha refers to what is said in the *Ratnaprakāśa* (see my Appendix A.a4). In Appendix A, I give, with no claim to being exhaustive, additional passages illustrating Vaidyanātha's identification of the *Ratnaprakāśa* as a source.

1.1 To my knowledge, the identity of the source to which Vaidyanātha refers by naming its author Kṛṣṇa has thus far not been ascertained. There is, nevertheless, evidence demonstrating that the work at issue is the *Sūktiratnākara* of Śeṣanārāyaṇa, son of Kṛṣṇa. The evidence given in Appendixes B and C warrants this conclusion.

2.0 This leaves a question to be considered: who is the Kṛṣṇa referred to? The question arises because the actual author of the *Sūktiratnākara* is not a Kṛṣṇa. As has been pointed out by the editor of this text,[1] the author is Śeṣanārāyaṇa, younger brother of Vīreśvara and son of Śrīkṛṣṇa – author of a commentary on the *Prakriyākaumudī* and of the *Prākṛtacandrikā* – who was the son of Śeṣanṛsiṃha. This is said explicitly in the introductory verses 6–7 (p. 2) of the text:

> यः शब्दाभरणं निबन्धमकरोत्सत्प्रक्रियाकौमुदीटीकां प्राकृतचन्द्रिकां च कृतवान् विश्वोपकारक्षमाम् । सो ऽयं पण्डितमण्डनं समभवत् श्रीकृष्ण एवापरः कृष्णः शेष-नृसिंहसूरितनयः षड्दर्शनानां खनिः ॥ तत्सूनुर्भुवनैकभूषणमणिर्विद्यावदातप्रथः सम्भूतः कलिकालकल्मषहरो वीरेश्वरः पण्डितः । जातः सर्वकलानिधिस्तदनुजः कामादि-षड्वर्गजित् श्रौतस्मार्तविविक्तधर्मनिरतः श्रीशेषनारायणः ॥

Similarly, the introductory verse 13 (pp. 2–3) says:

> सम्प्रार्थितस्तेन नतेन मूर्ध्ना प्रणम्य कृष्णं पितरं गुरूंश्च ।
> श्रीसूक्तिरत्नाकरनामटीकां नारायणः शेषकृतौ करोति ॥

Moreover, the introductory verses 8 and 12 indicate that Śeṣanārāyaṇa composed his commentary at the behest of King Phirindā, and this is also said in the colophons to each of the published sections (pp. 95–96, 165), which contain the following two verses:

> श्रीमत्फिरिन्दापरराजराजः श्रीशेषनारायणपण्डितेन ।
> फणीन्द्रभाष्यस्य सुबोधटीकामकारयद्विश्वजनोपकृत्यै ॥ १ ॥

---

[1] See Bhāgavat 1999: ०१४; see also, earlier, Krishnamacharya 1970: 654. Yudhiṣṭhira Mīmāṃsaka (1984: 435) adduces evidence showing that the author of the *Śrautasarvasva* on the *Baudhāyanaśrautasūtra* was Dīkṣita Śeṣanārāyaṇa, then argues that this Śeṣanārāyaṇa was in addition the author not only of other śrauta commentaries but also of the *Sūktiratnākara* and speaks of Aufrecht and Krishnamacharya having committed an error. Given the evidence of the introductory verses and the colophons to the *Sūktiratnākara*, however, I think this position is untenable.

भाट्टे भट्ट इव प्रभाकर इव प्राभाकरे यो ऽभवत् कृष्णः सूरिरतो ऽभवद् बुधवरो नारायणस्तत्कृतौ … ॥ २ ॥

These will be discussed further below (section 3.2).

The editor of the *Prakāśa* commentary on the *Prakriyākaumudī* has noted that there is a manuscript in the Sarasvatībhavana manuscript library of the *Sūktiratnākara* composed by Śeṣakṛṣṇa, and remarks that it cannot be ascertained whether or not this author is the same as the author of the *Padacandrikā*,[2] but I am unable to confirm this. There is a manuscript of the *Sūktiratnākara* in the Sarasvatībhavana, but in the catalog the author is identified as Śeṣanārāyaṇa, not Śeṣakṛṣṇa.[3]

3.0 In accordance with the evidence noted, we are left with two persons to be considered: Kṛṣṇa the nephew of Rāmacandra, author of the *Prakriyākaumudī*, or Kṛṣṇa the father of Śeṣanārāyaṇa and author of the *Prakāśa* to the *Prakriyākaumudī*.

3.1 From what Śeṣanārāyaṇa himself says (see section 2.0), he was the son of Śrīkṛṣṇa, author of a commentary on the *Prakriyākaumudī*, that is, of Kṛṣṇa the author of the *Prakriyākaumudīprakāśa*.[4] This Kṛṣṇa cannot be identical with Kṛṣṇa the son of Rāma-

---

[2] Muralīdhara Miśra 1977: ६: एवं पदचन्द्रिकाविवरणमपि तेनैव लिखितम् । तस्याप्युल्लेखो ऽत्रैव पुस्तके उपलभ्यते । महाभाष्यस्यैका टीका "सूक्तिरत्नाकर"नाम्नी महती सरस्वतीभवनपुस्तकालये संस्कृतविश्वविद्यालयस्य शेषकृष्णकृता वर्तते । स च शेषकृष्णो ऽयमेवान्यो वेति न निश्चीयते ।

[3] *A descriptive catalogue of the Sanskrit manuscripts, Vārāṇaseya Saṃskṛta Viśvavidyālaya Library (Sarasvatī Bhavana)*, vol. 10 (Varaṇasi 1964), p. 94, ms. no. 38905 dated *saṃvat* 1773, a manuscript not mentioned in Bhāgavat 1999: ०२. Interestingly, the same catalogue also lists a manuscript (no. 39155, p. 118) of a work entitled *Prakriyākaumudīṭīkā*, attributed to Śeṣanārāyaṇa. In addition, there is a manuscript (no. 38456, p. 52) of a work attributed to Śesakṛṣṇapaṇḍita and described as a commentary on the *Prakriyākaumudī* (प्रक्रियाकौमुदीव्याख्या). I have not had the opportunity to consult these manuscripts, so that I must for the moment rest content with references to the printed catalogue.

[4] Śeṣanārāyaṇa refers to Kṛṣṇa as the author not only of the *Prākṛtacandrikā* (introductory verse 6, see section 2.0) but also of a commentary on the *Padacandrikā*, the *Kṛṣṇakautūhala*: introductory verse 5: … अष्टव्याकरणावगाहनकृतश्री-

candra's brother. For, as K. P. Trivedi already noted (1925: xlviii), the author of the *Prakāśa* refers to Viṭṭhala, using the term *prāc* (*prācoktam*, *prācaḥ*, *prācodāhṛtam*, *prācām*). Trivedi gives three examples,[5] and there are more. For example:

(a) PKPr I.9: यत्तु पणिनो ऽपत्यं पाणिनिरिति **प्राचोक्तं**[6] तन्न विग्रहवाक्यं चतुर्थादिरेव युवत्वात्तृतीयापत्य इञो ऽसम्भवात् पाणिनस्यापत्यं पणिनो युवेति वचनविरोधाच्च ।

PKP I.5: ननु च पाणिनस्यापत्यं पणिनो युवा पाणिनिस्तेन प्रोक्तमुपज्ञातं वेति विवक्षायां यूनि लुक् (अ° ४ । १ । ९०) इति लुकि प्रत्ययलक्षणेन इञश्च (अ° ४ । २ । ११२) इत्यण् स्यात् । मैवम् । इञश्चेत्यत्र कण्वादिभ्यो गोत्रे (अ° ४ । २ । १११) इत्यतो गोत्र इत्यनुवर्तते । अतो गोत्रे य इञ् विहितस्तदन्तादण् स्यादित्यर्थः । तत्र च पारिभाषिकं गोत्रं गृह्यते अयं च यूनीञ् । तेनाण् न ।

(b) PKPr I.21: तदर्थान्येतानि सूत्राणीति **प्राचो** ग्रन्थस्तु प्रयोजनवाच्यर्थशब्देन विग्रहे मध्यमपदलोपिसमासाभिप्रायेण योज्यः ।

PKP I.14: प्रत्याह्रियन्ते संक्षिप्यन्ते वर्णा अस्मिन्निति प्रत्याहारो ऽणादिः । अथवा प्रतिकार्यमाह्रियत इति अथवा प्रत्याह्रियन्ते संक्षिप्यन्ते संकोच्यन्त इति प्रत्याहारा अणादिसंज्ञाः । तदर्थान्येतानि सूत्राणि ।

(c) PKPr I.114: एवञ्च समुदायस्य स्थानिवत्त्वादेकदेशे ऽच्छब्दे ऽलो ऽन्त्यविधेरापादनं **प्राचाम**सम्भवदुक्तिकम् ।

PKP I.66: अव्यक्तो ऽपरिस्फुटवर्णो यः शब्दस्तस्य यो ऽनुकरणशब्दो ध्वनिसादृश्येन व्यक्तवर्ण एव तस्य योत्शब्दस्तस्य सर्वस्येतिशब्दे परतः पूर्वपरयोः स्थाने पररूप एकादेशः स्यादिति तात्पर्यार्थः । ननु च किमित्यत्रालोन्त्यपरिभाषा न प्रवर्तते ।

Since, as the evidence unequivocally indicates, the author of the *Prakāśa* to the *Prakriyākaumudī* refers to Viṭṭhala, Rāmacandra's

---

कृष्णकौतूहलग्रन्थः श्रीपदचन्द्रिकाविवरणं वर्वर्ति पूर्णो ऽधुना ॥ See also K. P. Trivedi 1925: l–li.

[5] The three examples cited in the asterisked note (Trivedi 1925: xlviii) are to be found on Pp. 22, 26, and 142–143 of volume I of Muralīdhara Miśra's edition.

[6] **प्राचोक्तम्** is similarly used elsewhere with reference to something said by Viṭṭhala in the *Prakriyākaumudīprasāda*, e.g. PKPr I.22 (PKP I.15), 1.113 (PKP I.65); cf. **प्राचोदाहृतम्**, e.g. PKPr I.70 (PKP I.42); **प्राचा** ... **उदाहृतम्**, e.g. PKPr I.26 (PKP I.16).

grandson and author of the *Prasāda* to his grandfather's work, the Kṛṣṇa in question cannot be the son of Rāmacandra's brother.[7]

3.2. Let us now consider again two verses noted earlier (section 2.0):

श्रीमत्फिरिन्दापरराजराजः श्रीशेषनारायणपण्डितेन ।
फणीन्द्रभाष्यस्य सुबोधटीकामकारयद्विश्वजनोपकृत्यै ॥ १ ॥
भाट्टे भट्ट इव प्रभाकर इव प्राभाकरे यो ऽभवत् कृष्णः सूरिरतो ऽभवद् बुधवरो नारायणस्तत्कृतौ ॥ २ ॥

The last half of the second verse is most straightforwardly understood to speak of the learned Krsna (कृष्णः सूरिः) and to say that Nārāyaṇa descended from him (अतो ऽभवत्). In addition, although the introductory verse 13 (above, section 2.0) speaks of Nārāyaṇa composing the commentary *Sūktiratnākara* on the work of Śeṣa (श्रीसूक्तिरत्नाकरनामटीकां नारायणः शेषकृतौ करोति), that is of Patañjali, the term तत्कृतौ in the second verse of the colophon is most easily understood syntactically as referring to the work of the person spoken of immediately before, that is, Nārāyaṇa's father Kṛṣṇa: Nārāyaṇa now speaks of himself as being quite learned (बुधवरः), not in a sense of bragging but with respect to his father's work.

Given this and the general status of Śeṣakṛṣṇa in the view of later Pāṇinīyas like Bhaṭṭoji and Nāgeśa, I think it is reasonable to suggest that, although views which Vaidyanātha attributes to Kṛṣṇa are definitely to be traced to the *Sūktiratnākara* of Śeṣanārāyaṇa, they are attributed to his father as representative of a tradition.[8]

---

[7] The author of the *Prakāśa* thus cannot be assigned to the fourteenth century (Muralīdhara Miśra 1977: ६: अस्य ग्रन्थस्य कालः चतुर्दशमेशवीशताब्द्याः उत्तरार्ध इति पुण्यपत्तनस्थहस्तलिखितपुस्तकात् प्रतीतो भवति ।).

[8] I am grateful to Harunaga Isaacson and Kei Kataoka, who read a draft of this paper and called typographical errors to my attention. I am especially grateful to Sharon Ben-Dor for his very careful reading of and corrections in a set of proofs.

APPENDIX A: Passages Concerning the *Ratnaprakāśa*

a. The *Chāyā* identifies a statement in the *Ratnaprakāśa* as the source alluded to in the *Uddyota*; it cites the text Nāgeśa alludes to, referring to this source using 'Ratnaprakāśa', 'Ratna', or 'Ratnakṛt'.

Nāgeśa is said to refute objections to Kaiyaṭa.

1. Pr I.5ab: अधिकारार्थ इति । अधिकारः प्रस्तावो द्योत्यत्वेनास्य प्रयोजनमित्यर्थः । निपातानां च द्योतकत्वं वाक्यपदीये निर्णीतम् ।

Ud I.7b: निपातानां च द्योतकत्वमिति । निपातानां द्योतकत्वं चेत्यर्थः । उपसर्गातिरिक्तनिपातानां द्योतकत्ववाचकत्वोभयस्वीकारस्य अव्ययविभक्तीति सूत्रे भाष्ये स्पष्टत्वात् ।[1]

RaPr I.9: अधिकारार्थ इति । अधिकारः प्रारम्भो ऽर्थो ऽभिधेयो यस्य स इत्यर्थः । ° °एतेन अधिकारः प्रस्तावो द्योत्यत्वेनास्य प्रयोजनमित्यर्थः । निपातानां च द्योतकत्वं वाक्यपदीये निर्णीतमिति निरस्तम् क्रियान्वयिनां निपातविशेषाणां क्रियाविशेषद्योतकताया भ्वादिसूत्रे भगवता व्यवस्थापितत्वे ऽपि[2] सर्वत्र निपातानां द्योतकत्वाश्रयणे मानाभावात् । वाचकपदसमभिव्याहाराभावे द्योतकत्वकल्पनाया असम्भवाद् द्योत्यवाच्यलक्ष्यभेदेन शब्दार्थस्य त्रैविध्येनात्रार्थशब्दस्य वाच्यपरस्य प्रयोजनपरतया व्याख्यानानौचित्यात् ।

Ch I.7a: सिद्धान्ताविरोधाय प्रकृतानुरोधेन चो व्युत्क्रम इत्याह निपातानामिति । उपसर्गभिन्नानामित्यर्थः। चेन वाचकत्वसमुच्चयः । तदाह उपेत्यादिना । एतेन क्रियान्वयिनामेव तेषां तत्त्वस्य भ्वादिसूत्रे भगवता व्यवस्थापितत्वेन सर्वेषां तत्त्वे मानाभावेनात्र तत्त्वे दोषाभावेन वाचकपदासमभिव्याहारे तत्त्वस्य दुर्वचत्वेनार्थस्य द्योत्यत्वादिभेदेन त्रैविध्येन तदसमभिव्याहारे तथा व्याख्यानानौचित्येन च चिन्त्यो ऽयं कैयट इति रत्नप्रकाशोक्तमपास्तम् उक्तहेतोः ।

[1] Bh 2.1.6 (I.379.3–5): अथवा नेमे समासार्था निर्दिश्यन्ते किन्तर्ह्यव्ययार्था निर्दिश्यन्ते इमे – एतेष्वर्थेषु यदव्ययं वर्तते तत्सुबन्तेन सह समस्यत इति। cf. Pr 2.1.6 (II.360b): अथवेति । अव्ययस्य श्रुतत्वादन्तरङ्गत्वात्तस्यैव विभक्त्यादयो विशेषणानि । तत्र यदोत्तरपदार्थावच्छिन्नाः समृद्ध्यादयः प्रतिपिपादयिषितास्तदाव्ययं समृद्ध्यादीनां वाचकमिति तेषां तदर्थता भवति । Ud II.360b: समृद्ध्यादीनां वाचकमिति । निपातानां द्योतकत्वं वाचकत्वं च । लक्ष्यानुरोधाच्च व्यवस्थेति भावः ।

[2] 1.3.1 *vt.* 7: क्रियाविशेषक उपसर्गः । Bh I.256.4: पचतीति क्रिया गम्यते । तां प्रो विशिनष्टि। RaPr IV.141: प्रो विशिनष्टीति । पचेरुत्कृष्टक्रियापरत्वं प्रो द्योतयतीति भावः । Ud II.117b: प्रो वीति पचेरुत्कृष्टक्रियापरत्वं प्रो द्योतयतीत्यर्थः ।

2. Pr I.28b: तत्र केचिदाहुः हैहेप्रयोगे हैहयोरिति[1] प्लुते प्रकृतिभावे च कर्तव्ये तदकरणं म्लेच्छनमिति।

Ud I.29a: केचिदाहुरिति । अत्रारुचिबीजं तु सर्वः प्लुतः साहसमनिच्छता विभाषा कर्तव्य[2] इति ।

RaPr I.41: तत्र हैहेप्रयोगे हैहयोरिति प्लुतस्य तत्प्रयुक्तप्रकृतिभावस्य चाकरणं म्लेच्छनमिति केचित् । तन्न अन्यत्राप्यप्लुतवद्भाव इष्यत[3] इत्यनेन सत्यपि प्लुते तत्र [4]पूर्वरूपसम्भवात् । पूर्वरूपं जायमानं प्लुतात्मकमेव भवतीति तत्र प्लुतानुच्चारणं दोष इति तु युक्तम् ।

Ch I.29a: यत्तु रत्नकृत् इदमयुक्तम् [5]ई चाक्रवर्मणस्येत्यप्लुतवद्भावस्य [6]ईग्रहणाभावेनान्यत्रापीष्टत्वेनात्र प्लुते सत्यपि पूर्वरूपसम्भवात् । पूर्वरूपं जायमानं प्लुतात्मकमेव भवतीति तदनुच्चारणं दोष इति तु युक्तमिति । तन्न हैहे०[7] । तदेतद्ध्वनयन्नाह अत्रेति।

[1] A 8.2.85.

[2] Bh 8.2.92 (III.420.8): अपर आह सर्व एव प्लुतः साहसमनिच्छता विभाषा वक्तव्यः ।

[3] Kāś. 6.1.130 (ई चाक्रवर्मणस्य): चाक्रवर्मणग्रहणं विकल्पार्थम् । तदुपस्थिते निवृत्त्यर्थमनुपस्थिते प्राप्त्यर्थमित्युभयत्रविभाषेयम् । ईकारादन्यत्राप्ययमप्लुतवद्भाव इष्यते ।

[4] A 6.1.109: एङः पदान्तादति ।

[5] A 6.1.130.

[6] Bh 6.1.130 (III.91:13–14): ईकारग्रहणेन नार्थः । अविशेषेण चाक्रवर्मणस्याचार्यस्याप्लुतवद्भवतीत्येव । इदमपि सिद्धं भवति वशा३इयम् वशेयम् ।

[7] Raghunātha Śarmā, in his note to this passage (I.29 n. 3), suggests for the lacuna a reading with the sense of इत्यनेन तस्य बाधात् ।

3. Pr I.28b: पदद्विर्वचने कार्ये वाक्यद्विर्वचनं लत्वं च म्लेच्छनमित्यपरे ।

Ud I.29b: ननु नेदं द्वित्वं किन्त्वैच्छिकः पुनःप्रयोगो ऽत आह लत्वं चेति ।

RaPr I.41–42: पदद्विर्वचने कार्ये वाक्यद्विर्वचनं म्लेच्छनमित्यपरे । तदपि न । बहुकृत्वस्तैरसुरैः कृतस्यार्याकरणप्रयोगस्य वीप्साद्योतनाय तदनुकरणतया पदस्थानापन्नस्यैव तत्र वेदे द्विरुक्तत्वेन वाक्यद्विर्वचनस्यासुरैरकृतत्वात् । बहुकृत्वो वाक्यप्रयोगस्तु लोकसिद्धो न तु शास्त्रसिद्धः । लोके हि दूरस्थं प्रति अश्रवणसम्भावनया बहुकृत्वो वाक्यं प्रयुज्यते । तस्मात्तत्राप्लुलत्वकरणं म्लेच्छनमित्येव युक्तम् ।

Ch I.29ab: यत्तु रत्नकृत् असुरोक्त्यनुकरणतया पदस्थानापन्नस्यैव वेदे द्विरुक्तत्वेन वाक्यद्वित्वस्य तैरकृतत्वादिदमयुक्तम् बहुकृत्वो वाक्यप्रयोगस्तु वीप्साद्योतनार्थमिति तन्न । मिथोविरुद्धत्वादन्यथानुकरणत्वासम्भवाच्च । तदेतद् ध्वनयन्नाह ननु नेदमिति ।

Nāgeśa is said merely to refute what the Ratnakṛt says.

4. Pr I.218a: पिन्ङिन्न भवति ङित्पिन्न भवतीति भाष्यकारस्य कल्पना न वार्तिककारस्येति दोषोपन्यासः ।

Ud I.218a पिन्ङिन्नेति । सार्वधातुकमित्यत्रापिदिति योगविभागेन प्रसज्यप्रतिषेधेनायमर्थो लभ्यते । तत्र योगविभागसामर्थ्यात् स्थानिवत्त्वप्राप्ता अन्या वा ङित्त्वप्राप्तिः सर्वा प्रतिषिध्यत इत्याशयः ।

RaPr I.330: ... यत्र तु ङित्त्वपित्त्वयोरन्यतरदनवकाशं तत्रैव ङिच्च पिन्न पिच्च ङिन्नेति निषेधप्रवर्तनात् । ततश्च तद्द्वयमप्यतिदेशेन वर्तत इति ङित्त्वाश्रयो निषेधः स्यादिति भावः । एतेन पिन्ङिन्न भवति ङित्पिन्न भवतीति भाष्यकारकल्पना न वार्तिककारस्येति दोषोपन्यास इति निरस्तम् ।

Ch I.218 n. 5: ... यत्र तु तयोरन्यतरदनवकाशं तत्रैव ङिच्च पिन्नेत्यादिप्रवृत्तिरिति रत्नप्रकाशोक्तिं खण्डयितुमाह सार्वेति । अनवकाशत्वेनैव बाधे सिद्धे योगविभागानर्थक्यापत्तेरिति भावः ।

5. Ud I.18a: सम्प्रत्ययः ज्ञानम् ।

RaPr I.24: सम्प्रत्यय इति । सम्बन्धिज्ञानात्सम्बन्ध्यन्तरस्मरणमिति न्यायेन स्मरणमित्यर्थः ।

Ch I.18a: यत्तु सम्प्रत्ययः स्मरणम् एकसम्बन्धिन्यायेनेति रत्नकृत् तन्न पदार्थोपस्थितेः स्मृतित्वस्य मञ्जूषायां निराकृतत्वात्[1] । अत आह ज्ञानमिति ।

[1] Cf. LM 59–60: पदेभ्यः स्मृतिरेवेति तु न युक्तम् तत्तानुल्लेखाद्वाक्यादपि तदापत्तेश्च । किञ्च शाब्दयामीत्यनुव्यवसायान्न स्मृतित्वमनुमितित्वं वा तज्जन्यप्रत्ययस्य ।

6. Ud I.36b–37a: भाष्ये यस्त्वप्रमादेन गीतो यस्य कस्यापि तत्प्रमाणमिति । प्रतिनिर्देशलिङ्गम् ।

RaPr I.53: अयं श्लोकः सौत्रामणीयागस्य दुष्टत्वप्रतिपादनाय वेदनिन्दकेन बौद्धेन पठित इति न तस्य प्रामाण्यमिति भावः । तत्र भवत इति । पूज्यस्य महर्षेरित्यर्थः । कर्तुः शेषत्वेन विवक्षायां षष्ठी[1] न तु कृद्योगलक्षणा[2] तस्या [3]न लोकाव्ययनिष्ठेति निषेधात् ।

अप्रमत्तगीत इति । प्रमत्तं प्रमादः । भावे क्तः[4] । तद्विरुद्धो ऽप्रमादः सावधानता अप्रमत्तम् । तेन साधनेन गीत इत्यर्थः । तत्प्रमाणमिति । वेदवदिति शेषः ।

Ch I.37a: मद्यपानादिनोन्मत्तस्य वेदविरुद्धमार्गानुयायिना केनचिद् बाह्येन् पठित इति न तस्य प्रामाण्यम् । तत्र भवतः पूज्यस्य महर्षेः । कर्तुः शेषत्वविवक्षायां षष्ठी न तु कृद्योगलक्षणा न लोकेति निषेधात् । अप्रमत्तगीतः। अप्रमादेन सावधानतया साधनेन गीतस्तत्प्रमाणं वेदवदिति रत्नोक्तं [5]चापास्तम् ।

[1] A 2.3.50: षष्ठी शेषे ।

[2] A 2.3.65: कर्तृकर्मणोः कृति ।

[3] A 2.3.69: न लोकाव्ययनिष्ठाखलर्थतृनाम् ।

[4] A 3.3.114: नपुंसके भावे क्तः ।

[5] The *Ratnaprakāśa* interpretation is rejected in addition to that of Kṛṣṇa: see Ba5.

7. Ud I.37b–38a: विप्रोष्येत्यस्य प्रवासादेत्य° °इत्यर्थः ।

RaPr I.53: विप्रोष्य गत्वा ।

Ch I.37b: विप्रोष्येत्यस्य गत्वेति रत्नोक्तव्याख्यानमयुक्तमुदक्षरत्वात् । अत आह प्रवासादिति ।

The *Chāyā* identifies Ratnakṛt as the one to whom Nāgeśa objects, without citing the actual text of Ratnakṛt.

8. RaPr I.35: ब्राह्मणेनेति । तथा च क्षत्रियविशोर्वेदाध्ययनज्ञाने न नित्ये इति गम्यते ।

Ud I.24b: अत्र ब्राह्मणेनेत्युक्तेरन्यस्यैवमध्ययनं काम्यमेवेति सूचयतीति कश्चित् ।

Ch I.24b: कश्चिदिति । रत्नकृदित्यर्थः । अत्रारुचिबीजं तयोर्नित्याध्ययनविधायकस्मृत्यन्तरादिविरोधापत्तिरिति[1] । तस्माद् ब्राह्मणपदं त्रैवर्णिकोपलक्षणमिति बोध्यम् । वस्तुतस्तु कलौ क्षत्रियवैश्ययोरभावं सूचयितुं तथोक्तमिति यथाश्रुतमेव तत्साधु ।

[1] E.g., Manu 1.88–90: अध्यापनमध्ययनं यजनं याजनं तथा । दानं प्रतिग्रहं चैव ब्राह्मणानामकल्पयत् ॥ प्रजानां रक्षणं दानमिज्याध्ययनमेव च। विषयेष्वप्रसक्तिश्च क्षत्रियस्य समासतः ॥ पशूनां रक्षणं दानमिज्याध्ययनमेव च । वणिक्पथं कुसीदं च वैश्यस्य कृषिमेव च ॥

b. Vaidyanātha gives an explanation which is matched in the *Ratnaprakāśa* on the same passage.

1. RaPr I.111: आकृत्युपदेशादिति । जातिपरे निर्देशे व्यक्तिविशेषनिर्देशस्य नान्तरीयकत्वाद्व्यक्त्यन्तरग्रहणाप्रतिबन्धकता ज्ञेया ।

Ch I.82 n. 4: इमामाशङ्कां समाधत्ते आकृत्युपदेशेति । जातिरत्राकृतिः । जातिपरे निर्देशे व्यक्तिविशेषनिर्देशस्य नान्तरीयकत्वाद्व्यक्त्यन्तरग्रहणाप्रतिबन्धकता ज्ञेया । तदाह अवर्णाकृतिरित्यादिना ।

APPENDIX B
Passages Alluding to Kṛṣṇa

a. The *Chāyā* identifies Kṛṣṇa as the source with which it says Nāgeśa disagrees and cites Kṛṣṇa.

1. SR 15.5–12: इत्याशयवानुत्तरयति लौकिकानां वैदिकानां चेति । ननु कथं भेदेन निर्देशः य एव लौकिकास्त एव वैदिका[1] इति जैमिनिनोक्तत्वात् प्रयोगचोदनाभावादर्थैकत्वमविभागाद्[2] इति चेदुच्यते । केचिद्व्यवस्थितविषयाः नियतानियतानुपूर्वीस्वरकाः तद्भेदाद्भेदेन निर्देशः । यद्वा वैदिकानां लौकिकत्वेन प्राधान्यख्यापनाय पृथगुपादानम् यथां ब्राह्मणा आयाताः वसिष्ठो ऽप्यागत इति वसिष्ठस्य । तेषां तु प्राधान्यं यत्नेनापभ्रंशपरिहारात् ।

Pr I.10b: वैदिकानामपि लौकिकत्वे प्राधान्यख्यापनाय पृथगुपादानम् यथा ब्राह्मणा आयाताः वसिष्ठो ऽप्यागत इति वसिष्ठस्य । तेषां तु प्राधान्यं यत्नेनापभ्रंशपरिहारात् ।

Ud I.11a: ननु चिदानन्दस्वरूपब्रह्मातिरिक्तस्य सर्वस्य लोकपदार्थत्वाद्वेदस्यापि लोकान्तर्गतत्वाद्भेदेनाभिधानं न युज्यत इत्यत आह वैदिकानामिति । वैदिकानां लौकिकत्वे ऽपीति पाठः ।

Ch I.11a: यत्तु कृष्णः प्रयोगचोदनाभावादर्थैकत्वमविभागादित्यनेन य एव लौकिकास्त एव वैदिका इति जैमिन्युक्तत्वाद्भेदोक्तिरयुक्तेति तन्न [3]सखी [4]कर्णेभिरित्यादीनां मिथो व्यावृत्तत्वात् । तदेतद् ध्वनयन्नाह ननु चिदेति ।

[1] ŚBh 1.3.9.30 (231–232): ... इति प्राप्ते ब्रूमः य एव लौकिकाः शब्दास्त एव वैदिकास्त एवैषामर्था इति । कुतः । प्रयोगचोदनाभावात् । एवं प्रयोगचोदना सम्भवति यदि त एव शब्दास्त एवार्थाः । इतरथा शब्दान्यत्वे ऽर्थो न प्रतीयेत । तस्मादेकशब्दत्वमिति । उच्यते प्रयोजनमिदम् हेतुर्व्यपदिश्यतामिति । ततो हेतुरुच्यते अविभागादिति । न तेषामेषां च विभागमुपलभामहे ।

[2] JMS 1.3.9.30: प्रयोगचोदनाभावादर्थैकत्वमविभागात् ।

[3] A 7.1.39: सुपां सुलुक्पूर्वसवर्णाच्छेयाडाड्यायाजालः ।

[4] A 7.1.10: बहुलं छन्दसि ।

2. SR 31.7–9: प्रयोजनशब्द एकः फलपरः प्रयुज्यते प्रवर्त्यते ऽनेनेति व्युत्पत्त्या करणल्युडन्तः क्लीबः । अपरस्तु प्रवर्तकमानपरः प्रयोजयतीति व्युत्पत्त्या बाहुलकात्कर्तृल्युडन्तः[1] पुंलिङ्गः ।

ŚK I.11: अत्र प्रयुज्यते प्रवर्त्यते ऽनेनेति करणल्युडन्तः प्रयोजयतीति कर्तृव्युत्पत्त्या बाहुलकात्कर्तृल्युडन्तो वा उभयथापि प्रवर्त्तकविधिपरः पुल्लिङ्गः प्रयोजनशब्द एकः । फलपरः क्लीबो ऽपरः ।

Ud I.20a: प्रयोजनशब्दः करणव्युत्पत्त्या प्रयोजकपरो ऽपि ।

Ch I.20a: उत्तरानुरोधेनाह प्रयोजेति । बाहुलकात्कर्तृल्युडन्तः प्रयोजनशब्दः प्रयोजकपर इति कृष्णकौस्तुभाद्युक्त्यसाङ्गत्यध्वननायाह करणेति । प्रयुज्यते प्रवर्त्यते ऽनेनेत्यर्थः ।

[1] A 3.3.113: कृत्यल्युटो बहुलम् ।

3. SR 47.2: स वाग्योगवित् वाचः शब्दस्य योगं घटनां वेत्तीति ।

Ud I.33b: वाचो योगः प्रकृतिप्रत्ययविभागेनार्थविशेषपरत्वम् तद्वेत्तीति वाग्योगवित् ।

Ch I.33b: वाचो योग इति । एतेन वाचः शब्दस्य योगं घटनां वेत्तीति तथेति कृष्णोक्तमपास्तम् ।

4. SR 49.3–5: परं स्ववाचाभिप्रायमभिधापयितुं पृच्छति किं चात इति । निपातसमुदायो ऽयं किमित्यर्थे वर्तते । श्लोकप्रामाण्ये किमनिष्टमित्यर्थः ।

Ud I.36ab: भाष्ये किं चात इति । अतः प्रश्नात्किं विवक्षितमित्यर्थः ।

Ch I.36a: यत्तु निपातसमुदायो ऽयं किमित्यर्थे वर्तते । श्लोकप्रामाण्ये किमनिष्टमित्यर्थ इति कृष्णः तन्न तेषां प्रयोगासाङ्गत्यापत्तेः तत्प्रामाण्ये ऽनिष्टाभावाच्च । तदेतद् ध्वनयन्नाह अत इति ।

5. SR 49.16: यस्त्विति । यस्त्वप्रमादेन पठितः स तत्रभवतः प्रमाणमेव ।

Ud I.36b–37a: भाष्ये यस्त्वप्रमादेन गीतो यस्य कस्यापि तत्प्रमाणमिति । प्रतिनिर्देशलिङ्गम् ।

Ch I.37a: अस्यापि पूर्ववदेवार्थ इत्याह भाष्ये यस्त्वेति । तस्यात्रासम्बन्धं सूचयन्नाह यस्येति° °एतेन अत्रापि यस्त्वप्रमादेन पठितः स तत्रभवतः प्रमाणमेवेति कृष्णोक्तव्याख्यानम्° °चापास्तम्[1] ।

[1] Vaidyanātha considers here both what Kṛṣṇa said and what was said in the *Ratnaprakāśa*; see Aa6.

b. Kṛṣṇa is not cited in full, but his position, with which Nāgeśa is said to disagree, is paraphrased.

1. SR 45.1: अत्र पदस्येत्यधिकाराद्[1] वाक्यस्य द्विर्वचनमपशब्द इत्येके ।

Pr I.28b: तत्र केचिदाहुः हैहेप्रयोगे हैहयोरिति[2] प्लुते प्रकृतिभावे च कर्तव्ये तदकरणं म्लेच्छनमिति । पदद्विर्वचने कार्ये वाक्यद्विर्वचनं लत्वं च म्लेच्छनमित्यपरे ।

Ud I.29a: पदेति । सर्वस्य द्वे[3] इत्यत्र पदग्रहणस्य वार्त्तिककृतोक्तत्वादिति[4] भावः ।

Ch I.29a: यत्तु पदस्येत्यधिकारादिति कृष्णः तन्न तस्याग्रे सत्त्वे ऽपि पूर्वमभावात् । अत आह तोक्तत्वादिति । यदि तु सर्वस्येतिवत्तत्रत्यपदस्येत्यस्याप्यधिकार इत्युच्यते तर्ह्यस्तु सो ऽपि साधुः ।

[1] A 8.1.16: पदस्य ।

[2] A 8.2.85.

[3] A 8.1.1.

[4] A 8.1.1 *vt.* 4: न वा पदाधिकारात् । Bh III.362.12–13: न वा वक्तव्यम् । किं कारणम् । पदाधिकारात् । पदस्येति प्रकृत्य द्विर्वचनं वक्ष्यामि ।

2. SR 88.5–9: इदमापातत उक्तम् शब्दज्ञानस्य धर्मसाधनत्ववदधर्मघातने प्रमाणाभावात् । दध्यादेरिव संयोगपृथक्त्वं च नास्ति। विषमश्च दृष्टान्तः खननजनितेनोदकेन रजोनिर्हणनद्वारा पूर्वस्थितनैर्मल्यलक्षणगुणप्राप्तेरन्वयव्यतिरेकसिद्धत्वात् प्राण्युपयुक्तशब्दज्ञानजनितापूर्वहेतुकाभ्युदयमात्रस्य च शास्त्रसिद्धत्वात् ।

Ud I.76a: यत्कर्मनान्तरीयककर्मजन्यो यो विपरीतत्वमात्रेण कल्प्यो ऽवैधो दोषः स तत्कर्मजन्यफलनाश्यः यथा कूपखनननान्तरीयकशरीरव्यापारजन्यो मृल्लेपस्तत्फलजलनाश्य इति [1]सामान्यतोदृष्टानुमानात्तन्नाशानुमानमिति बोध्यम् ।

Ch I.76 n. 2: यत्तु इदमयुक्तम् शब्दज्ञानस्य धर्मसाधनत्ववदधर्मघातने मानाभावात् । विषमश्च दृष्टान्तः खननजातेन जलेन रजोनिर्हणनद्वारा पूर्वस्थितनैर्मल्यलक्षणगुणप्राप्तेरन्वयव्यतिरेकसिद्धत्वात् प्रयुक्तशब्दज्ञानजनितापूर्वहेतुकाभ्युदयमात्रस्य[2] शास्त्रसिद्धत्वात् इति कृष्णः । तदयुक्तमिति ध्वनयन्नाह यत्कर्मेति ।

[1] NS 1.1.5: अथ तत्पूर्वकं त्रिविधमनुमानं पूर्ववच्छेषवत्सामान्यतोदृष्टं च ।, SāK 5b: अथ तत्पूर्वकं त्रिविधमनुमानं पूर्ववच्छेषवत्सामान्यतोदृष्टं च ।, YD 83.1–2: *anumānam* *tripakāram ācāryair ākhyātam | pūrvavac cheṣavat sāmānyatodrṣṭam ca.*

[2] NSP: प्रयुक्तशब्दज्ञानजनितपूर्वहेतुकाभ्युदयमात्रस्य ।

c. Vaidyanātha indicates that Nāgeśa's position differs from Kṛṣṇa's, but he does not directly state that Nāgeśa means explicitly to disagree with Kṛṣṇa.

1. SR 44.11–20: ननूत्तरत्र भाष्यकारेण वक्ष्यते यर्वाणस्तर्वाणो नाम ऋषयो° °याज्ञे कर्मणि नापभाषन्ते । तैः पुनरसुरैर्याज्ञे कर्मण्यपभाषितम् ततस्ते पराभूता इति[1]। तेनायं क्रत्वङ्गो निषेध इत्यवसीयेत । स च न सम्भवति अपभाषणस्याव्यक्तत्वेन दृष्टक्रतुवैगुण्यानापादकत्वादिति चेन्न । अनेकार्थत्वाद्धातूनां निन्दार्थवचनान्म्लेच्छधातोः कर्मणि घञ् करणे वा[2] । एवं च म्लेच्छ्यते निन्द्यते शास्त्रबोधितविपरीतोच्चारणेन म्लेच्छत्वात्पापसाधनत्वात्तत्प्रयोक्तुः पापं भवतीति तत्फलप्रदर्शनमुखेन ते ऽसुरा इत्यर्थवादः । न चायं फलनिर्देशः म्लेच्छो ह वा इत्यस्यानर्थक्यापत्तेः । न च म्लेच्छस्वरूपप्रदर्शनाय तदिति वाच्यम् नापभाषितवा इत्यनेनैव गतार्थत्वात् । तस्मात्कर्माङ्गे ऽपशब्दनिषेधे फलश्रुतेरर्थवादत्वमेव न्याय्यम् ।

Ud I.29a: प्रकरणाच्च क्रत्वङ्गमयं[3] निषेधः ।

Ch I.29a: क्रत्वङ्गमयमिति पाठः अङ्गशब्दस्य नित्यक्लीबत्वात् । यत्तु यर्वाणो नामेत्याद्युत्तरत्र भगवदुक्तेरयं निषेधः क्रत्वङ्गमिति कृष्णः । तन्न प्रकरणलब्धस्यैवार्थस्याग्रे भगवता कथनात् ।

[1] Bh I.11.11–14: एवं हि श्रूयते यर्वाणस्तर्वाणो नाम ऋषयो बभूवुः प्रत्यक्षधर्माणः परापरज्ञा विदितवेदितव्या अधिगतयाथातथ्याः । ते तत्रभवन्तो यद्वानस्तद्वान इति प्रयोक्तव्ये यर्वाणस्तर्वाण इति प्रयुञ्जते याज्ञे पुनः कर्मणि नापभाषन्ते । तैः पुनरसुरैर्याज्ञे कर्मण्यपभाषितम् ततस्ते पराभूताः ।

[2] A 3.3.19: अकर्तरि च कारके सञ्ज्ञायाम् ।

[3] I have given the text in accordance with Vaidyanātha; the printed editions have क्रत्वङ्गो ऽयं.

d. Vaidyanātha comments directly on a *Mahābhāṣya* passage and refers to Kṛṣṇa's interpretation of the passage.

1. SR 16.18–20: विषाणीतीनिप्रत्ययेनावयव्युक्तः । सास्नालाङ्गूलेत्यादि द्रव्यान्तरावयवस्योपलक्षणं क्रियागुणव्यक्तीनां भूयसीनामुत्तरत्रोदाहरणादत्र द्रव्यान्तरोदाहरणस्याप्युचितत्वात् ।

Ch I.14a: भाष्ये सास्नेत्यादिविषाणान्तसमाहारद्वन्द्वप्रकृतिकेनिना ऽवयव्युच्यते । यत्तु सास्नेत्यादि द्रव्यान्तरावयवस्याप्युपलक्षणं क्रियागुणव्यक्तीनां बह्वीनामग्र उक्तेः अत्र द्रव्यान्तरोदाहरणस्यार्थौचित्यादिति कृष्णः । तन्न गौरित्यत्र भासमानविषये शङ्कासत्त्वेन

तत्र शुक्लादीनां सर्वेषां तत्त्वसम्भवे द्रव्यान्तरस्य चातथात्वेन वैलक्षण्यात् । अत एव सामान्यविषये सामान्योक्तावपि तत्र वर्तमानस्यापि द्रव्यत्वादेर्न तत्त्वाशङ्का ।

2. SR 43.5–9: स्थूलपृषतीति । पृषतो मृगविशेषस्तज्जातीया पृषती सैवानोवहनयोग्यानड्वाही । अनसि वहेः क्विबनसो डश्चेति क्विप्[1] । गौरादिपाठादनड्वाहीति ङीषामौ[2] । अथवा मत्वर्थलक्षणया पृषतीशब्देन पृषत्वती बिन्दुमतीति । तत्र कर्मधारये गौरेवाभिधीयते स्थूलापि च सैव । बिन्दुषु न स्थौल्यमन्वेति । बहुव्रीहौ तु पृषत्सु स्थौल्यान्वयो न गावि ।

Ch I.27a: तस्यामिति भाष्ये श्रुतावित्यर्थः स्थूलपृषत्यामित्यर्थो ऽनड्वाह्यामित्यर्थो वा । 'यत्तु पृषतो मृगविशेषस्तज्जातीया पृषतजातित्वान्ङीष्[3] । सैवानोवहनयोग्या चानड्वाहीति कृष्णः । तन्न तस्या गवि रूढत्वात्। तस्मान्मत्वर्थलक्षणया पृषतीशब्देन पृषद्वती बिन्दुमती गौरुच्यते । स्थूलापि सैव । बिन्दुषु न । तत्र कर्मधारये गौरेवाभिधीयते स्थूलापि सैव । बिन्दुषु न स्थौल्यान्वयः । बहुव्रीहौ तु स्थौल्यान्वयः पृषत्सु न गवि ।

[1] The *sūtra* in question is cited in the *Nyāsa* and the *Padamañjarī* on *Kāśikā* 6.1.158 (अनुदात्तं पदमेकवर्जम्) as it is given in the *Sūktiratnākara*: अनसि वहेः क्विबनसो डश्च । This does not appear in the Pañcapādī version of the *Uṇādisūtras*, but in the Daśapādī version the rule appears as 9.107: वहेः क्विबनसो डश्च ।

[2] A 4.1.41: षिद्गौरादिभ्यश्च। (A 7.1.98 [चतुरनडुहोरामुदात्तः] *vt.* 1: आमनडुहः स्त्रियां वा).

[3] A 4.1.63: जातेरस्त्रीविषयादयोपधात् ।

e. Nāgeśa's comment on a *Pradīpa* passage appears to echo what is said in the *Sūktiratnākara*.

1. SR 77.10–12: धर्मप्रयोजन इति । लिङादीनामपूर्वरूपं कार्यं वाच्यम् कार्यमेव च स्वस्मिन्पुरुषं नियुञ्जानं नियोग इत्युच्यते । स एव धर्मः । तेन प्रयुज्यते आक्षिप्यत इति कर्मल्युडन्तः प्रयोजनशब्दः ।

Pr I.65b: धर्मप्रयोजन इति । लिङादिविषयेण नियोगाख्येन धर्मेण प्रयुक्त इत्यर्थः ।

Ud I.65b: लिङादीति । प्रभाकराङ्गीकृतमतेनेदम् । तन्मते हि लिङादीनामपूर्वरूपं कार्यं वाच्यम् तदेव च स्वस्मिन्पुरुषं प्रयुञ्जानं नियोग इत्युच्यते । स एव धर्मः । तेन प्रयुज्यते आक्षिप्यत इति कर्मल्युडन्तः प्रयोजनशब्दः ।

APPENDIX C

Vaidyanātha refers to statements of both the *Ratnaprakāśa* – referred to by 'Ratna' – and the *Sūktiratnākara* while commenting directly on Kaiyaṭa's *Pradīpa*.

1. Pr I.27a: असन्देहार्थमिति । सन्देहस्य प्रागभावो ऽत्र द्रष्टव्यो न तु प्रध्वंसाभावः । न हि वैयाकरणस्य संशय उत्पद्य विनश्यति इतरस्यैव तदुत्पादात् ।

RaPr I.38–39: असन्देहार्थमिति । सन्देहाभावार्थमित्यर्थः । एतेन सन्देहस्य प्रागभावो ऽत्र द्रष्टव्यो न तु प्रध्वंसाभावः । न हि वैयाकरणस्य संशय उत्पद्य विनश्यति इतरस्यैव तदुत्पादादिति निरस्तम् । एतादृशाग्रहे मानप्रयोजनयोरभावात् शङ्कासमाधानपरसमस्तभाष्यासङ्गतेश्च ।

SR 42.19–22: उच्यते । प्रागभाव एव सः । तस्यानादित्वे ऽप्युत्तरसमयसम्बन्धित्वरूपस्य परिपालनस्य व्याकरणसाध्यत्वात् प्रायश्चित्तेन दुःखप्रागभावस्येव । प्रध्वंस एवात्र विवक्षित इति केचित् । तस्य ह्युत्पन्नस्य वैयाकरणेन शास्त्राहितसंस्कारवता निरासः कर्तुं शक्यत इति वदन्ति ।

Ch I.27a: कैयटे अत्र द्रष्टव्य इति । न तु सर्वत्रेति भावः । एतेन सन्देहाभाव एवार्थः । कैयटोक्तं तु चिन्त्यम् ईदृशाग्रहे निरासः सुकर इति कृष्णोक्तं मानफलयोरभावात् शङ्कासमाधिपरसमस्तभाष्यासङ्गतेश्चेति रत्नोक्तम् । प्रध्वंस एव सः । उत्पन्नस्य तस्य हि वैयाकरणेन शास्त्राहितसंस्कारवता चापास्तम्[1] ।

[1] Note that Vaidyanātha appears to ascribe to Kṛṣṇa a position which the *Sūktiratnākara* explicitly states is held by some only, not the author himself.

REFERENCES AND ABBREVIATIONS

For bibliographic details of work on Pāṇinian grammar, see my *Pāṇini, A Survey of Research* (Delhi: Motilal Banarasidass, latest issue 1997), and *Recent Research in Pāṇinian Studies* (Delhi: Motilal Banarasidass, 1999).

A Pāṇini's *Aṣṭādhyāyī.*

Bh Patañjali's *Vyākaraṇamahābhāṣya.* Edited by F. Kielhorn. 3rd edition by K. V. Abhyankar. Poona: Bhandarkar Oriental Research Institute. [References to volume, page, lines.]

BHĀGAVAT, Vāman Śāstrī 1999. See under SR.

Ch˜ Vaidyanātha Pāyaguṇḍa's *Chāyā* on Nāgeśa's *Uddyota.* In: Nirṇayasāgara Press edition, volume I. 5th edition. Bombay 1951. [References to volume, page, column or note number.]

FILLIOZAT, Pierre-Sylvain. 1973. Introduction to volume I of *Mahābhāṣya Pradīpa Vyākhyānāni.* Pondichéry: Institut français d'Indologie.

JMS *Jaiminimīmāṃsāsūtra* (Ānandāśrama edition, 1976–85).

Kāś *Kāśikāvṛtti* (Osmania University edition).

KRISHNAMACHARYA, M. 1970. *History of Classical Sanskrit Literature.* Delhi: Motilal Banarasidass.

LM Nāgeśa's *Laghumañjūṣā* (Chowkhamba Sanskrit Series edition, reprinted 1989).

MURALĪDHARA MIŚRA. 1977. भूमिका to his edition of the *Prakriyākaumudī.* Varanasi: Sampurnanand Sanskrit University.

NARASIMHACHARYA, M. S. 1973. उपोद्घात: to volume I of *Mahābhāṣya Pradīpa* Vyākhyānāni. Pondichéry: Institut Francais d'Indologie.

NS *Nyāyasūtra* (Rinsen Sanskrit Text Series reprint of The Calcutta Sanskrit Series edition. Kyoto 1982.)

PK Rāmacandra's *Prakriyākaumudī.* Edited by Kamlashankar Pranashankar Trivedi. Poona: Bhandarkar Oriental Research Institute, 1925–31.

PKP Viṭṭhala's *Prakriyākaumudīprasāda.* Edited by Kamlashankar Pranashankar Trivedi.

PKPr Śrīkṛṣṇa's *Prakriyākaumudīprakāśa.* Edited by Muralīdhara Miśra.

Pr Kaiyaṭa's *Mahābhāṣyapradīpa.* In: Nirṇayasāgara Press edition, volume I. 5th edition. Bombay 1951. Volume II: 2nd edition. Bombay 1935. [References to volume, page, column.]

RaPr Śivarāmendrasarasvatī's *Mahābhāṣyasiddhāntaratnaprakāśa.* In: *Mahābhāṣya Pradīpa Vyākhyānāni.* Edited by M. S. Narasimhacharya, volumes I, IV. Pondichéry.

SāK *Sāṅkhyakārikā.*

ŚBh *Śābarabhāṣya.* See JMS.

SK Bhaṭṭoji's *Siddhāntakaumudī*. Edited by Giridhara Śarmā Caturveda & Parameśvarānanda Śarmā Bhāskara. Delhi: Motilal Banarasidass, 1958–61.

ŚK Bhaṭṭoji's *Śabdakaustubha* (Chowkhamba Sanskrit Series edition).

SR Śeṣanārāyaṇa's *Sūktiratnākara*. Edited by Vāman Śāstrī Bhāgavat. शेषनारायणविरचितः सूक्तिरत्नाकरः (महाभाष्यटीका) प्रथमः भागः – प्रथमद्वितीये आह्निके. (Ānandāśrama Sanskrit Series, 140.) Pune: Ānandāśrama Saṃsthā, 1999.

TRIVEDI, K. P. 1925. Introduction to his edition of the *Prakriyākaumudī*. See PK.

Ud Nāgeśa's *Mahābhāṣyapradīpoddyota*. In: Nirnayasāgara Press edition, volume I: 5th edition. Volume II: 2nd edition. [References to volume, page, column.]

WEZLER, Albrecht & Shujun MOTEGI 1998. *Yuktidīpikā. The Most Significant Commentary on the Sāṃkhyakārika, Critically edited,* Volume I. (Alt- und Neu-Indische Studien, 44.) Stuttgart: Franz Steiner Verlag. [Reference to pages.]

YD *Yuktidīpikā*. See Wezler & Motegi.

YUDHIṢṬHIRA MĪMĀṂSAKA 1984. संस्कृत व्याकरण-शास्त्र का इतिहास, volume I. 4th edition. Bahalgadh 1984.

'Underived Nominals' as a Derivationally Productive Category in Pāṇini

MADHAV M. DESHPANDE

There is a long history of debate in the Sanskrit tradition over whether all nominals (*nāman*) are derived items. The practice of dividing words into their perceived components goes back to the various Padapāṭhas of Vedic Saṃhitās. While the scope of analysis seen in the Padapāṭhas is rather limited, one notices that there were practical limitations to the analysis of words. While a word like *purohitam* could be easily analyzed into *puraḥ-hitam*, the Padapāṭha of the Śaunakīya Atharvaveda leaves the word *ṣoḍaśī* unanalyzed. Commenting on this behavior of the Padapāṭha, the *Śaunakīyā Caturādhyāyikā* (4.2.5: *ṣoḍaśī sandehāt*) remarks that the word *ṣoḍaśī* was not analyzed in the Padapāṭha because of doubts regarding the components. On the other hand, the *Śaunakīyā Caturādhyāyikā* (1.3.1: *ṣaṭpurasor ukāro 'ntyasya daśadāśayor ādeś ca mūrdhanyaḥ*) itself derives the word *ṣoḍaśī* from a combination of *ṣaṭ+daśa* and stipulates that the final *ṭ* of *ṣaṭ* is replaced with *u*, and the initial *d* of *daśa* is cerebralized. This shows signs of the development of linguistic analysis.

One of the further directions in which linguistic thought developed in ancient India was the emergence of large scale attempts to provide analysis or etymologies for nouns and to provide an explicit theoretical framework for such an analysis. What are the ultimate components of nouns? The earliest explicit statement of this debate is found in the *Nirukta* of Yāska. The famous statement of this debate (*Nirukta* 1.12) goes as follows:

> *nāmāny ākhyātajānīti śākaṭāyano nairuktasamayaś ca* | *na sarvāṇīti gārgyo vaiyākaraṇānāṃ caike* |
>
> 'Nouns are derived from verbs', says Śākaṭāyana, and so is the doctrine of the Nairuktas. 'Not all (nouns are derived from verbs)', says Gārgya, and some among the grammarians.

This is an important passage. This passage seems to suggest that Śākaṭāyana was most probably a grammarian, though his doctrine, in this particular respect, agreed with that of the Nairuktas, the Etymologists. On the other hand, Gārgya, most likely an Etymologist, did not agree with this doctrine, and this was in accord with the view of some grammarians. These groupings were probably quite fluid, because we do find both Śākaṭāyana and Gārgya cited as grammatical authorities by Pāṇini. The important point is that there is no one who argues that no nouns are derived from verbs. The question is whether all of them are derived from verbs, or only some are derived from verbs. The view that all nouns are derived from verbs is rather easy to understand, though one may not agree with it. Yāska himself comes up with gradations of derivations from high to low quality, but finally says that one cannot say no to a derivation. One has to come up with some derivation, if one is not satisfied with available attempts. Patañjali makes the procedure of derivation referred to here by Yāska further explicit in his commentary on P. 3.3.1 (*Mahābhāṣya*, Kielhorn's edition, II, p. 138). Besides making clear that Śākaṭāyana was a grammarian (*vyākaraṇe śakaṭasya ca tokam*), Patañjali suggests that in each such derivation of a noun, one has to assume a stem (*prakṛti*) and an affix (*pratyaya*), and obviously the stem, in the opinion of Nairuktas and Śākaṭāyana, must be a verb root. Thus, to put it in simple terms, in this view, the etymological structure of every noun must be a 'verb root + affix'.

The view represented by Gārgya and some grammarians is not so clear at first glance. If not all, but only some, nouns are derived from verbs, what happens to other nouns? Are they to be derived from sources other than verbs? What might those sources be? And is there a residue of nouns, which are ultimately to be recognized as underived or underivable? If there is such a residue, does it represent simply an as yet unfinished project that could be or should be finished by some other, future, grammarians and etymologists, or does the category 'underived' has some positive linguistic significance? Are these two views significantly different from each other?[1]

To get a better sense of this second alternative, let us look at Pāṇini's definitions of nominal stem (*prātipadika*):

P. 1.2.45 (*arthavad adhātur apratyayaḥ prātipadikam*): 'A linguistic item, which is meaningful, is not a verb root or an affix, is a nominal stem.' The traditional explanation also excludes from this definition items which end in affixes.

P. 1.2.46 (*kṛt-taddhita-samāsāś ca*): 'Also items ending in *kṛt* and *taddhita* affixes and compounds are nominal stems.'

These two definitions in the Pāṇinian grammar provide us some clear clues about his notions on the topic of derivations of nouns. The second definition gives an account of the so-called 'derived' nouns. The *kṛt* formations have the structure 'verb root + *kṛt* affix'. The *taddhita* formations have the structure 'nominal stem + *taddhita* affix'. The *samāsa* formations have the structure 'nominal stem + nominal stem'. Pāṇini's first definition seems to give us the residue of 'underived' nouns. Pāṇini's category of 'derived' nouns is far better specified as compared to the discussion in Yāska's

---

[1] Most modern works on Pāṇini do not show any awareness that these two alternative views may have some substantive difference. They are simply treated as alternative views. In his *Dictionary of Sanskrit Grammar*, K. V. Abhyankar says: '*Avyutpattipakṣa*: the view held generally by grammarians that all words are not necessarily susceptible to analysis or derivation, an alternative view opposed to the view of the etymologists or Nairuktas that every word is derivable' (Abhyaṇkar 1977: 48).

Nirukta. His 'derived' category is not exclusively tied to derivations from verb roots, but is inclusive of other derivational possibilities.

Pāṇini's view on this subject is traditionally labeled *avyutpattipakṣa*, in contrast with the *vyutpattipakṣa* of Yāska and Śākaṭāyana. The term *vyutpattipakṣa* refers to the notion that all nouns are derived (*vyutpanna*). In contrast, the term *avyutpattipakṣa* may be misunderstood as the notion that no nouns are derived. However, the term actually refers to the view that not all nouns are derived, and only in this interpretation does it capture Pāṇini's view.

Pāṇini's rule 3.3.1 (*uṇādayo bahulam*) seems to accord marginal recognition to a supplementary work, i.e. the *Uṇādisūtras*, ascribed to Śākaṭāyana by the tradition. These *sūtra*s seem to be an effort to offer 'root + affix' type derivations for those residual nominal stems, which are left in the 'underived' category by Pāṇini. Pāṇini's rule 3.3.1 (*uṇādayo bahulam*) is traditionally understood as simply recognizing the output of the so-called *uṇādi* rules, but not offering recognition to the derivational process itself. Patañjali's *Mahābhāṣya* on P. 7.1.2 makes it clear that the *uṇādi* derivations are to be recognized as 'underived' within Pāṇini's system (*uṇādayo 'vyutpannāni prātipadikāni*).[2]

This brings up some interesting and important questions concerning these discussions. Why not simply accept the *uṇādi* rules as a further advance of the linguistic science that fills gaps left by the earlier doctrines of Pāṇini and Gārgya? Or is there a linguistically justifiable reason to accept the 'underived' category as being significantly different from the 'derived' category? In my remaining presentation, I briefly wish to deal with this question.

---

[2] Also see the *Mahābhāṣya* on P. 3.3.1, and the commentaries of Kaiyaṭa and Nāgeśa (*Mahābhāṣya*, MLBD edition, II, pp. 203ff.) Nāgeśa categorically states the conclusion: *pāṇines tu tāny avyutpannāny eveti bhāvaḥ* | *idaṃ cāyaneyīnītisūtre bhāṣye spaṣṭam* | (p. 204). Cardona (1997: 202) remarks: 'Pāṇini not only introduces particular verbal affixes to form derived nominal bases by rules of his grammar, he also recognizes a group of affixes, beginning with *uṇ* (*uṇādayaḥ*), which are not introduced by rules of the *Aṣṭādhyāyī* but which serve to form derived nominal bases. Pāṇini explicitly refers to these affixes in his grammar.' Cardona's statement needs to be supplemented with the warning from Nāgeśa.

Consider the Pāṇinian derivation of the form *devān* (acc. pl. of *deva-*). This form is to be derived from the combination of the masculine nominal stem *deva-* and the accusative plural affix *-Śas*:

deva+Śas

P. 6.1.102 (*prathamayoḥ pūrvasavarṇaḥ*) prescribes that there is a single long vowel replacement, homorganic with the stem-final vowel, for the stem-final simple vowel (*aK*) and the affix-initial vowel (*aC*) of the first two cases. This rule gives us:

devās

At this stage, P. 6.1.103 (*tasmāc chaso naḥ puṃsi*) says that in the case of masculine stems, after the single long vowel replacement, the *s* of the affix *-Śas* is replaced with *n*. This gives us the final desired form:

devān

The same process would work in the derivation of the form *putrān* from *putra*. Now the nominal stem *putra* is generally considered to be an 'underived' form in the Pāṇinian system. On the other hand, the *Uṇādisūtras* prescribe the affix *-ṢtraN* after all verb roots (*sarvadhātubhyaḥ Ṣṭran*, 4.158, Aufrecht's edition) and further stipulates that the root √*pū* is shortened before *-Ṣṭran* (*puvo hrasvaś ca*, 4.164, Aufrecht's edition). There are other popular etymologies deriving this word from *put*, the name of a particular hell, and the root √*trā* 'to save', with the understanding that a son saves his father from the hell called *put*. In either of these understandings of the derivation of the word *putra*, there should be no problem in deriving the accusative plural form *putrān*.

However, this is not the case with the derivation of case forms from other nominal stems. Consider the nominal stem *viśvapā*. Traditionally this is derived by addition of the affix *-ViC* to the root √*pā*, where the affix *-ViC* is ultimately reduced phonologically to a zero. Thus, *viśvapā* is a nominal stem, and yet the final member of this compound, i.e., *pā*, still retains its eligibility for the designation 'root' (*dhātu*). When we need to derive the accusative plural form for the stem *viśvapā*, at the stage:

viśvapā+Śas

P. 6.4.140 (*āto dhātoḥ*) says that the final vowel of a root in long *ā* is deleted when it occurs at the end of a base (*aṅga*) that is designated as *bha* (P. 1.4.18, *yaci bham*).[3] By this rule, the final *ā* of *viśvapā* is deleted before *as* of *Śas*. This gives us:

viśvap+as

With this stage achieved, there is no occasion for P. 6.1.103 (*tasmāc chaso naḥ puṃsi*) that changes the *s* of *Śas* to *n*, as in *devān* and *putrān*. Thus, for the stem *viśvapā*, we derive the desired accusative plural form *viśvapaḥ*. As is obvious from the above derivation, the explicit recognition that *pā* in *viśvapā* is a verb root is essential for the derivation of the accusative plural *viśvapaḥ*. Without such an explicit recognition of the internal derivation of *viśvapā*, we would be forced to generate the undesired form **viśvapān*.

On the other hand, consider the nominal stem *hāhā*, the name of a class of Gandharvas.[4] For whatever reasons, this form is not considered to have been derived from the root √*hā*, but is considered as an 'underived' stem. Since it is deemed to be underived, the final element *-hā-* is not considered to be a verb root. Therefore, in deriving the accusative plural for this stem, at the stage:

hāhā+Śas

rule P. 6.4.140 (*āto dhātoḥ*) cannot apply. This leads us to

hāhās

with P. 6.1.102 (*prathamayoḥ pūrvasavarṇaḥ*), and then to

hāhān

with P. 6.1.103 (*tasmāc chaso naḥ puṃsi*). Evidently this is the desired form in Sanskrit. Assuming this to be the case,[5] it would

---

[3] This rule implies that Pāṇini recognizes that there are some nominal stems ending in long *ā* where this *ā* does not belong to a verb root. Otherwise, the restrictive stipulation *dhātoḥ* 'of the root' would be vacuous.

[4] *hāhāhūhūś caivamādyā gandharvā ity amaraḥ.*

[5] The *Prauḍhamanoramā* of Bhaṭṭoji Dīkṣita mentions the view of the Kaumāras that the nominal *hāhā* is derived from the root √*hā* and is declined exactly

seem that in order to derive the accusative plural form *hāhān*, it is derivationally necessary to consider the stem *hāhā* as not being derived from the root √*hā*. On the other hand, in order to derive the accusative plural form *viśvapaḥ*, it is derivationally necessary to consider the stem *viśvapā* as being derived from the root √*pā*.

Let me cite one more case, where derivability, though not necessarily from a verb root, is critical in derivation of proper case forms. Consider the feminine stems in long *ī*. Some of these are derived by the addition of a feminine affix *-Ṅī* (*ṄīP, ṄīṢ, ṄīN*) to an original stem ending in *a*. For example, *nadī* is derived as *nada+ī*, and *sundarī* is derived as *sundara+ī*. On the other hand, the stems *tarī, tantrī, śrī, lakṣmī* etc. are not considered as being derived by the application of a feminine affix *-Ṅī*. These are considered to be 'underived' in the Pāṇinian system, while there are *uṇādi* derivations for them.[6] Now within the Pāṇinian system the distinction between these two types is significant for the derivation of the appropriate case forms. Note that the nominative singulars for *nadī* and *sundarī* are *nadī* and *sundarī*. On the other hand, the nominative singulars for members of the second class are *tarīḥ, tantrīḥ, śrīḥ,* and *lakṣmīḥ*. The deletion of the nominative singular affix *-sU* in the forms *nadī* and *sundarī* is achieved by the application of the rule P. 6.1.68 (*hal-ṅy-āb-bhyo dīrghāt su-ti-sy-apṛktaṃ hal*). The rule, among other things, deletes the *s* of the nominative singular affix *-sU* after a stem ending in a consonant, and after a long vowel of a stem ending in the feminine affixes *-Ṅī* and *-āP*.

---

like *viśvapā, kaumārās tu jahātīti hāhā iti kriyāśabdaṃ vadanto viśvapāvad rūpam āhuḥ* | (p. 478).

[6] For example, the *Uṇādisūtra* (*avitṛstṛtantribhyaḥ īḥ*) prescribes the affix *-ī* for the derivation of the stems *avī, tarī, starī,* and *tantrī*. These are treated as 'underived' within the Pāṇinian system. Technically, even if one were to accept the *uṇādi* derivation, the affix *-ī* prescribed by the *Uṇādisūtra* is not to be included in the reference *Ṅī* in P. 6.1.68. Bhaṭṭoji Dīkṣita's comment on P. 6.4.4 (p. 25) states this fact: *aṅyantatvān na sulopaḥ* | *lakṣmīḥ* | ... | *evaṃ tarītantryādayaḥ* | An often cited traditional verse summarizes this class: *avītantrītarīlakṣmīdhīhrīśrīṇām uṇādiṣu* | *saptastrīliṅga-śabdānāṃ na sulopaḥ kadācana* || (SK, p. 25, footnote).

These conditions are not fulfilled by the stems *tarī, tantrī, śrī,* and *lakṣmī*, as they are not derived by the addition of a feminine affix *-Ṅī*. Thus, here the derivational distinction between the two classes of stems leads to significant differences in the derivation of appropriate case forms.[7]

The 'derived' verses 'underived' classifications as used in the Pāṇinian system are not always linked with any actual perception of parts or lack of such a perception. These classifications are often motivated by system-internal needs to derive specific case forms etc. For example consider the case of *anyatara* and *anyatama*. The so-called *sarvādigaṇa* in the Pāṇinian system lists the derivational affixes *-Ḍatara* and *-Ḍatama*, besides listing *anyatara*, but excluding *anyatama*. It seems clear that if Pāṇini could derive *katara-* and *katama-* from *kim* with the affixes *-Ḍatara* and *-Ḍatama*, he could have found a derivation for *anyatara* and *anyatama*. However, these two items are singled out. By listing *anyatara* separately, and by excluding *anyatama* from the list, Pāṇini is believed to have suggested, in the opinion of Bhaṭṭoji Dīkṣita, that the stems *anyatara* and *anyatama* are 'underived'. Further, the inclusion of *anyatara* in the list allows it to fall in the category of *sarvanāman*, while the exclusion of *anyatama* from the list removes it from the category of *sarvanāman* (SK on P. 7.1.52, p. 16: *anyatarānyatamaśabdāv avyutpannau* ... I *tatrānyatamaśabdasya gaṇe pāṭhābhāvān na saṃjñā* I). Further, the listing of *anyatara* allows the derivation of *anyatarat*, while the exclusion of *anyatama* allows the derivation of *anyatamam* as neuter forms, by P. 7.1.25 (*adaḍ ḍatarādibhyaḥ pañcabhyaḥ*, see SK on P. 6.4.143, p. 27).

These examples may be multiplied further. They tell us clearly that the categories 'derived' and 'underived' do not simply mark stages in the evolution of linguistic science of the ability to find appropriate derivations or etymologies. Especially with reference to the Pāṇinian system, these categories are motivated by specific

[7] For a modern understanding of these two classes and their history, see: Whitney 1889: 128–129; Gonda 1971: 62–63; and Albright 1927.

grammatical purposes, and hence ultimately reflect patterns of variation within the object language.

REFERENCES

ABHYANKAR, K. V. (& J. M. SHUKLA) 1977. *A Dictionary of Sanskrit Grammar*. 2nd edition. (Gaekwad's Oriental Series, 134.) Baroda: Oriental Institute.

ALBRIGHT, Ruth Norton 1927. *The Vedic Declension of the Type 'vṛkī's. A Contribution to the Study of the Feminine Noun-Declension in Indo-European*. (Language Dissertations.) Philadelphia: Linguistic Society of America.

CARDONA, George 1997. *Pāṇini. His Work and its Traditions*, I. 2nd edition. Delhi: Motilal Banarsidass.

GONDA, Jan 1971. *Old Indian*. (Handbuch der Orientalistik 2.1.1.) Leiden: E. J. Brill.

Mahābhāṣya of Patañjali, I–III. Edited by Franz Kielhorn (1880–85). 3rd revised edition by K. V. Abhyankar. Pune: Bhandarkar Oriental Research Institute, 1962–72.

Mahābhāṣya of Patañjali, with *Pradīpa* by Kaiyaṭa and *Uddyota* by Nāgeśa, I–III. Delhi: Motilal Banarsidass, 1967.

Nirukta of Yāska, with the Bhāṣya by Durga, I. Edited by V. K. Rajwade. (Anandashrama Sanskrit Series, 88.) Pune: Anandashrama, 1921.

P. Pāṇini's *Aṣṭādhyāyī*.

Prauḍhamanoramā of Bhaṭṭoji Dīkṣita, with four commentaries, upto the Avyayībhāva section. Edited by Gopal Shastri Nene. (Kāśī Sanskrit Series, 125.) Banaras: Chowkhambha Sanskrit Series, 2003.

Śaunakīyā Caturādhyāyikā, with three commentaries. Edited and translated by Madhav M. Deshpande. (Harvard Oriental Series, 52.) Cambridge, Mass.: Harvard University Press – The Department of Sanskrit and Indian Studies, Harvard University, 1997.

SK *Siddhāntakaumudī* of Bhaṭṭoji Dīkṣita. Revised by Wasudev Laxman Sastri Pansikar. 11th edition. Bombay: Nirnaya Sagara Press, 1938.

Uṇādisūtras, with the commentary of Ujjvaladatta. Edited by Theodor Aufrecht. Bonn: Adolph Marcus, 1859.

Old Javanese Traditions of Sanskrit Grammar

AMRIT GOMPERTS

INTRODUCTION

At the time of the Indianization of Southeast Asia (AD 400–1500), Sanskrit was no longer a common spoken language. In order to acquire the language, *guru*s guided their students through grammatical texts. In Indonesia, the study of Sanskrit was mainly confined to the two main islands, Sumatra and Java.[1]

I-Ching provided an interesting testimony from the Buddhist college of Śrīvijaya in Sumatra at the end of the 7th century AD. The college had close ties with the Buddhist monastic university of Nālanda. In Śrīvijaya, boys whose mother tongue was Old Malay, memorized Pāṇini's *sūtra*s and studied Patañjali's *Mahābhāṣya* (Brough 1973). However, Śrīvijaya left us no texts.

In the national language of Indonesia there are c. 2000 Sanskrit loan-words. Moreover, a few *taddhita* and *samāsa* operations are

---

[1] The late Professor Dr J. G. de Casparis (1916–2002) encouraged me in writing this article that I dedicate to his memory.

The author would like to express special words of gratitude to Dr J. A. F. Roodbergen. I also would like to thank the following persons for their kind assistance: Dr George Cardona, Dr Peter Verhagen, Dr Ben Arps, Dr Lokesh Chandra, my wife Enis Gomperts-Arifah, Dr Willem van der Molen, Drs Piet Groeneweg (India Institute, Amsterdam), Mr I Made Sudirawan (Kirtya Foundation, Singaraja), Mrs Dwi Ernala, Mr Supriyono (both National Library of Indonesia, Jakarta) and Dr Sharon Ben-Dor.

grammatically productive.[2] In Modern Indonesian, most Sanskrit linguistic influences have entered directly from the Javanese languages or indirectly entered the national language through Javanese influences on Classical Malay (Gonda 1973: 22, 31, 197). In the processes of linguistic borrowing, the role of Old Javanese textual traditions was paramount.

In the period AD 800–1500, Old Javanese was the literary language of Central and East Java. The language was inspired by Sanskrit poetry and the epics. *Kakavin* is Old Javanese poetry that is based on the metres and poetical theory of Sanskrit *kāvya*.

In the Old Javanese dictionary, 49 per cent of all entries originate from Sanskrit (Zoetmulder 1982, I: ix). In *kakavin* texts, Sanskrit-derived words could amount up to 25–30 per cent of all morphemes (Gonda 1973: 203).

Old Javanese was an agglutinative language. Therefore, authors did not adopt the inflectional aspects or the verbal system of Sanskrit. However, the Old Javanese poets who studied the Indian classical language frequently employed Sanskrit nominal compounds.

After gradual conversion of Java to Islam in c. AD 1500, on the Hindu island of Bali, Old Javanese textual traditions were preserved and continued. It is from here that most texts on Sanskrit grammar still extant come. The western part of the island of Lombok belonged to the Balinese kingdom of Karang Asĕm. In Lombok in AD 1894, the Dutch colonial army sacked the court of Cakranĕgara. The booty contained interesting Sanskrit and Old Javanese texts on palm-leaf (*lontar*).

From ancient Java, only a few texts on Sanskrit grammar have come down to us. Javanese authors also composed or recomposed Sanskrit texts from India in a language that I would qualify as Javano-Sanskrit. Such texts often contain an interlinear commentary in Old Javanese.

---

[2] In Modern Indonesian, *taddhita* formations with *-wan*/*-man* (masc.) and *-wati* (fem.) exist. Productive Sanskrit-derived *samāsas* are the genitive *tatpuruṣa*, *karmadhāraya*, *dvigu* and *dvandva* (cf. de Casparis 1997).

In this article, I will discuss four small Sanskrit texts and one Old Javanese adaptation. Two unique texts from the Lombok Collection will play a crucial role. The first text on *kāraka* and *samāsa* is ascribed to Vararuci. The other text is the *Sārasvataprakriyā*. In the Sanskrit texts, we read the names of Pāṇini, Kātantra and Candragomin. In this article, therefore, the research question will be whether their grammars existed in ancient Java.[3] We will start with the account of the grammarian.

MPU TRIGUṆA'S ACCOUNT OF THE GRAMMARIAN

Several Old Javanese authors studied Sanskrit grammar. The oldest extant Old Javanese *kakavin* text is the *Rāmāyaṇa Kakavin* (AD 900–950). It is an adaptation of the *Bhaṭṭikāvya* (AD 600–640) which, according to the medieval commentator Mallinātha (14th century AD), is intended to exemplify Pāṇini's *sūtras*.[4] Moreover, in the Old Javanese *Brahmāṇḍapurāṇa* (10th century AD), the

---

[3] For the transcription of Old Javanese and Modern Javanese, Sanskrit orthography has been adopted. *Ṅ* and *v* denote the Javanese *ng* and *w* respectively. The final *-ḥ* has been reserved for Sanskrit loan-words in Old Javanese. However, for original Javanese words, *-ḥ* represents the final *-h*. In addition to Sanskrit, there are two Old Javanese vowels *ĕ* (i.e. Schwa) and its long variant *ö*. The orthography of Sanskrit texts in Balinese script has been 'corrected'. In Sanskrit technical terms, an uppercase letter denotes a marker (P. *iT*).

[4] Mallinātha's commentary on the *Bhaṭṭikāvya* (Skt.): *pāṇinīyasūtrāṇām udāharaṇaṃ kāvyaṃ cikīrṣuḥ* (N. K. Dash 1991: 79). In the *Bhaṭṭikāvya* 6.61a, we read the Sanskrit grammatical simile *pragṛhyapadavat* 'like wordforms (Skt. *pada*) with dual endings in *-ī*, *-ū* or *-e* which in *sandhi* operations are not contracted with following vowels (Skt. *pragṛhya*)'. In the Old Javanese *Rāmāyaṇa Kakavin* 6.99, we read the synonymous *pragṛhyapadatulya* (P. 1.1.11, P. 6.1.125, P. 2.1.1 and P. 5.1.115). In the Old Javanese language, it could not have been a grammatical concept because there was no dual. In another grammatical simile in the Old Javanese *kakavin* (21.146), a *dvandva* 'co-ordinative type' is a *samāsa* 'compound' (*sic.* Zoetmulder 1982, II: 1382, 1627). Neither *pragṛhya* nor *dvandva* are Cāndra terms (P. C. Dash 1986: 55, 57). Therefore, it seems likely that the Old Javanese poet knew Pāṇini's grammar. Furthermore, given the complexity of Bhaṭṭi's poem, its implicit references to *vārttikas* and the early date of the *Rāmāyaṇa Kakavin* (AD 900–950), the Old Javanese poet possibly had access to Jayamaṅgala's commentary (9th century AD) on the *Bhaṭṭikāvya* including a commentary on Pāṇini, like the *Kāśikāvṛtti* (c. 7th century AD).

author implicitly referred to a *sūtra* in the *Aṣṭādhyāyī*.[5] Furthermore, in his *kakavin* text *Kṛṣṇāyana* (c. AD 1204), the Old Javanese poet Mpu Triguṇa provided evidence of the study of Sanskrit *vyākaraṇa* in Java.

In *Kṛṣṇāyana* 10.10ab, Mpu Triguṇa told of a female attendant on the royal ladies who instructed Rukmiṇī in pronunciation (Skt. *vacana*) and interpretational rules (Skt. *paribhāṣā*) of *saṃskṛta* (Santoso 1986: 87). Pertinently, in a long monologue in the *kakavin*, King Bhīṣmaka lectures his son, Prince Rukma, on knowledge, truth and the essence of life:

> And now on [Sanskrit] grammar (Skt. *vyākaraṇa*), let us speak of the character of the grammarian (Skt. *śābdika*). For a very long time, many *sūtras* were put into practice by [him but he] could not play with the behaviour of [Sanskrit] wordforms (Skt. *pada*). [He] also was forbidden access to [their] actual usage in language (Skt. *prayoga*) and secondary (Skt. *taddhita*) nominal suffixes (Skt. *pratyaya*). The desired grammatical operations (Skt. *kārya*) that were performed by [him] were only imitations (O.J. *tirvan*) and did not [yield] large grammatical fruits (Skt. *phala*).[6]

---

[5] The Sanskrit *Brahmāṇḍapurāṇa* 1.2.33.51 explained the following prefixation: preceding *pra-* + verbal base *śaṃs-* → *praśaṃs-* 'to proclaim'.

The author of the Old Javanese *Brahmāṇḍapurāṇa* translated the explanation with the additional *svarūpa* (Gonda 1932–33, I: 98, 272; II: 51). In accordance with Pāṇini's *svaṃ rūpam* ... (P. 1.1.68), the Old Javanese author correctly invoked the Sanskrit term *svarūpa* 'own form' to refer to the process of prefixation of the linguistic element (*śabdasya* [*saṃjñā*]) itself, not to signify the meaning (*artha*) of the item in an etymological derivation (Cardona 1997: xxiv–xxvii, 14). In the *Kātantra* and the *Cāndravyākaraṇa*, the concept is not defined (cf. Liebich 1928: 9).

[6] O.J. *Kṛṣṇāyana* 43.5 (Santoso 1986: 187; with corrections by Zoetmulder 1982, II: 1896, 2347): *lāvan vyākaraṇeki rakva vuvusĕn varṇnan ta saṅ śābdika | sūtrākveh tinamākĕn ārddha masuve ndātan vĕnaṅ lālana | polah niṅ pada len prayoga piniṅit mvāṅ taddhitapratyaya | ṅhiṅ tirvan kĕtikaṅ kināryya kaharĕp ndatan magöṅ riṅ phala ||*

The Sanskrit *kārya* and *phala* mean 'grammatical operation' and 'the result of a grammatical operation' respectively. The Old Javanese *tirvan* 'imitation' is probably a translation of the Sanskrit term *anukārya*. The degree of optionality on the basis of linguistic facts is denoted by the Sanskrit term *prayoga* (Abhyankar & Shukla 1986: 22, 120, 269, 281). The term *pratyaya* is used by the Pāṇinian and Kātantra schools of Sanskrit grammar not Cāndra. According to P.

Although, in the stanza, there is no explicit reference to Sanskrit all technical terms point to the study of Sanskrit grammar (*vyākaraṇa*). In Old Javanese in agreement with Pāṇini's definition P. 1.4.14, the term *pada* appears only and explicitly in the context of Sanskrit 'wordforms' with case endings (*sUP*) or verbal personal endings (*tiṄ*). Cogently, in the Old Javanese language, there are no linguistic equivalents of declension and conjugation. Therefore, Mpu Triguṇa employs *pada* to denote Sanskrit wordforms.

From the technical terminology and the associated grammatical concepts, Mpu Triguṇa could only have written on the *śābdika* if he were a grammarian himself. Therefore, it is interesting to note that, in the *kakavin* text *Arjunavijaya* (late 14th century AD), the Old Javanese poet Mpu Tantular also referred to himself as a *śābdika* (Zoetmulder 1982, II: 1583). We will proceed with the *sUP* suffixes.

SANSKRIT PRONOUNS AND THE *sUP* SUFFIXES

An untitled text with the declensions of the Sanskrit pronouns *yad*, *tad*, *etad*, *idam* and *adas* in all three genders and numbers has come down to us in three manuscripts. The text is important for a different reason. It lists the so called *sUP* suffices that are used to generate declensions of Sanskrit nominals and pronouns. There were no further indications as to which Sanskrit grammar it followed. In Indian traditions, however, the 21 *sUP* suffixes are identical except for the nominative singular and accusative dual (cf. Saini 1999).

The list of *sUP* suffixes probably originated from either Pāṇini (P. 1.4.103, 4.1.2) or Cāndra (C. 2.1.1) because, in writing, the suffix *-sU* is distinctively different from *-sI*.[7] For the dual accusative

---

4.4.34 (also C. 3.4.31 and K. 2.6.8), the term *śābdika* is generated (Katre 1987: 488): *śabda* 'expression' + *taddhita* suffix *ṭhaK* → *śābdika* 'grammarian, linguist'.

[7] Copying errors are unlikely because the markers *-U* and *-I* are distinctively different in Balinese writing: ᬲᬸ (*-sU*) and ᬲᬶ (*-sI*).

suffix *-au* in the Pāṇinian and Cāndra traditions, however, the omission of marker *-Ṭ* is erroneous.[8]

Case of *sUP* Suffix	**Javano-Sanskrit text**	**Pāṇini and *Cāndravyākaraṇa***	***Kātantra* and *Sārasvataprakriyā***
Singular nominative	*-sU*	*-sU*	*-sI*
Dual nominative	*-au*	*-au*	*-au*
Dual accusative	*-au*	*-auṬ*	*-au*

THE JAVANO-SANSKRIT TEXT *KĀRAKASAṂKṢEPA*

The *Kārakasaṃkṣepa* is a small but corrupt Javano-Sanskrit text with Old Javanese glosses. The entire text could probably not be restored from the two known Balinese manuscripts. On the basis of the relations between the cases and the *kāraka*s, the Sanskrit text mainly seems to have been based upon the *Kātantra*.

The text starts with the reverential salutation *namo Buddhāya* that points to a Buddhist tradition of Sanskrit grammar. Two surpsrising Old Javanese glosses follow: *śrī Candrago* and *daṅ acarya śri Candragopita* 'the respected teacher Lord Candragopita'. They are references to the grammarian Candragomin. However, in the text, none of the specific terms are Cāndra (cf. P. C. Dash 1986). Moreover, the glosses and the preceding words suggest a text of Candragomin on *samāsa* which seems to have been lost. There is irrefutable evidence that, in medieval Java, the Cāndra grammar existed.

The insciption of Brumbung (AD 1329) lists Candranātha, a high Buddhist official at the Majapahit court, as an expert in Buddhist disputation (*tarka*) and the *Cāndravyākaraṇa*. According to

[8] The omitted marker *-Ṭ* would have affected the definition of the strong cases *sUṬ* (P. 1.1.43) and its operations (C. 5.4.39) (cf. Cardona 1997: 40, 50; Liebich 1918: 406).

the inscription of Sĕkar (c. AD 1360), Nādendra, under the official name Ārya Adhirāja, was the Majapahit superintendent of Buddhist affairs, expert in Buddhist traditions, disputation (*tarka*) and the *Cāndravyākaraṇa*.[9]

In Indian traditions, the *Cāndravyākaraṇa* represents one of the two Buddhist schools of Sanskrit grammar. *Tarka* 'disputation' is part of the Indian philosophical system Nyāya that was directly related to or a further elaboration of ideas expressed in grammatical traditions (Verhagen 1994: 77).

The two references to Candragomin appear as glosses in the corrupted Sanskrit *karakaḥ saṅṣephaḥ* that I have adopted as the title of the text, *Kārakasaṃkṣepa*.

Ṭhe *Kārakasaṃkṣepa* actually does not describe the characteristics of the *kāraka*s. It lists their application for each of the seven *vibhakti*s that are accompanied by interlinear glosses in Old Javanese. In addition to this, there are glosses that consist of declensions of the Sanskrit pronoun *tad*. In number and gender, they are congruous with the declined words in the Sanskrit text. The glosses allow a reconstruction of the corrupt passages. A characteristic of the Sanskrit style is the frequent use of a condition in the locative with the Old Javanese gloss *kāna* 'there, then'.[10]

---

[9] Transcription of the Old Javanese inscription of Brumbung (Śaka 1251) according to Krom's reading: ... *s[am]g[ĕt] i kaṇḍangan ḍ[aṅ] āc[āryya] candranātha buddhatarkka-candravyākaraṇa-parisamāpta* ... (Van Naerssen 1933, App. A).

Transcription of the Old Javanese inscription of Sĕkar (c. AD 1360) after the reading of Brandes from a rubbing of a lost copper plate found in the residency of Bojonegoro, south of Rembang in 1903: ... *dharmmādhyakṣa riṅ kasogatan, ḍaṅ ācāryya nādendra, saṅ āryyādhirāja, boddha-pakṣa, tārkka-candravyākaraṇa-parisamāpta* ... (Krom 1911: 424, 434; Van Naerssen 1933, App. A).

For *candravyākaraṇa* from a palaeographical view, N. J. Krom and J. L. A. Brandes could not have read anything else than *candra* (personal communications with the late J. G. de Casparis, 2001). Moreover, from the chronology of the inscriptions, it might have been possible that Nadendra, the superintendent of Buddhist affairs, was the Old Javanese author Mpu Prapañca.

[10] Reconstructed Sanskrit of the *Kārakasaṃkṣepa* text: *prathamāvibhaktiḥ tāvat kartari karmaṇi [ca] bhavati* ... I *dvitīyā[vibhaktiḥ] tāvat kartari karmaṇi [ca] bhavati* ... I *tṛtīyāvibhaktiḥ tāvat, uto kartari karaṇe viśeṣaṇe sahayoge ca*

Comparison shows that the *Kārakasaṃkṣepa* was almost entirely based on the *Kātantra* and Durgasiṃha's commentary (cf. Saini 1987):

Sanskrit *vibhakti* 'case'	***Kārakasaṃkṣepa*, Sanskrit text**	***Kārakasaṃkṣepa*, Old Javanese glosses (case pointers)**
prathamā 'nominative'	*kartṛ* 'agent' *karman* 'object'	Skt. *pra* 'nominative'
dvitīyā 'accusative'	*kartṛ* 'agent' *karman* 'object' (K. 2.4.13 *vṛtti*, K. 2.4.19)	*r-am*, i.e. O.J. particle *r* with Skt. sing. acc. suffix *-am*
tṛtīyā 'instrumental'	*kartṛ* 'agent' (K. 2.4.33) *karaṇa* 'instrument' (K. 2.4.12 *vṛtti*, K. 2.4.19) *viśesaṇa* 'attribute' (K. 2.4.32) *sahayoga* 'in connection with *saha*' (K. 2.4.29)	O.J. *deniṅ* (agentive) 'by' with definite particle
caturthī 'dative'	*saṃpradāna* 'recipient' (K. 2.4.19) *tādarthya* 'meant for another' (K. 2.4.27)	O.J. *aṅkĕn* 'to, for'[11]
pañcamī 'ablative'	*apādāna* 'source' (K. 2.4.19)	O.J. *saṅkan* 'from, out of' O.J. *sakeṅ ṅkāna* 'from there'
ṣaṣṭhī 'genitive'	*śeṣa* 'residual relationships' (P. 2.3.50)	Genitive endings are not used to express a *kāraka* relation.
saptamī 'locative'	*deśa* 'place' (K. 2.4.34) *kāla* 'time' (K. 2.4.34)	O.J. *kāna*, *riṅ kāna*, *ṅkāna* 'there, then' O.J. *umuṅguh* 'dwelling in'

***bhavati* ... | *caturthīvibhaktiḥ tāvat saṃpradāne tādarthye ca bhavati* ... | *pañcamīvibhaktiḥ tāvat, uto, apādāne bhavati* ... | *ṣaṣṭhīvibhaktiḥ tāvat śeṣe bhavati yathā rājñaḥ puruṣaḥ, iti* ... | *saptamīvibhaktiḥ tāvat, deśe kāle ca bhavati* ... |**

[11] In the Lombok version of the *Kārakasaṃgraha*, for the *saṃpradāna*, the Old Javanese glosses are *aṅkan* 'to, for'. Beyond the two grammatical texts, the Old Javanese lexemes *aṅkĕn* and *aṅkan* do not appear as prepositions with dative meanings (cf. Zoetmulder 1982, I: 103–104, *aṅkĕn*).

For *saha*, the *Kārakasaṃkṣepa* employs the *Kātantra* term *yoga* (K. 2.4.29) instead of Pāṇini's *yukta* (P. 2.3.19). However, according to P. 2.3.50, the genitive is defined with the correctly Pāṇīnian example: *rājñaḥ puruṣaḥ* 'king's man'. In the *Kātantra*, the rule does not appear. Moreover, in the Cāndra and Sārasvata traditions the phrasings are different.[12] Hence, it is a unique reference to a Pāṇinian *sūtra*. In the text, the object and agent are not defined. However, the glosses suggest that the concepts originate from the *Kātantra*.

For the Sanskrit terms of *kartṛ* 'agent' and *karman* 'object', the commentator employs two Old Javanese words that express the associated verbal activity, *magave* 'does, is doing' and *ginave* 'is (being) made (by)' respectively.[13] All this echoes the *Kātantra*'s simplified definitions for object and agent (cf. Scharfe 1977: 94, 163, n. 7).

Most of the accompanying examples contain a few legible words but could not be reconstructed into correct Sanskrit examples. At the end of the existing manuscripts, the beginning of the text is literally repeated. It shows that later scribes combined texts without understanding them.

In conclusion, the *Kārakasaṃkṣepa* is largely based on the other Buddhist school of Sanskrit grammar, the Kātantra. In the next section, we will continue with the topic of *kāraka*.

THE JAVANO-SANSKRIT TEXT *KĀRAKASAṂGRAHA*

The *Kārakasaṃgraha* is a Javano-Sanskrit text on *kāraka* and *samāsa*. The text consists of five sections. The first section on *kāraka* is in *śloka* metre. Three sections (K.S. 2–4) discuss *samāsa*.

---

[12] Skt. C. 2.1.95 *ṣaṣṭhī saṃbandhe*. S. 2.10.8 *saṃbandhe ṣaṣṭhī*.

[13] In the *Kārakasaṃkṣepa*, for the Sanskrit verbal forms *karoti* 'he does' and *kriyate* 'it is done', the accompanying Old Javanese glosses correctly are *magave* and *ginave* repectively. Cf. Skt. K. 2.4.13: *yat kriyate tat karma* 'what is made is the object'; K. 2.4.14: *yaḥ karoti sa kartā* 'who does is the agent' (Saini 1987: 37).

There are three manuscripts from Bali but the Lombok version is authoritative. In a very similar manner to the glosses in the *Kārakasaṃkṣepa*, the Lombok version has a faithful commentary that consists of interlinear words in Old Javanese (ms. LOr 5075). In the Balinese versions, the corrupted Old Javanese commentary reveals a total lack of understanding of the topics.

In 1933, Sylvain Lévi published the section on *kāraka*.[14] From the Lombok version, Dr J. A. F. Roodbergen made a new reconstruction of the Sanskrit text of the *Kārakasaṃgraha* with observations on various aspects of the text.[15] In this section, I will rely on his reconstruction and the Old Javanese commentary in the Lombok version. We will proceed to the Indian prototype and its author.

The author of the Indian Sanskrit text *Kārakasaṃgraha* was Vararuci. The text is actually known as *Vārarucasaṃgraha* but it also appears with titles like *Prayogamukha*(*maṇḍana*), *Kārakacakra* and so forth. The *Vārarucasaṃgraha* is a brief Sanskrit grammatical text that consists of 26 *śloka*s on *kāraka*, *samāsa*, verbs and nominal formation (*kṛt*) without examples. Moreover, there also are translations. Subrahmaṇya Dīkṣita's *Prayogaviveka* was a metrical translation in Tamil of the *Vārarucasaṃgraha* (Raghavan & Kunjunni Raja 1967: 373–374, 378). The *Prayogamukhavṛtti* is a Tibetan translation of the Sanskrit text which also is attributed to Vararuci (Verhagen 1994: 73–76, 327–332). Furthermore, in the *Vārarucasaṃgraha*, the *śloka*s on *samāsa* inspired specific texts on the subject which are all ascribed to Vararuci. His *Samāsacakra* is also known under the title of *Samāsapaṭala* (Abhyankar & Shukla 1986: 416). In the period AD 1061–1070, the Tamil grammar *Vīracōḻiyam* was written. In the text, the *samāsa* part is based on Vararuci's *Kārikāḥ* (Subrahmanya Sastri 1934: 209).

---

[14] From an unidentified Balinese version, Lévi edited K.S. 1 and 5 (Lévi 1933: 87–88).

[15] Personal communications with Dr J. A. F. Roodbergen, 12th March – 15th May 2000.

Vararuci's texts refer to several grammars. Nārāyaṇa's *Dīpaprabhā* is a commentary on the *Vārarucasaṃgraha* which quotes Pāṇini's *sūtra*s (Pandey 1986). The Tibetan translation of Vararuci's *Prayogamukhavṛtti* employs terms for *kāraka* that originate from both the Pāṇinian and Cāndra traditions. Hence, Vararuci's name was associated with a popular textual tradition that was based upon the *Vārarucasaṃgraha*. I will argue that the Javano-Sanskrit text freely followed the Indian tradition.

In the Lombok version of the Javano-Sanskrit *Kārakasaṃgraha* only, we read the introductory statement: *Vararuci*[*r*] *āha* 'Vararuci spoke'. Moreover, in the text, the names of the *Kātantra* and Pāṇini appear (Gonda 1973: 183 and 210, n. 33). There are five references to a different text (Skt. *anyatra śāstre*). However, it is not clear which other text. I will discuss the *kāraka* and *samāsa* sections separately.

Although the topic is the same, the first section of the Javano-Sanskrit *Kārakasaṃgraha* on *kāraka* is not identical to *Vārarucasaṃgraha* 1–7. Like the *Kārakasaṃkṣepa*, the *Kārakasaṃgraha* employs Sanskrit terms for *kāraka*s which are either Pāṇinian or Kātantra, not Cāndra.

In the *Kārakasaṃgraha* 1.3cd, the definitions of agent and object are rephrasings of the simplified definitions in *Kātantra* 2.4.13–14 (Gonda 1973: 183).[16] For the instrumental in relation to the indeclinable *saha*, the *Kārakasaṃgraha* also employs the Kātantra term *yoga* (K. 2.4.29), instead of Pāṇini's *yukta* (P. 2.3.19).

---

[16] Skt. *Kārakasaṃgraha* 1.3cd: *yat kṛtaṃ karma tat proktaṃ* | *sa kartā yaḥ karoti vā* || 'It is said that what is made is the object. Likewise, the agent is who does/makes.'

For Skt. *kṛta-* and *karman*, the glosses are O.J. *ginave* 'is made' and Skt. *vastu* 'material object' respectively. Moreover, the commentator appends Skt. *karoti* with the glosses: Skt. *vastu aṃ tat* (i.e. *vastum*, neut. sing. acc.). Thus, Skt. *sa kartā yaḥ karoti vastum* | 'The agent is the one who makes an object'. The commentator employs the Sanskrit term *vastu* in the meaning of *dravya* 'substance' as opposed to the verbal activity (cf. Abhyankar & Shukla 1986: 202). It might refer to *Vākyapadīya* 3.2.1 (3.4.3) because Bhartṛhari lists *vastu* as a synonym for *dravya* (cf. Verhagen 2001: 301–302, 314).

Moreover, Radicchi (1996: 292–296) has convincingly argued that several other *kāraka*s must be read with Pāṇini's definitions. However, a few examples and other definitions are erroneous, like the instrumental case for the *saṃpradāna* (K.S. 1.13). The accompanying Javano-Sanskrit example adheres to the error: *sādhunā na dadau dānam* 'he gave no alms to a virtuous man'.[17]

According to the Javano-Sanskrit text, the *karmakartṛ* 'object-agent' is formed with the indeclinable *svayam eva*. It is synonymous with the Old Javanese reflexive particle *prihavak* 'oneself, itself'. However, both the author and the commentator neglect that, for the object-agent as described in the *Dīpaprabhā* commentary on *Vārarucasaṃgraha* 1ab (P. 3.1.87), the syntax of a Sanskrit reflexive passive consists of a transitive verb with an *ātmanepada* ending in combination with an agent in the nominative.[18] We will continue with *samāsa*.

In the *Vārarucasaṃgraha*, Vararuci classified *samāsa*s into six main types and 28 subtypes. However, in *śloka*s in the three texts *Vārarucasaṃgraha*, *Samāsacakra* and *Kārikāḥ*, the phrasings of the Sanskrit are almost identical but the numbers of the subtypes of the *samāsa*s differ.[19] In the *Kārakasaṃgraha*, the numbers of

---

[17] For (*sic.*) Skt. *sādhunā* (instr.), the commentator glosses (*sic.*) Skt. *tena* (instr.) and O.J. *aṅkan* 'to, for' that actually was a case pointer for the dative. Skt. *dāna* has gloss O.J. *veveh* 'alms'.

[18] Skt. K.S. 1.9ab: *svayam evāpi vartate karmakarteti manyate* | 'It is stated that the *karmakartṛ* exists [by employing] *svayam eva*'.

The Lombok version, the three Balinese versions and Lévi (1933: 87) all read *varteta*. In the Lombok version and the Balinese versions, the Old Javanese glosses are *dadi* 'to exist, to come into existence'. Therefore, I would read Skt. *vartate* 'exists'. In the Lombok version, the gloss *la* marks Skt. *svayam* which the commentator employs to indicate Sanskrit indeclinables and adverbially used declined nominals. Furthermore, Skt. *svayam eva* has the gloss: O.J. *prihavak lakṣananya* 'the characteristic is (O.J.) *prihavak*'.

[19] Skt. *Vārarucasaṃgraha* 9–11ab: *ṣoḍhā samāsaḥ saṃkṣepād aṣṭāviṃśatidhā punaḥ* | *nityānityatvayogena lugaluktvena ca dvidhā* || *tatrāṣṭadhā tatpuruṣaḥ ṣaḍvidhaḥ karmadhārayaḥ* | *ṣaḍvidhaś ca bahuvrīhir dvigur ābhāṣito dvidhā* || *dvandvaś caturvidho jñeyo 'vyayībhāvo dvidhā mataḥ* | (Verhagen 1994: 329).

the subtypes correspond to the Tibetan translation of Vararuci's *Prayogamukhavṛtti* (Verhagen 1991: 190). In the following table, the numbers of the subtypes of the *samāsa*s in the five texts are listed:

***samāsa* type**	**Sanskrit *Vāraruca-saṃgraha***	**Sanskrit *Samāsa-cakra* of Vararuci**	**Sanskrit *Kārikāḥ* of Vararuci**	**Tibetan *Prayoga-mukhavṛtti* of Vararuci**	**Javano-Sanskrit *Kāraka-saṃgraha* of Vararuci**
dvigu	2	2	2	2	2
dvandva	4	2	4	4	4
karma-dhāraya	6	7	7	6	6
tatpuruṣa	8	8	8	8	8
bahuvrīhi	6	7	7	7	7
avyayī-bhāva	2	2	3	2	2
total number of subtypes	28	28	31	29	29

In the *Kārakasamgraha*, the *śloka*s are phrased differently. The classification into six *samāsa*s is ascribed to Pāṇini.[20] The Old Java-

Skt. Vararuci's *Samāsacakra* 1–3ab: *ṣoḍhā samāsaḥ saṃkṣepād aṣṭāviṃśatidhā punaḥ* | *nityānityatvayogena lugaluktvena ca dvidhā* || *tatrāṣṭadhā tatpuruṣaḥ saptadhā karmadhārayaḥ* | *saptadhā ca bahuvrīhir dvigur ābhāṣito dvidhā* || *dvandvaś ca dvividho jñeyo 'vyayībhāvo dvidhā mataḥ* | (ms. Alpha 1211, Wellcome Institute, London).

Skt. Vararuci's *Kārikāḥ*: *ṣoḍhā samāsāḥ saṅkṣepād ekatriṃśadvidhāḥ punaḥ* | *tatrāṣṭadhā tatpuruṣaḥ saptadhā karmadhārayaḥ* || *saptadhā ca bahuvrīhir dvigur ābhāṣito dvidhā* | *dvandvaś caturvidho jñeyo 'vyayībhāvas tridhā mataḥ* || (Subrahmanya Sastri 1934: 209).

[20] Skt. KS. 2.1: *dvigus tatpuruṣo dvandvaḥ karmadhārayaḥ, tathaiva ca* | *bahuvrīhir avyayībhāvaḥ samāsaḥ pāṇines tu ṣaṭ* || (cf. Gonda 1973: 210, n. 33) ... 2.3ab: *saṇṇām tesām samāsānām vibhāgaḥ, navaviṃśakaḥ* | ... 3.1: *tad yathā*

nese gloss reads: *ḍaṅ ācārya Pāṇini* 'the respected teacher Pāṇini'. It indicates that Pāṇini was not just a name from a text but that the commentator respected him as an author. However, according to Patañjali, Pāṇini recognized four categories of compounds, namely, *avyayībhāva, tatpuruṣa, bahuvrīhi* and *dvandva. Karmadhāraya* and *dvigu* belong to the *tatpuruṣa* compound (Joshi & Roodbergen 1974: vi–vii). Therefore, the text follows Vararuci. The third section of the *Kārakasaṃgraha* bears a clear relation to Vararuci's *Samāsacakra.*

The *Vārarucasaṃgraha* only states the number of subtypes for a specific *samāsa*, not the specific subtypes. Only parts of Vararuci's *Kārikāḥ* and Vararuci's *Samāsacakra* were available to me.[21] In Vararuci's *Kārikāḥ*, there are no examples. Like the Javano-Sanskrit text, Vararuci's *Samāsacakra* quotes examples. Although the styles of both texts are quite similar, most examples differ. In both texts, the three examples given in the table (see the following page) are identical.

In the *Kārakasaṃgraha* 3, most examples originate from Pāṇini's commentators. For example (K.S. 3.6), *keśākeśi yuddham* 'a fight in which there is mutual pulling of hair' is from the *Mahābhāṣya* to Kātyāyana's *vārttika* 3 on Pāṇini 2.2.27. In Vararuci's *Samāsacakra*, however, it does not occur.

Another *bahuvrīhi* example is *niṣkrānta* 'departed from', which is compounded with a word in the ablative (K.S. 3.6).[22] In one of the

---

dvividho dviguḥ, aṣṭavidhaḥ, tatpuruṣaḥ | caturvidho dvandvaḥ, dṛṣṭaḥ ṣaḍvidhaḥ karmadhārayaḥ | saptavidhaḥ, bahuvrīhiḥ, dvividho 'vyayībhāvaś ceti ||

On Skt. *ṣaṭ* and Skt. *navaviṃśakaḥ*, O.J. glosses respectively are: *nĕm* 'six' and *saṅalikur* '29'.

[21] Vararuci's *Kārikāḥ* lists the different terms of the subtypes that recur in the *Kārakasaṃgraha* (Subrahmanya Sastri 1934: 211). In K.S. 3.5, for example, the six subtypes of *karmadhāraya* are: *viśeṣaṇapūrvapada, viśeṣaṇobhayapada, upamānapūrvapada, upamānottaropada, avadharaṇapūrvapada* and *sambhāvanāpūrvapada.* In Vararuci's *Samāsacakra*, another subtype is *viśeṣyapūrvapada* (ms. Alpha 1211, Wellcome Institute).

[22] In an Old Javanese gloss to K.S. 5.1a, there correctly is a case pointer for the ablative: *umĕtu ya saṅke ri ya* 'he gets/got out from'.

Samāsa subtype	*Samāsacakra* and *Kārakasaṃgraha*	Old Javanese commentary
Accusative *tatpuruṣa* (Skt. *dvitīyātatpuruṣa*)	K.S. 3.3: *kaṣṭaṃ śritaḥ* → *kaṣṭaśritaḥ* 'fallen upon misfortune' (P. 2.1.24)	Balinese versions: *amaṅguh kastesvaryan* 'to come upon the Lord's misfortune'
Locative *tatpuruṣa* (Skt. *saptamītatpuruṣa*)	K.S. 3.3: *akṣeṣu śauṇḍaḥ* → *akṣaśauṇḍaḥ* 'skilful at dice' (P. 2.1.40)	Lombok version: *parih vidagdha* 'skilled in dice'
Karmadhāraya with qualifying word as first member (Skt. *viśeṣaṇa-pūrvapada*)	K.S. 3.5: *nīlaṃ utpalam* → *nīlotpalam* 'blue lotus', i.e. Nymphaea cyanea (P. 2.1.57)	Balinese versions: *tuñjuṅ biru* 'blue lotus'

seven *vārttika*s of the Saunāga school in Patañjali's *Mahābhāṣya* on P. 2.2.18, however, it is an example for an ablative *tatpuruṣa* (Joshi & Roodbergen 1973: 195).

So far, there are no indications that the Javanese author was directly acquainted with the *Mahābhāṣya* or the *Kāśikāvṛtti*. The examples might originate from a commentary, like Vararuci's *Samāsacakra*. I will continue with the fourth section of the *Kārakasaṃgraha* that repeats a few examples from the third section but shows no direct relation to the *Samāsacakra*.

The fourth section of the *Kārakasaṃgraha* discusses formation types of *samāsa*. In K.S. 4.5, the Pāṇinian *upapada* compound is called by the different term *dhātvanta* 'ending with a *dhātu*'. Although the origin of the term could not be identified, the last member of an *upapada* is derived from a *dhātu* 'verbal base'. The Sanskrit example is clear: *kumbhakāra* 'a potter'.

The fourth section repeats several examples of the third section in order to exemplify elisions in the process of nominal composition. An example is: *na brāhmaṇaḥ* → *a-brāhmaṇaḥ* 'not a brahmin'. In the third section (K.S. 3.3), according to the *Kāśikāvṛtti* on P. 2.2.6, it exemplifies the *naÑ-tatpuruṣa* compound. For *naÑ*, however, elision (*lopa*) of *n* is effected by P. 6.3.73. The fourth section (K.S. 4.2) again discusses the formation type *naÑādi*, 'beginning with *naÑ*'. According to P. 6.3.73, in order to show the effect of elision of *n*, the author repeats the example: *naÑ+ brāhmaṇaḥ* → *a-brāhmaṇaḥ*. There is another example that involves Pāṇini's idea of optionality.

In K.S. 3.6, the *sahapūrvapada* subtype of *bahuvrīhi* is discussed. In nominal composition, *sa-* replaces *saha* in combination with a word in the instrumental. In K.S. 4.5, however, the author repeats the discussion of the *sahapūrvapada* in the case of an elided substituent *saha* (*luptasahakāra*), which is substituted by *sa-* with the example: *bhṛtyena saha* → *sa-bhṛtyaḥ rājā* 'a king accompanied by his wife'. Moreover, in K.S. 4.5, he also considers the case in which there is no elided substituent (*aluptasahakāra*) with the example: *lakṣmaṇena saha* → *sahalakṣmaṇaḥ rāmaḥ* 'Rāma accompanied by Lakṣmaṇa'. The commentator clearly understands this.

In the Lombok version, the comment is: '(Skt.) *alupta* of (Skt.) *saha* denotes that (Skt.) *saha* preceding the word remains there'. In the Balinese versions, the glosses read: '(Skt.) *alupta* denotes that it is not affected by elision (O.J. *lupa*)'.[23]

All this is covered by *sūtra* P. 6.3.82 that states there optionally (P. 1.1.44, *vā*) is elision of *saha* and substitution into *sa-* (Cardona, 1997: 15). Moreover, in case of K.S. 4.5 for both examples, the author referred to *anyatra śāstre* 'in a different text' that also appeared in the third section. Hence, the third and fourth sections were recomposed by the same author who seemed to have have had some knowledge of Pāṇinian grammar.

In the two final *śloka*s of the text (K.S. 5.1–2), the author referred to his *guru*. The accompanying Old Javanese gloss reads:

---

[23] Skt. K.S. 4.5: *sahapūrvapada iti samāso dvividho yathā luptasahakāro 'luptasahakāra iti* ‖ *tatra luptasahakāro yathā bhṛtyena saha sabhṛtyaḥ rājā* ǀ *evam anyantra śāstre* ‖ *aluptasahakāro nāma yathā lakṣamaṇena saha sahalakṣmanaḥ rāmaḥ* ǀ *evam anyatra śāstre* ‖

Lombok version, O.J. gloss: *alupta sahakāra ṅaranya sahapūrvapada hanerikā* ǀ

Balinese versions, O.J. gloss: *aluptakāra, tan karakĕtaniṅ lupa ndya ta* ǀ

'this text firstly was communicated by the previous teacher(s) (*pūrvācārya*)'.[24] Moreover, the author regarded the *Kātantra* as a *māhatantra* that, according to the commentator, was a *vyākaraṇa*. In the beginning of the text (K.S. 1.2), however, the author mentioned a *kavīndra* 'prince among poets'. The corresponding Old Javanese glosses are *saṅ kavi* 'the poet' and *ḍaṅ ācārya* 'the respected teacher' that, in the text, refers only to Pāṇini (cf. Lévi 1933: xxxi, 87–88). In my view, it is the perspective of the tradition. Old Javanese poets studied Sanskrit grammar and, therefore, referred to the grammarian Pāṇini as 'the poet'.

From the *Kārakasaṃkṣepa* and the *Kārakasaṃgraha*, we get the impression that they both were Javano-Sanskrit texts. The *kāraka* section of the Javano-Sanskrit *Kārakasaṃgraha* was inspired by Vararuci's text. A Javanese author recomposed it with material from the *Kātantra* and Pāṇini. An elaborate text on *samāsa*, like Vararuci's *Samāsacakra*, formed the basis of *Kārakasaṃgraha* 2 and 3. A Javanese author added more aspects and invoked Pāṇini's *sūtras*.

THE *SĀRASVATAPRAKRIYĀ* AND THE OLD JAVANESE TEXT *SVARAVYAÑJANA*

Only one original Indian Sanskrit grammar with *sūtras* survived in Indonesia as far as I know. A unique Lombok *lontar* contains the *sūtras* of the first two sections of the Sanskrit *Sārasvataprakriyā* including Anubhūtisvarūpācārya's commentary.[25]

---

[24] O.J. gloss on K.S. 5.1a: *iti śāstra vinarahakĕn adi saṅ pūrvacārya* (Lombok version, ms. LOr 5075).

[25] The first 13 pages of Lombok *lontar* LOr 5110 contain the Sanskrit *sūtras* of *Sārasvataprakriyā* 1.1 and 1.2 including Anubhūtisvarūpācārya's commentary. Of S. 1.2.17 and S. 1.2.24, the *sūtras* and commentary are lacking. On S. 1.1.13 and S. 1.2.23, the commentary is missing. S. 1.2.16 has the commentary but the *sūtra* is lacking. The preamble of two *ślokas* is complete (cf. Śāstrī & Jha 1955).

From the Lombok palm-leaf manuscript, we read Anubhūtisvarūpācārya's introductory words (preamble 1cd):[26]

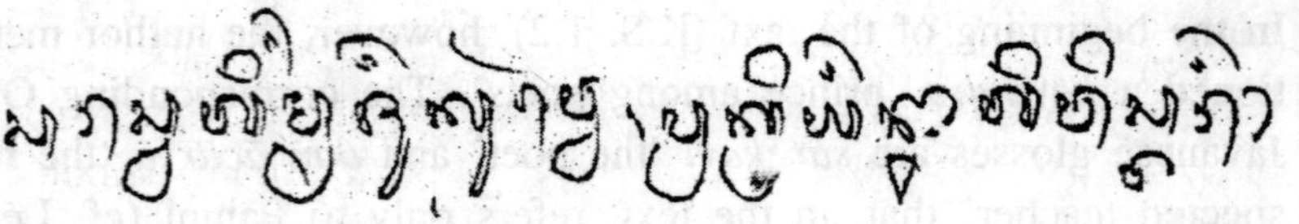

sārasvatīm ṛjuṃ kurve prakriyāṃ nātivistarām,

> I make straightforward, [simple] the grammatical procedure [whereby Sanskrit words are explained], which is based on [the *sūtra*s supposed to have been composed by] Sarasvatī, and [do this] without [rendering the procedure] overly prolix (after Cardona 1979: 119).

The *Svaravyañjana* is an Old Javanese adaptation of the *Sārasvataprakriyā* 1.1–5 that deals with grammatical terminology, phonological theory and *sandhi* rules. In a few manuscripts, the Old Javanese text also has the title *Catursandhi* that refers to the four sections on *sandhi* in the *Sārasvataprakriyā* 1.2–5. Hence, the Sārasvata tradition of Sanskrit grammar was known in Java. Moreover, the Sārasvata tradition employs *sūtra*s from all kinds of Sanskrit grammars, like Pāṇini, Cāndra and others. Therefore, we can analyse Old Javanese translations of both popular and Pāṇinian metalanguage.

Anubhūtisvarūpācārya was the first commentator on the Sārasvata grammar. According to Tibetan sources, he was a brahmin born in Mahārāṣṭra, in the 'south' of India (Verhagen 1994: 176). Indian texts state that Anubhūtisvarūpācārya was an ascetic who held a respectable position at the court of Kāśī (Varanasi) (Saini 1999: 179). His name is also associated with the author of two Sanskrit texts of the Vivaraṇa school of Advaitavedānta philosophy,

[26] The fragment from ms. Lombok Collection, LOr 5110, p. 2 is reproduced here by courtesy of the Leiden University Library. The transcription of the Balinese writing literally reads: *sarasvatim̐m ṛjum̐ kurvve | prakriyam̐n nātivistarām̐*.

the *Māṇḍūkyakārikābhāṣya* and the *Prakaṭārthavivaraṇa*. The latter is a commentary on Śaṅkara's *Brahmasūtrabhāṣya*. According to several scholars, Anubhūtisvarūpācārya should be dated between the 12th and 14th centuries AD (Saini 1999: 181–182; Scharfe 1977: 189; Chintamani 1989, I, introduction).

In India, the Sārasvata grammar was popular among Hindu and Islamic princes. However, its Old Javanese adaptation, *Svaravyañjana*, lacks Arabic and Persian words which is a characteristic of Javanese before the gradual conversion of the island to Islam. Moreover, from a perspective of Indo-Javanese history and textual traditions, it is most unlikely that the *Sārasvataprakriyā* reached Java or the other islands after AD 1500.[27]

The *Svaravyañjana* has come down to us in highly corrupt versions. The text apparently was important because there are many versions and there is a high degree of textual variation. I would distinguish three types of main versions: the Lombok versions, the Balinese versions and the Merapi-Merbabu version from Central Java. Rubinstein recently published an impressive synopsis of a Balinese version of the *Svaravyañjana* that affords the reader an overview of the Old Javanese text (Rubinstein 2000: 191–222, app. G, 254–262). Furthermore, the Modern Javanese text, *Sĕrat Sandi Sastra*, is an adaptation of the Old Javanese *Svaravyañjana*. It was written in circles of the Central Javanse court of Kraton Yogyakarta, in AD 1783 (AJ 1709).[28] In this section, the Old Javanese and Modern Javanese fragments quoted originate from the version that appears closest to the original Sanskrit text.

---

[27] Personal communications from the late J. G. de Casparis, 2001.

[28] In the India Office Library, London, there are two older manuscripts of the Modern Javanese *Sandi Sastra* (ms. Jav. 8 and 26). They are dated AJ 1692 (AD 1766) and AJ 1695 (AD 1769) respectively. The second manuscript originates from the court of the Kraton Yogyakarta. However, I have not yet consulted the texts. In the Modern Javanese encyclopaedic poem *Sĕrat Cĕnṭini* 547.38–70 from Kraton Surakarta (AD 1815), fragments from the *Svaravyañjana* occur (personal communication from Dr Ben Arps, 20 November 1999; see Soeradipoera et al. 1915: 87–89).

According to contemporary Balinese traditions, the Old Javanese text deals with orthography for *kakavin*. Moreover, the Lombok version of the *Svaravyañjana* explicitly states:

> Many appearances in writing (O.J. *tutulisan*) have implications that only concern those who desire to know their proper way.[29]

The Modern Javanese *Sĕrat Sandi Sastra* confirms the misapphrension:

> This story on written graphs (M.J. *aksara*) in texts on *sandhi*, according to supreme poets, [deals] with the many ways of writing (M.J. *tutulisan*).[30]

However, I will argue that the original text of the *Svaravyañjana* was an Old Javanese text on Sanskrit phonology, like *śikṣā*. We will continue with *sandhi*.

Although several Sanskrit *sandhi*s also occur in the Old Javanese language, the *Svaravyañjana* does not discuss morphophonemical changes that are specific to Old Javanese.[31] In the text, only Sanskrit *sandhi*s are discussed.

In the *Sārasvataprakriyā*, the Sanskrit metalanguage employs both the technical accusative and the technical genitive for notions of change and substitution respectively (cf. Scharfe 1977: 130).

Let us explore the Old Javanese translation of the *sūtra* for the *sandhi* change $u \rightarrow v$ (see table on the following page).

The Sanskrit *sūtra* reflects the popular style of the *Kātantra* (K. 1.2.9) and other texts.

In agreement with later traditions of Sanskrit grammar, the Old Javanese author refers to the original Sanskrit rule as *mūlasūtra*. In

---

[29] O.J. *Svaravyañjana*, Lombok version (ms. LOr 5109): *akveh byakta ṇiṅ tutulisan upalakṣaṇa kna juga tkap saṅ mahyun vruh akramanya* ||

[30] M.J. *Sĕrat Sandi Sastra* (ms. LOr 3173, p. 1): *iṇtih kaṅ aksara sandi-sĕstra duvi prama-kavi* | *akveh kramaniṅ kaṅ tutulisan* ||

[31] A specific Old Javanese *sandhi* is that the vowel *ö* with a following non-homogeneous vowel other than *ĕ* changes into *v*, for example: *ka-+lanö* 'aesthetic experience' + *-an* → *kalaṅvan* 'poetry'.

Sanskrit *Sārasvataprakriyā* (also Lombok ms. LOr 5110)	**Old Javanese *Svaravyañjana*** Lombok version (ms. LOr 5109)
Sūtra S. 1.2.5: *u vam* ‖ '*u* becomes *v*'. Anubhūtisvarūpācārya's commentary on S. 1.2.5: *u-varṇo vatvam āpadyate svare pare* ‖ 'Vowel *u* changes into *v* in case of a following (*para*) [non-homogeneous] vowel (*svara*)'. Example S. 1.2.5: *madhu+atra* → *madhv atra* 'honey here'	*ca mulasutranya 'u vām' | ka, u-kāra dadyā va yan amarakan svāra* 'Also, according to the *mūlasūtra* "*u vam*", the vowel *u* will become *v* when a [non-homogeneous] vowel (Skt. *svara*) follows (Skt. *para*)'. Examples: (*ba*+(*u*+*i*)) → *bavi* 'boar, pig' (*ba*+(*u*+*aṅ*)) → *bavaṅ* 'garlic, onion'

the Sanskrit rule quoted '*u vam*', the accusative ending *-am* marks the change into *v*.

In many cases, the Old Javanese author quoted Anubhūtisvarūpācārya's Sanskrit examples, like *kas śūraḥ* → *kaś śūraḥ* 'which hero' (S. 1.4.5). However, the morpho-phonemical operations of the Old Javanese words do not exemplify a *sandhi* of a Sanskrit word-junction, like, Anubhūtisvarūpācārya's example. In the Old Javanese text, there are more examples, like, (*a*+(*i*+*am*)) → *ayam* 'chicken'.[32] In Indian grammars, such examples are not found. However, in Tibetan traditions of Sanskrit grammar, in accordance with Buddhist Abhidharma theory, basically Tantristic methods were used to construct word-forms on the basis of single phonemes (Verhagen 2001: 332–333).

According to the popular notion of change (*vikāra*) in Sanskrit grammar for nearly all *sandhi* rules, the *Svaravyañjana* employs the Old Javanese verb *dadi* 'to become'. However, there also is Pāṇinian rule with a technical genitive and the notion of substitution.

Pāṇini's *sūtra* P. 8.2.84 states that, in calling from afar, the final word-element beginning with a vowel is articulated like a prolated vowel of three moras. Anubhūtisvarūpācārya's example in Sanskrit

[32] Could these *sandhi* changes exemplify syllabification, like, *ba-vi*, *ba-vaṅ*, *a-yam*?

is: (only from afar) *devadatta3 ehi* 'Devadattaaa, come near!' (S. 1.3.4). In the *Svaravyañjana*, the rule appears without an example:

Sanskrit *Sārasvataprakriyā*	**Old Javanese *Svaravyañjana*** Lombok version (ms. LOr 5109)
Anubhūtisvarūpācārya's commentary on S. 1.1.2 (also Lombok ms. LOr 5110): *trimātraḥ plutaḥ* ‖ 'A prolated vowel (*pluta*) has three moras.' *Sūtra* S. 1.3.5: *dūrād āhvāne ca ṭeḥ plutaḥ* ‖ [P. 8.2.84] 'Also, in calling someone from afar, in place of the last vowel of a syllable (*ṭi*), there is a prolated vowel (*pluta*)'.	*pluṭa ... trimatra pveka | kady aṅganiṅ śabda pasaṅ syaṅ sakiṅ doh śabda bahir* ‖ '... a prolated vowel (Skt. *pluta*) ...; it has three moras, like, in calling from afar (O.J. *syaṅ sakiṅ doh*), the replacing (O.J. *pasaṅ*) word-element (Skt. *śabda*) of the final (O.J. *bahir*) word-element (Skt. *śabda*)'.

The crux of the translation of the *sūtra* is the Sanskrit *ṭeh* that is the genitive of *ṭi*. Following Pāṇini, the *Sārasvataprakriyā* defines: '[that which is] beginning with the last among the vowels is *ṭi*'.[33] The Old Javanese author employs the Sanskrit term *śabda* that denotes a speech sound, word or a component of a word. In the Old Javanese translation, *śabda bahir* 'final word-element' corresponds to the Sanskrit *ṭi*. For the notion of substitution, the author employs the Old Javanese lexeme *pasaṅ* 'to put in place (of)'. It correctly reflects Pāṇini's concept of *ādeṣa* 'substitute' (P. 1.1.56) and the Sanskrit *sthāne* 'in place of' (P. 1.1.49) which, however, Anubhūtisvarūpācārya did not define. We will continue with phonetics.

The Lombok and Balinese versions of *Svaravyañjana* list the set of 47 Sanskrit *varṇa*s 'phonemes' that consist of 14 *svara*s 'vowels' and 33 *vyañjana*s 'consonants', not Old Javanese phonemes.[34]

---

[33] Skt. *sūtra* S. 1.1.11: *antyasvarādiṣ ṭih* (after P. 1.1.64).

[34] In the *Svaravyañjana* (ms. LOr 5109), the 47 listed Sanskrit phonemes are: *a, ā, i, ī, u, ū, ṛ, ṝ, ḷ, ḹ, e, ai, o, au*; *k, kh, g, gh, ṅ, c, ch, j, jh, ñ, ṭ, ṭh, ḍ, ḍh, ṇ, t, th, d, dh, n, p, ph, b, bh, m, y, r, l, v, ś, ṣ, s* and *h*. The Sanskrit *ayogavāha* consonants (i.e. *ṃ, ḥ,* $\underline{h}_k$ and $\underset{\smile}{h}_p$) were not defined. Note that the Old Javanese author also omitted the Old Javanese vowels *ĕ* and *ö*.

The *Sārasvataprakriyā* employs a system of *pratyāhāras*, 'abbreviated forms of phonemes', that differs from other Sanskrit grammars (Saini 1999: 183). For example, consonants are denoted by the abbreviated form *hAsA*. In the Sārasvata grammar, the unique aspect is that the letter *a* is a marker (*iT*) which is indicated as *A*.[35]

In the *Svaravyañjana*, all *pratyāhāras* are translated as common phonemes. Therefore, the Old Javanese author does not refer to the Sārasvata abbreviated form for consonants *hAsA*:

Sanskrit, Anubhūtisvarūpācārya's commentary on S. 1.1.7 (also Lombok ms. LOr 5110)	**Old Javanese *Svaravyañjana*** Lombok version (ms. LOr 5109)
ha-kārādayaḥ sa-kārāntā varṇā hAsĀ vyañjanāni ǀ *svarahīnaṃ vyañjanam* ǀ *teṣv a-kāraḥ sukhoccāraṇārthatvād iT-saṃjñakaḥ* ǁ. '[The abbreviated form] of the consonants *hAsA* denotes the phonemes beginning with *h* and ending with *s*. A consonant (*vyañjana*) is deficient (*hīna*) in a vowel (*svara*). Of them, for the purpose (*artha*) of enabling articulation (*uccāraṇa*), the phoneme *a* has the designation of marker (*iT*).'	*apan svābavaniṅ vyāñjāna svārahina* ǀ *noraniṅ svāra rumakĕt nimittanyā tan munyākṣara* ǀ *ri denyā rinaktaniṅ svāra nimitanya muni* ǀ *muvah tgĕsiṅ a iTya* ǁ 'Because the nature of consonants (Skt. *vyañjana*) is [that they] are deficient (Skt. *hīna*) in vowels (Skt. *svara*). Without an adhered vowel, it causes the *akṣara* not to sound (O.J. *muni*). [A consonant] adhered by a vowel causes sounding (O.J. *muni*). Also, the [short vowel] *a* is explained (O.J. *tĕgĕs*) [as] the marker (Skt. *iT*).'

Anubhūtisvarūpācārya continues his commentary with two Pāṇinian rules and the definition of hiatus after elision which can be reconstructed from the preserved fragments in the versions from Lombok and Central Java.

---

[35] In Anubhūtisvarūpācārya's commentary on the *Sārasvataprakriyā* 1.1.6, the system of abbreviated forms (*pratyāhāra*) of consonants is generated from the following strings: *hA yA vA rA lA* ǀ *ñA ṇA nA ṅA mA* ǀ *jhA ḍhA dhA ghA bhA* ǀ *jA ḍA dA gA bA* ǀ *chA ṭhA thA khA phA* ǀ *cA ṭA tA kA pA* ǀ *śA ṣA sA* ǁ
For example, the abbreviated form *hAlA* denotes the consonants between *hA* and *lA* which are *h*, *y*, *v*, *r* and *l*. The abbreviated from *hAsA* denotes the consonants between *hA* and *sA* which are all consonants.

In Pāṇini's generative grammar, the marker (*iT*) is an important concept which reaches beyond Anubhūtisvarūpācārya's statement of the marker *A* in consonantal *pratyāhāras*. In his commentary on S. 1.1.8, Anubhūtisvarūpācārya refers to two of Pāṇini's *sūtras*.[36] From the Modern Javanese *Sĕrat Sandi Sastra*, it will be evident that the Javanese tradition understood Pāṇini's *sūtras* P. 1.3.9 and P. 1.1.60:

Sanskrit, Anubhūtisvarūpācārya's commentary (also Lombok ms. LOr 5110)	**Modern Javanese *Sĕrat Sandl Sastra*** (ms. LOr 3173)
S. 1.1.7: ... *a-kāraḥ* ... *iT-saṃjñakaḥ* ‖ '... the phoneme *a* has the designation (*saṃjñā*) of marker (*iT*)'. S. 1.1.8: *yasyeT-saṃjñā tasya lopaḥ* [P. 1.3.9] | *varṇādarśanaṃ lopaḥ* [P. 1.1.60] ‖ 'Of which having the designation (*saṃjñā*) of marker (*iT*), of that, there is elision (*lopa*) [P. 1.3.9]. Elision (*lopa*) denotes disappearance (*adarśana*) [P. 1.1.60] of phonemes (*varṇa*).'	*mivah tĕgĕsiṅ iTT a* ‖ *sanja iṅkaṅ aran ila[ṅ]* | *muvah lovpas* | *ṅarannya ilaṅ* | *ka ilaṅannya* ‖ 'Also, [the short vowel] *a* is explained (M.J. *tĕgĕs*) [as] the marker (Skt. *iT*). [The marker] is the designation (Skt. *saṃjñā*) of that which denotes disappearing (M.J. *ilaṅ*). Also, elision (Skt. *lopa*) is the denotation of disappearing (M.J. *ilaṅ*). [Elision] is the disappearance (M.J. *ilaṅan*)'.

Hence, we find a spectacular fragment of the original Old Javanese text that is preserved in the Modern Javanese text *Sĕrat Sandi Sastra*. In the existing versions of the Old Javanese *Svaravyañjana*, it does not appear. Anubhūtisvarūpācārya continues with the concept of *lopaś*.

The Sanskrit *lopaś* is a unique Sārasvata term for elision that is followed by hiatus.[37] In his commentary on S. 1.1.8, Candrakīrti (c. AD 1550) explains Anubhūtisvarūpācārya's definition as follows:

---

[36] Skt. P. 1.3.9: *tasya lopaḥ* [*iT* (P. 1.3.2)]. Skt. P. 1.1.60: *adarśanaṃ lopaḥ* (Cardona 1997: 46–47).

[37] For the concept, in his *Mugdhabodha* (late 13th century AD), Vopadeva employs the term *lup* (Chatterji 1964: 338).

The author is indebted to Dr G. Cardona for the reference to and explanation of *lopaś* (personal communications, 9th and 19th March 2004).

> Of which there is a conflict of phonemes, i.e. an exclusion of a *sandhi* operation, the elision (i.e. disappearance of phonemes) is called *lopaś*. It obliterates one phoneme [while] it prevents emergence of another. That is *lopaś*. In case of *lopaś*, its operation has no further *sandhi*, for example, *ta āgatā*, and so forth.[38]

We will use Pāṇini's rules to illustrate the commentator's example of elision that is followed by hiatus: *te āgatāḥ* → (P. 6.1.78) *tay āgatāḥ* → (P. 8.3.19, in the dialect of Śākalya) *ta āgatāḥ* 'they have arrived'. Pāṇini's *asiddha*-metarule (P. 8.2.1) suspends any further *sandhi* operation (P. 6.1.101: *a+ā* → *ā*) of a preceding *sūtra* (Cardona 1997: 67, 343, 357–358).

In the Sanskrit version from Lombok, the conflict of phonemes erroneously appears as 'elision':

Sanskrit, Anubhūtisvarūpācārya's commentary on S. 1.1.8 (Śāstrī & Jha 1955: 5)	**Sanskrit, Anubhūtisvarūpācārya's commentary** on S. 1.1.8 (Lombok ms. LOr 5110)
varṇavirodho lopaś ǀ '*Lopaś* denotes a conflict (*virodha*) of phonemes (*varṇa*)'.	*varṇavirodho lopaḥ* ǀ '(*Sic.*) elision (*lopa*) denotes a conflict (*virodha*) of phonemes (*varṇa*)'.

In the Merapi-Merbabu version of the *Svaravyañjana* only, it is translated in Old Javanese. The Sanskrit *varṇavirodha* 'conflict of phonemes' corresponds to the Old Javanese *kavaśa luṅa-tĕka* 'overpowered by going and coming'. In the Merapi-Merbabu version, the erroneous 'elision' is continued. However, in the Lombok version, the associated Old Javanese wording alludes to a conflict of phonemes and blocking of disappearance which involves vowel *a*, as hiatus in Candrakīrti's example:

---

[38] Skt., Candrakīrti's commentary on S. 1.1.8: ***varṇānāṃ virodhaḥ saṃdhi-kārya-varjanaṃ yasmin sa lopa eva lopaś kathyate* ǀ *ekaṃ varṇaṃ vināśayaty anyasyotpattiṃ pratibadhnātīti lopaś* ǀ *tatkāryaṃ 'lopaśi punar na sandhiḥ'* ǀ *yathā – ta āgatā ityādi* ǀ (Śāstrī 1985, I: 21).**

Old Javanese *Svaravyañjana* Merapi-Merbabu version (ms. PNRI 108)	**Old Javanese *Svaravyañjana*** Lombok version (ms. LOr 5109)
lorpa ṅa kavasa luṅha-tka । '(*Sic.*) elision (Skt. *lopa*) denotes overpowered by going and coming (O.J. *kavaśa luṅa-tĕka*)'.	*a nora ilaṅ* । *kavaśa luṅa-tka* ॥ '[Vowel] *a* does not (O.J. *nora*) disappear (O.J. *ilaṅ*). It is overpowered by going and coming (O.J. *kavaśa luṅa-tĕka*).'

In the Balinese versions, the fragment is corrupt. Moreover, in the contemporary Balinese tradition of the Old Javanese *Svaravyañjana*, the understanding of the phonological concept is lost (cf. Rubinstein 2000: 193–194, 220).

In Old Javanese phonology, elision with successive hiatus does not exist (cf. Kern 1920: 21, 25). In the *Svaravyañjana*, therefore, the explanation of the concept *lopaś* again confirms that the Old Javanese text deals with Sanskrit phonology. We will proceed with influences from texts other than the *Sārasvataprakriyā*.

In Sanskrit phonetics, aspiration and nasality are extra-buccal processes (*bāhyaprayatna*). In the *Svaravyañjana*, all kinds of descriptions and terms are confused:

> Aspirates (Skt. *mahāprāṇa*) are *akṣara*s that (*sic.*) emerge from the heart (O.J. *ati*). Non-aspirates (Skt. *alpaprāṇa*) are *akṣaras* that (*sic.*) not emerge from the heart (O.J. *ati*).[39]

In Modern Balinese and Modern Javanese phonology, several aspirates do not occur. Therefore, in Balinese and Javanese scripts, aspirates were often omitted (Gonda 1973: 209, n. 28). Moreover, in the *Sārasvataprakriyā* and the *Svaravyañjana*, important aspirates are not distinguished from their non-aspirates. Therefore, we may conclude that the *Sārasvataprakriyā* and the *Svaravyañjana* have not come down to us in their original orthography. Furthermore, aspiration is not associated with the heart.

---

[39] O.J. *Svaravyañjana* (ms. LOr 5109): *akṣara mdal iṅ ati mahāprāṇa ṅa* । *akṣara tan mdal iṅ ati, alpaprāṇa* ।

The Old Javanese *ati* 'heart' is synonymous with the Sanskrit *hṛdaya*. In Sanskrit *śikṣā* texts, like the *Sarvasammataśikṣā* and the *Pāṇinīyaśikṣā*, *hṛdaya* 'heart' is associated with nasality of vowels (Allen 1953: 40, n. 3; cf. Ghosh 1938: 70–71). This would point to the influence of a *śikṣā* text. We will explore this further.

In the definitions of the three Vedic intonation levels (S. 1.1.2) *udātta*, *anudātta* and *svarita* (S. 1.1.2), Anubhūtisvarūpācārya's commentary follows Pāṇini (P. 1.2.29–30). For *svarita*, however, he employs the Sanskrit term *samavṛtti* 'equal combination' (of *udātta* and *anudātta*), not Pāṇini's *samāhāra* 'combination' (P. 1.2.31).

In the *Svaravyañjana*, the terms are slightly corrupted into *udantya* and *anudantya* but the definitions are correct. However, Anubhūtisvarūpācārya's *samavṛtti* is confused for *svarita* and the negations added later are erroneous (cf. Rubinstein 2000: 203–204). The text of the Old Javanese *Svaravyañjana* continues with an unexpected paragraph on the nature of vowels and consonants. It is a spectacular but mutilated fragment. (See table on the following page.)

For two reasons, the Old Javanese fragment either originated directly from the *Mahābhāṣya* or indirectly was taken from a quotation of Patañjali's words in a phonological text, like the *Tribhāṣyaratna*, the *Pāriśikṣā* or, more likely, a different *śikṣā* text.[40] At the end of his commentary on Pāṇini's definitions of *udātta* and *anudātta* (P. 1.2.29–30), Patañjali explained the etymology of the terms *svara* and *vyañjana*. In the Old Javanese *Svaravyañjana*, the fragment similarly appeared directly after the discussion on the Vedic intonation levels. Furthermore, in translation, Patañjali's

[40] Cf. *Tribhāṣyaratna* commentary on *Taittirīyaprātiśākhya* 21.1 and *Pāriśikṣā* 12 (Skt.): *yaḥ svayaṃ rājate taṃ tu svaram āha patañjaliḥ* | *upari sthāyinā tena vyaṅgyaṃ vyañjanam ucyate* || However, the words in the Old Javanese *Svaravyañjana* are closer to Patañjali's. The *Tribhāṣyaratna* (21.1) further continues with the three Vedic intonation levels (Whitney 1871: 375, n. 1; see further Varma 1929: 47, n. 2; 48; 55, n. 2; 56, n. 2; 57, n. 3).

Sanskrit, Patañjali's *Mahābhāṣya* on P. 1.2.29–30 (Subrahmanya Sastri 1956: 49)	**Old Javanese *Svaravyañjana*** Lombok version (LOr 5109)
anvartham khalvapi nirvacanam I *svayaṃ rājante svarā anvag bhavati vyañjanam iti* II	*ca tiṅkah niṅ akṣara* I [*svara*] *yan kapara dening vyāñjana, tan dady angadga svatantra* II *yavat rumaktiṅ vyāñjana sālviraniṅ svara, pranahnya rumaktā prakṛtinya* II[41]
'In accordance with the sense of the constituent parts, the etymology is likewise. Vowels (*svara*) reign (*rājante*) of themselves (*svayam*). A consonant (*vyañjana*) is that which follows (*anvak*).'	'And, on the behaviour of *akṣaras*, when a vowel (Skt. *svara*) is followed (Skt. *para*) by a consonant (Skt. *vyañjana*), a reigning (O.J. *adĕg*) in autonomy (Skt. *svatantra*) will (*sic.*) not (O.J. *tan*) come into existence (O.J. *dadi*)'.[42] As a consonant (Skt. *vyañjana*) adheres to all kinds of vowels (Skt. *svara*), its/their seat(s) should adhere to its/their primitive materials (Skt. *prakṛti*).

words correspond with the Old Javanese phrasing.[43] However, a Javanese scribe later failed to understand the Old Javanese explanation of the etymology of the Sanskrit terms. This becomes clear from the concept of *akṣara* that, in Modern Javanese and Modern Balinese traditions, cannot denote a vowel with a following consonant. Therefore, the scribe erroneously added the Old Javanese negation *tan* 'not'.

---

[41] The alternative reading for *pranahnya* is the synonymous O.J. *prĕnahnya* 'its/their seat(s)' (ms. III-c-6671; ms. LOr 3964). Ms. III-c-792/10 (O.J.): *yavat rumakĕtiṅ vyañjana salviraniṅ svara, rumakĕtiṅ vyañjana-prakṛtinya* II According to the latter, *prakṛti* only refers to consonants.

The *Svaravyañjana* proceeds with O.J. *apan svābavaniṅ vyāñjāna* ... that I discussed above.

[42] In O.J. *Svaravyañjana*, Balinese version (ms. BGN 862): *svara yan kapara* ... In other versions of the *Svaravyañjana*, we read the nonsensical *svara tantra* instead of *svatantra* 'autonomous' (cf. Rubinstein 2000: 204).

[43] In Sanskrit, Patañjali's words *svayaṃ rājante* 'they reign of themselves', *svara*, *anvañc* 'following', *bhavati* 'it becomes' and *vyañjana* in translation correspond to the Old Javanese *aṅadĕg svatantra* 'to reign independently', *svara*, *ka-para* 'is followed', *dadi* 'becomes' and *vyañjana* respectively.

My reconstruction of the original Old Javanese phrase would be: *angadĕg svatantra svara* I *yan kapara dadi ta vyañjana* II 'A vowel reigns in autonomy. A consonant is when [it] is following.'

The *Svaravyañjana* continues with a statement on the Sanskrit term *prakṛti* that the Javanese author employed in an explicit phonological connotation. Although the wording could be clearer, the Old Javanese text states that consonants and vowels relate to their *prakṛti* 'primitive materials'. In *Taittirīyaprātiśākhya* 2.7–10 and *Ṛkprātiśākhya* 13.3–5, *śvāsa* 'breath', *nāda* 'voice' or their combinations are the primitive materials (*prakṛti*) of which articulated sounds (*varṇa*) are made up (Cardona 1979: 121 and 137, n. 5). Moreover, in *Taittirīyaprātiśākhya* 21.1, 'a consonant is adjunct of a vowel'.[44] Therefore, the phonological term *prakṛti* would indicate that the Javanese author knew a *śikṣā* text. Hence, the examples show that he also used texts other than the *Sārasvataprakriyā*. The conclusion will follow.

In the *Svaravyañjana*, all sections on *sandhi* were adapted from *Sārasvatdprakriyā* 1.2–5.

However, in the Old Javanese text parallel to *Sārasvataprakriyā* 1.1, the influence of another text points to a tradition of phonology, like *śikṣā*. The other chapters of the *Sārasvataprakriyā* strictly deal with Sanskrit grammar, like declension, conjugation, compounds and the like. However, in the Old Javanese text, there are no traces of Sanskrit grammar. The Sanskrit title of the Old Javanese text *Svaravyañjana* literally means 'Vowels and Consonants'. Therefore, it seems appropriate as the title of a text on phonology.

In the library at the court of Cakraněgara in Lombok, both the Sanskrit *Sārasvataprakriyā* and the Old Javanese *Svaravyañjana* once existed but, by the 19th century, they were no longer understood as related texts. In the heterogeneous versions of the *Svaravyañjana*, we find scattered fragments that refer to Sanskrit phonological theory. Therefore, my conclusion is that the Old Javanese *Svaravyañjana* and the Modern Javanese *Sěrat Sandi Sastra* were

---

44 *Taittirīyaprātiśākhya* 21.1 (Skt.): *vyañjanaṃ svarāṅgam*. Cf. *Tribhāṣyaratna* commentary on 21.1 (Skt.): *vyañjanaṃ svarāṅgam bhavati: śvāso nādo 'ṅgam eva ca* ॥ (Whitney 1871, 375, n. 1).

based on an older version that was more correct and more explicitly referred to an Old Javanese tradition of Sanskrit phonology in medieval Java.

Once articulatory theory was no longer understood, orthography started to drift. All this was apparent from the *Sārasvataprakriyā* and the *Svaravyañjana*. In the Old Javanese and Modern Javanese texts, *sandhi* rules vaguely became spelling conventions. Moreover, lack of understanding between pronounced phonemes and written graphs resulted in accumulations of orthographical errors and inconsistencies that is common to all Old Javanese and Sanskrit texts from Java, Bali and Lombok.[45]

CONCLUSION

In this article, I have briefly discussed five texts. As far as I am aware at present, they are the only surviving texts on Sanskrit grammar and phonology from ancient Java. From a few references in Old Javanese texts, additional insights emerged. My conclusion will be based upon this scanty material.

In the *Svaravyañjana*, the Old Javanese adaptations imitated the style and specifically the brevity (Skt. *lāghava*) of Sanskrit grammatical *sūtra*s. Although they are elementary rules, the Old Javanese adaptations reveal a basic knowledge of Sanskrit metalanguage. In the Javano-Sanskrit texts, the errors and misconceptions provide proof that Javanese authors composed texts on Sanskrit *vyākaraṇa*. Moreover, Mpu Triguṇa's portrait of the *śābdika* reflected the traditionally Indian idea of generative grammar. Hence, we may conclude that Javanese authors actively practised Sanskrit grammar.

---

[45] The Modern Javanese designation for the graph of the vowel *ĕ* (i.e. the schwa) is called *pĕpĕt* that literally means 'closed' (cf. Zoetmulder 1982, II: 1345). It probably goes back to the Sanskrit phonological concept of *samvṛta* 'closed', referring to the closed pronunciation of the final short vowel *a* as *ĕ* (cf. Deshpande 1975).

Another consistently emerging picture was that Javanese poets studied Sanskrit grammar or at least Sanskrit-derived phonology in the period AD 900–1500 and later.

The Javano-Sanskrit texts might date from the 12th–15th centuries AD. However, the *Svaravyañjana* also contains later modifications. The final versions of the Old Javanese text were edited in the 17th and 18th centuries AD. Furthermore, we also found traces of a variety of grammatical schools.

In the Old Javanese texts *Kṛṣṇāyana, Rāmāyaṇa Kakavin* and *Brahmāṇḍapurāṇa*, several Sanskrit terms and concepts do not recur in the grammatical texts that came down to us from Java. In the process of transmission, therefore, much must have been lost.

Epigraphical data are often historically reliable. Moreover, there is an additional reference to the name Candragomin. Hence, the *Cāndravyākaraṇa* almost certainly existed in Java in the 14th century AD. Furthermore, quotations from the *Kātantra* and implicit references to Pāṇini's *Aṣṭādhyāyī* would suggest that both texts also were known.

In India, there was no evidence that the first chapter of the *Sārasvataprakriyā* circulated as an independent text on Sanskrit phonology. Therefore, the entire text including Anubhūtisvarūpācārya's commentary is likely to have travelled to Java.

The Sārasvata tradition is a synthesis of different Sanskrit grammatical schools in India. From Sanskrit traditions in Tibet, a similar synthesis of textual material emerged. Therefore, I would conclude that, in the two Javano-Sanskrit texts, the simultaneous occurrence of Pāṇinian and Kātantra elements might reflect similar trends in India in 12th–14th centuries AD.

ABBREVIATIONS

AJ	Anno Javanico, the Islamic Javanese year (AJ = AH + 512)
C.	Candragomin's *Cāndravyākaraṇa*
K.	Śarvavarman's *Kātantra*
K.S.	Javano-Sanskrit *Kārakasaṃgraha*
M.J.	Modern Javanese
O.J.	Old Javanese
P.	Pāṇini's *Aṣṭādhyāyī*
S.	*Sārasvataprakriyā* with Anubhūtisvarūpācārya's commentary
Skt.	Sanskrit

REFERENCES

Manuscripts consulted

Kārakasaṃgraha, Javano-Sanskrit text with Old Javanese commentaries:

– Lombok ms. LOr 5075, Library of the University of Leiden.

– Balinese mss. III-c-92, III-b-1578/43 and III-c-1138/16, Kirtya Foundation, Singaraja, Bali.

Kārakasaṃkṣepa, Javano-Sanskrit text with Old Javanese glosses:

– Ms. LOr 4263, Library of the University of Leiden.

– In *Griguh Durkadah*, ms. III-B-150, Kirtya Foundation, Singaraja, Bali.

Samāsacakra, Sanskrit text by Vararuci:

– Ms. Alpha 1211, Wellcome Institute, London.

Sārasvataprakriyā, Sanskrit text with Anubhūtisvarūpācārya's commentary:

– Lombok ms. LOr 5110, Library of the University of Leiden.

Sěrat Sandi Sastra, Modern Javanese text (Yogyakarta, AJ 1709):

– Central Javanese ms. LOr 3173, Library of the University of Leiden.

Svaravyañjana, Old Javanese text:

– Lombok mss. LOr 5069, 5077, 5081, 5108 and 5109, Library of the University of Leiden.

– Balinese ms. LOr 3964, Library of the University of Leiden; ms. III-c-6671, Kirtya Foundation, Singaraja, Bali; mss. BGN 562 and BGN 862, National Library of the Republic of Indonesia, Jakarta.

– Central Javanese ms. PNRI 108, Merapi-Merbabu Collection (box 33, reel 851/9), National Library of the Republic of Indonesia, Jakarta.
– *Catursandhi*, ms. III-c-792/10, Kirtya Foundation, Singaraja, Bali (= ms. LOr 9465, Library of the University of Leiden).
– *Vyañjanasandhi*, Balinese ms. III-c-261/6, Kirtya Foundation, Singaraja, Bali.
– Contemporary Balinese, mss. III-c-784/10 and III-c-6642, Kirtya Foundation, Singaraja, Bali.

Untitled Javano-Sanskrit text with the declensions of the pronouns *yad*, *tad*, *etad*, *idam*, *adaś* and the *sUP* suffixes:
– Balinese mss. LOr 4263 and 4266, Library of the University of Leiden.
– In *Griguh Durkadah*, ms. III-B-150, Kirtya Foundation, Singaraja, Bali.

Secondary Sources

ABHYANKAR, Kashinath Vasudev & J. M. SHUKLA 1986. *A Dictionary of Sanskrit Grammar*. (Gaekwad's Oriental Series, 134.) Baroda: Oriental Institute.

ALLEN, William Sidney 1953. *Phonetics in Ancient India*. (London Oriental Series, 1.) London: Oxford University Press (reprint: 1965).

BROUGH, John 1973. I-Ching on the Sanskrit grammarians. *Bulletin of the School of African and Oriental Studies* 36.2: 248–260.

CASPARIS, Johannes Gijsbertus de 1997. *Sanskrit Loan-words in Indonesian. An Annotated Check-list of Words from Sanskrit in Indonesian and Traditional Malay*. (Linguistic Studies of Indonesian and Other Languages in Indonesia, 41.) Jakarta: NUSA.

CARDONA, George 1979. Review of H. Scharfe's *A History of Indian Literature: Grammatical Literature* (1977). *Indo-Iranian Journal* 21: 117–139.

—— 1997. *Pāṇini, his Work and its Traditions*.I: *Background and Introduction*. 2nd edition. New Delhi: Motilal Banarsidass.

CHATTERJI, Kshitish Chandra 1964. *Technical Terms and Technique of Sanskrit Grammar*. 2nd. edition. Calcutta: Calcutta University Press.

CHINTAMANI, T. R. (ed.) 1989. *The Prakaṭārthavivaraṇa of Anubhūtisvarūpācārya being a Commentary on the Brahmasūtrabhāṣya of Śaṅkarācārya*, I–II. New Delhi: Navrang.

DASH, Narendra Kumar 1991. *Puruṣottamadeva as Grammarian*. New Delhi: Agam Kala Prakashan.

DASH, Prafulla Chandra 1986. *A Comparative Study of the Pāṇinian and Cāndra Systems of Grammar* (*Kṛdanta Portion*). New Delhi: Ramanand Vidya Bhawan.

DESHPANDE, Madhav 1975. Phonetics of short *A* in Sanskrit. *Indo-Iranian Journal* 17: 195–209.

GHOSH, Manmohan 1938. *Pāṇinīya-śikṣā. Text and Translation.* Calcutta: University of Calcutta (reprint: New Delhi: V.K. Publishing House, 1991).

GONDA, Jan 1932–33. *Het Oud-Javaansche Brahmāṇḍa-Purāṇa*, I–II. (Bibliotheca Javanica, 5–6.) Bandoeng: A. C. Nix.

—— 1973. *Sanskrit in Indonesia.* (Sarasvati Vihara Series, 28.) 2nd edition. Nagpur: International Academy of Indian Culture (reprint: 1998).

JOSHI, S. D. & J. A. F. ROODBERGEN 1973. *Patañjali's Vyākaraṇa-Mahābhāṣya: Tatpuruṣāhnika (P. 2.2.2–2.2.23).* (Publications of the Centre of Advanced Study in Sanskrit, C.7.) Poona: University of Poona.

JOSHI, S. D. & J. A. F. ROODBERGEN 1974. *Patañjali's Vyākarana-Mahābhāṣya: Bahuvrīhidvandvāhnika (P. 2.2.23–2.2.38).* (Publications of the Centre of Advanced Study in Sanskrit, C.9.) Poona: University of Poona.

KATRE, Sumitra M. (tr.) 1987. *Aṣṭādhyāyī of Pāṇini.* Austin: University of Texas Press.

KERN, Hendrik 1920. Regelen van klankverbinding in 't Oudjavaansch. *Verspreide Geschriften* 9: 3–25. The Hague: Nijhoff.

KROM, N. J. 1911. De inscriptie van Nglawang. *Tijdschrift voor Indische Taal-, Land- en Volkenkunde uitgegeven door het Bataviaasch Genootschap van Kunsten en Wetenschappen* 53: 411–434.

LÉVI, Sylvain (ed.) 1933. *Sanskrit Texts from Bali.* (Gaekwad's Oriental Series, 67.) Baroda: Oriental Institute.

LIEBICH, Bruno 1918. *Cāndra-vṛtti. Der Original-kommentar Candragomins zu seinem grammatischen Sūtra.* (Abhandlungen für die Kunde des Morgenlandes, 14.) Leipzig: Brockhaus.

—— 1928. Konkordanz Pāṇini-Cāndra. *Indische Forschungen* 6. Breslau: Marcus.

NAERSSEN, F. H. van 1933. De Saptopapatti: Naar aanleiding van een tekstverbetering in den Nāgarakṛtāgama. *Bijdragen tot de Taal-, Land- en Volkenkunde van Nederlandsch-Indië* 90: 239–258.

PANDEY, A. N. (ed.) 1986. *Vāraruchasaṅgraha of Vararuci with the Commentary Dīpaprabhā.* (The Kashi Series, 237.) Varanasi: Chaukhamba Sanskrit Sansthan.

RADICCHI, Anna 1996. More on the Kārakasaṃgraha, a Sanskrit grammatical text from Bali. In: Jan E. M. Houben (ed.), *Ideology and Status of Sanskrit. Contributions to the History of the Sanskrit Language* (Brill's Indological Library, 13): 289–306. Leiden: Brill.

RAGHAVAN, V. & K. KUNJUNNI RAJA 1967. *New Catalogus Catalogorum. An Alphabetical Register of Sanskrit and Allied Works and Authors*, III. Madras: Madras University.

RUBINSTEIN, Raechelle 2000. *Beyond the Realm of the Senses. The Balinese Ritual of Kĕkawin Composition*. (Verhandelingen van het Koninklijk Instituut voor Taal-, Land- en Volkenkunde, 181.) Leiden: KITLV Press.

SAINI, Ranjit Singh 1987. *Kātantra-vyākarana* [Sanskrit text with the *Kalāpa* sections and Durgasiṃha's commentary]. New Delhi: Bharatiya Vidya Prakashan.

—— 1999. *Post-Pāṇinian Systems of Sanskrit Grammar*. Delhi: Parimal Publications.

SANTOSO, Soewito 1986. *Krĕṣṇāyana. The Krĕṣṇa Legend in Indonesia*. New Delhi: International Academy of Indian Culture.

ŚĀSTRĪ, Narahari & Rāmacandra JHA 1955. *Sārasvata Vyākaraṇam of Anubhūti Svarūpācārya with the Bālabodhinī and Indumatī Commentaries*. Sanskrit text and commentaries with a Hindi subcommentary. Banaras: Chowkhamba.

ŚĀSTRĪ, Nava Kishora Kara (ed.) 1985. *Sārasvata Vyākaraṇam of Anubhūti Svarūpāchārya with Two Commentaries: The Chandrakīrti Commentary of Chandrakīrti and the Praśada Commentary of Vāsudeva Bhaṭṭa*, I-II. 3rd edition. Varanasi: Chaukhamba Sanskrit Sansthan.

SCHARFE, Hartmut 1977. *A History of Indian Literature*, V.2: *Grammatical Literature*. Wiesbaden: Harrassowitz.

SOERADIPOERA, R. Ng., R. POERWA, R. WIRAWANGSA, R. M. A. SOERJA SOEPARTA & M. ARDJA WIDJAJA 1915. *Serat Tjenṭini. Babon asli saking kiṭa Leiden ing negari Nederland*, IV. Betawi (Jakarta): Ruygrok.

SUBRAHMANYA SASTRI, P. S. 1934. *History of Grammatical Theories in Tamil and their Relation to the Grammatical Literature in Sanskrit*. Madras: Journal of Oriental Research.

—— 1956. *Lectures on Patañjali's Mahābhāṣya*, IV. Thiruchirapalli.

VARMA, Siddheshwar 1929. *Critical Studies in the Phonetic Observations of Indian Grammarians*. London: Royal Asiatic Society. (reprint: Delhi: Munshiram Manoharlal, 1961).

VERHAGEN, Pieter Cornelis 1991. *Sanskrit Grammatical Literature in Tibet*. Ph.D. Thesis, University of Leiden.

—— 1994. *A History of Sanskrit Grammatical Literature in Tibet*, I: *Transmission of the Canonical Literature*. (Handbuch der Orientalistik, 2.8.1.) Leiden: Brill.

VERHAGEN, Pieter Cornelis 2001. *A History of Sanskrit Grammatical Literature in Tibet*, II: *Assimilation into Indigenous Scholarship*. (Handbuch der Orientalistik, 2.8.2.) Leiden: Brill.

WHITNEY, William D. 1871. The Taittirīya-Prātiśākhya with its commentary, the Tribhāṣyaratna. Text, translation and notes. *Journal of the American Oriental Society* 9: 1–469.

ZOETMULDER, P. J. 1982. *Old Javanese-English Dictionary*, I–II. With the collaboration of S. O. Robson. Koninklijk Instituut voor Taal-, Land- en Volkenkunde. The Hague: Nijhoff.

The List of Sentence Definitions in the Second *kāṇḍa* of the *Vākyapadīya*: Structural Approach

VLADIMIR P. IVANOV

In the two initial *kārikā*s of *kāṇḍa* 2 of his *Vākyapadīya* (VP), Bhartṛhari proposes the list of definitions of *vākya* or, to be more precise, the list of different views on the nature of *vākya*. In this paper I will use the word 'sentence' as a relatively apt equivalent for the Indian term *vākya*.

In this *kāṇḍa*, Bhartṛhari maintains the notion of indivisibility of the meaning-bearing unit of speech – sentence. He believes it to be the only real unit of speech and communication. This understanding of the nature of sentence is contrasted by him with other approaches on this matter. His own view plus other approaches thus produce a number of the definitions presented in the initial *kārikā*s of VP *kāṇḍa* 2.

The first problem is that structurally this list is a sequence of word-forms put in the nominative case. So it is difficult to separate off unambiguously the boundaries of one sentence definition from another. Because of its structure, the list, considered apart from its interpretations found in the commentaries on the book, can thus have several variant readings and the number of definitions therefore varies.

The second problem is the content of these definitions. This list seems to be a stumbling block in the understanding of a considerable part of the book. Each of these definitions, as one would think, should be clearly dealt with by the author in the succeeding *kārikās* of the text. But, alas, in some cases, the rest of the *kārikā* portion of *kāṇḍa* 2 turns out to be of little help here because of the complicated structure of the text, as well as of the rather loose manner of the exposition, which is peculiar to Bhartṛhari himself. Nowhere has he given a distinct indication that this or that sentence definition is dealt with by this or that group of *kārikās*. The Vṛtti – the oldest and the most authoritative commentary – is absent in the case of the initial *kārikās* and is full of gaps in the case of the other *kārikās* where these sentence definitions are discussed by Bhartṛhari in greater details.

So, two main questions arise: what is the precise number of definitions listed? And what is the real form of this text? Is it just an accidental enumeration of definitions, given as examples of different views on the sentence, current among various ancient Indian schools of thought? Or is this number not reached by chance and does the list itself suggest a sort of a system? The previous publications more or less related to the theme do not bring up the question directly.[1]

The list of definitions (VP 2.1–2) reads as follows:

ākhyātaśabdaḥ saṅghāto jātiḥ saṅghātavartinī |
eko 'navayavaḥ śabdaḥ kramo buddhyanusaṃhṛtiḥ ||
padam ādyam pṛthak sarvaṃ padaṃ sākāṅkṣam ity api |
(vākyam prati matir bhinnā bahudhā nyāyavādinām ||)[2]

The first thing to determine is the number of definitions. As it was shown by K. Kunjunni Raja (1962: 206–210), in ancient times some of the Indian authors were inclined to find anywhere from seven to ten definitions of the sentence listed in these two *kārikās*. He notes that apparently

[1] See e.g. Sastri 1959: 85–101; Houben 1995: 113ff.; Subramania Iyer 1969: 181–203.

[2] W. Rau's critical edition gives a slightly different variant that does not conflict in sense with the reading adopted here. It takes *ākhyātaśabdaḥ saṅghāto* as *ākhyātam śabdasaṅghātah* and *pṛthak sarvaṃ padaṃ sākāṅkṣam* as *pṛthak sarvaṃ padaṃ sāpekṣam*.

> Bhartṛhari's list of sentence-definitions has been quite popular among early Indian thinkers, and as a result there have been different readings and different interpretations of the text. (Kunjunni Raja 1962: 210)

Kunjunni Raja shows three different traditions of interpretation of these two *kārikās*: the Jaina tradition, the Mīmāṃsaka tradition and the tradition of the grammarians. He also demonstrates that all these traditions take *ākhyātaśabdaḥ*, *saṅghātaḥ*, *jātiḥ saṅghātavartinī*, *eko 'navayavaḥ śabdaḥ*, and *pṛthak sarvaṃ padaṃ sākāṅkṣam* as five different views on the sentence.[3] So, anyway, there is no contradiction between the traditions.

The Mīmāṃsaka tradition, like the Jaina tradition, is inclined to see along with the *padam ādyam* definition another variant called *padam antyam*, i.e. 'the last word'. Nowhere in the *kārikās* is this sentence definition mentioned by Bhartṛhari.

Then, the Jaina tradition, as given in the *Prameyakamalamārttaṇḍa*, takes *kramo buddhyanusaṃhṛtiḥ* as three different definitions: *kramo vākyam*, *buddhir vākyam* and *anusaṃhṛtir vākyam*.

On the contrary, the Mīmāṃsaka tradition, starting from Kumārilabhaṭṭa's *Ślokavārttika*, takes *kramo buddhyanusaṃhṛtiḥ* as one sentence definition. Kumārila in his *Ślokavārttika* does not make it so evident. But Pārthasārathimiśra in his commentary *Yuktisnehaprapūraṇī* on the *Śāstradīpikā* makes it clear that *kramo buddhyanusaṃhṛtiḥ* is taken by the Mīmāṃsakas as one sentence definition.

The tradition of grammarians (represented by Puṇyarāja, whose commentary *Ṭīkā* covers the whole of *kāṇḍa* 2) takes this portion – *kramo buddhyanusaṃhṛtiḥ* – as two views on the nature of sentence: *kramaḥ* and *buddhyanusaṃhṛtiḥ*.

So, the question is: which of these three mentioned traditions is approved by the text of *kāṇḍa* 2 itself?

---

[3] There are, of course, some insignificant variations of readings. For example, the Jaina version interprets *pṛthak sarvaṃ padaṃ sākāṅkṣam* as *padaṃ sāpekṣam*.

In the block of *kārikās* beginning with *kārikā* 41, the idea is brought out that there is no such entity as *vākya* at all, but the only reality is *krama* – the sequence, the order in which words go one after another. The sequence, in its turn, is just the quality (or factor) of Time (*kālasya dharmaḥ*). The expressiveness itself – *śabdatva* – thus belongs to the Sequence, that is Time. Nowhere in these *kārikās*, nor in the Vṛtti portion on them, is there a mention of any *buddhyanusaṃhṛtiḥ* that should in some way be referred to, if Bhartṛhari intended *kramo buddhyanusaṃhṛtiḥ* as a single sentence definition.

In another group of *kārikās*, starting from *kārikā* 30, on the contrary, there is a description of an inner, indivisible linguistic unit (*śabdatattvam*), that is manifested through sounds (phonation, *nādair ekaṃ prakāśitam*) and it determines the unity of sentence (*tasya vākye tathā ekatā*). In the Vṛtti, this indivisible entity is defined as 'inner Word-nature, characterized by compression (potency) in mind' (*buddhyanusaṃhāralakṣaṇa āntaraḥ śabdātmā*). So this group of *kārikās* could be truly looked upon as a *buddhyanusaṃhṛtiḥ* – separate definition of a sentence.

At the same time there is no confirmation in the *kārikā* part of *kāṇḍa* 2 of the view of the Jaina tradition regarding *buddhyanusaṃhṛtiḥ* to contain three different definitions of the sentence: *kramaḥ*, *buddhi* and *anusaṃhṛtiḥ*.

So, the only possibility left is to look upon *kramo buddhyanusaṃhṛtiḥ* as two views on the sentence – as *kramaḥ* and *buddhyanusaṃhṛtiḥ* – in the same way as Puṇyarāja does in his commentary *Ṭīkā* on *kāṇḍa* 2 of the VP. So, it seems proper to see exactly eight sentence definitions – views on the nature of sentence – listed in the first two *kārikās* of *kāṇḍa* 2 of the VP.

Now, what are these definitions from the point of view of their content?

If one expects to find in *kāṇḍa* 2 a clear and sequential exposition of the views on the sentence listed in the initial *kārikās* of the VP, one would be disappointed. What could be said for sure in the case of the structure is that the main ideas pertaining to the different notions of sentence are mainly concentrated in the first 50–60 *kārikā*s of the text. The only thing that is obvious is that two main approaches to the problem of sentence definition are contrasted with each other by the author. The first one suggests that sentence is the only real meaning-bearing unit and words are unreal and secondary (the view of the Vākyavādins, as Bhartṛhari himself puts it, or the *akhaṇḍapakṣa* according to Puṇyarāja). According to the other view the words are the linguistic reality, while the sentence is just a conglomeration of them (the view of the Padadarśins, also known as the *khaṇḍapakṣa* position). The polemics between these two approaches is present in the book, and the structure of argumentation itself could be of help in the understanding of the structure of the whole of *kāṇḍa* 2.[4]

What is this list? How could the elements of this list be characterized?

Strictly speaking, these views on the sentence could hardly be regarded as definitions proper, for they are too general to be *pāribhāṣika*, i.e. technical definitions, like definitions of the sentence by Jaimini or Kātyāyana, and at the same time, they are not so simple and informal so as to be treated as *laukika* definitions.[5]

What are they then? Puṇyarāja in his commentary tries to link this or that view of the list to the different approaches to the sentence current among different philosophical schools, like Mīmāṃsa, Nyāya, or even Bauddha. He contrasts these views with Bhartṛhari's own position as a Sphoṭavādin. Some scholars are also inclined to focus, first of all, on the polemical side of the *kāṇḍa*. Thus Subramaniạ Iyer writes:

> In order to establish his own view, he [i.e. Bhartṛhari] refutes chiefly the views of the Mīmāṃsakas ... though he does not mention them, nor any particular author by name. (Subramania Iyer 1969: 183)

[4] As shown by Houben (1995: 32).

[5] As, for example, the definition of the sentence given in the *Amarakośa*: *tiṅsubantacayo vākyam*.

Of course, Bhartṛhari as a Śabdādvaitavādin is the advocate of the indivisible-sentence view and thus should defend his position. But in my opinion the polemical force of the *kāṇḍa* is not very strong. The intention of Bhartṛhari himself seems to be more constructive. When he mentions these different views on the sentence, he wants first of all, to describe possible approaches to the sentence and, as I believe, *all* possible approaches and not just to refute the opponents, or give a register of sentence definitions current in different schools. Here I fully agree with the position of G. B. Palsule, who states:

> eight different views on the nature of *vākya* ... are not exclusive of one another, for they look at the *vākya* from different angles. (Palsule 1980: 1)

Let's turn closer to the list of definitions. (I give only a brief account of the views here):

ākhyātaśabdaḥ – this approach supposes that there is one main word in the sentence and the rest are its qualifiers. This main word is verb.

saṅghātaḥ – this view characterizes the sentence as an association of words. Words, each individually possessing a generic meaning, construct the particularized meaning of a sentence through syntactical connection.

pṛthak sarvaṃ padaṃ sākāṅkṣam – this view suggests that a sentence is a conglomeration of words, particularized in their meaning because of the inseparable mutual interconnection in the sentence.

These three views mentioned concentrate more on the syntactical side of the sentence.

The *padam ādyam* view seems to be structurally very close to the previous definition of the sentence as *pṛthak sarvaṃ padaṃ sākāṅkṣam*, though it is more focused on the dynamic process of communication. The process of generating and obtaining meaning – the semantic side – is the focus of this definition. It suggests looking on the sentence first of all from the position of the speaker.

It presumes that when a speaker pronounces the very first word of the sentence, he has in his mind the particularized meaning of the whole sentence. Thus, the very first word, so to say, already contains the rest of the sentence, though for the hearer this word is perceived as obtaining only a generic meaning. But the hearer will obtain particularized meaning with the last word. That is why the previously mentioned definition of the sentence suggested by the Mīmāṃsakas as *padam antyam* is also possible.

If the sentence could be looked upon from the point of view of the dynamics of its generation and comprehension, why is not possible to regard this very dynamics – the succession of words in time – as the very nature of sentence. Thus a view on the sentence as *kramaḥ* also becomes possible.

All the above mentioned approaches presuppose the divisibility and the built-up nature of the sentence. According to Bhartṛhari these approaches really work if we assume the level of analysis (*apoddhāra*). But according to the indivisible-sentence view, i.e. *sphoṭa*, these approaches become rather limited when we enter the realm of actual communication and life-activity.

To the *akhaṇḍa* position belong the remaining three sentence definitions:

jātiḥ saṅghātavartinī,
buddhyanusaṃhṛtiḥ,
eko 'navayavaḥ śabdaḥ.

Each of them characterizes the indivisible *vākya-sphoṭa* from its own angle, but presupposes that the sentence is the real unit of communication, that brings to the mind a 'flash of understanding' – *pratibhā*, that results in a sort of certitude in what one should do (*itikartavyatā*).

What do we have then? In my opinion this list under discussion could be interpreted as an abstract and complete model of all possible approaches to the definition of the nature of the sentence. If we try to find parallels with modern concepts, these views, classified in three groups, seem to characterize the phenomenon of sentence from three angles, known as: syntactic, semantic and pragmatic. That is, the syntactic approach dominates in the definitions *ākhyātaśabdaḥ*, *saṅghātaḥ* and *pṛthak sarvaṃ padaṃ sākāṅkṣam*. The semantic component is stronger in the definitions *padam ādyam* and *kramaḥ*. Pragmatics (that does not exclude syntactic and semantic levels) governs the group of *sphoṭa* definitions, i.e. *jātiḥ saṅghātavartinī*, *buddhyanusaṃhṛtiḥ* and *eko 'navayavaḥ śabdaḥ*.

REFERENCES

HOUBEN, J. E. M, 1995. Bhartṛhari's perspectivism (2): Bhartṛhari on the primary unit of language. In: Klaus D. Dutz & Kjell Åke Forsgren (eds.), *History and Rationality. The Skövde Papers in the Historiography of Linguistics*: 29–62. Münster: Nodus Publicationen.

KUNJUNNI RAJA, K. 1962. Bhartṛhari's list of sentence-definitions (a textual problem). *Adyar Library Bulletin* 26: 206–210.

PALSULE, G. B. 1980. Bhartṛhari's concept of *vākya* and *vākyārtha*. In: S. D. Joshi (ed.), *Proceedings of the Winter Institute on Ancient Indian Theories of Sentence-meaning*: 1–8. Pune: Centre for the Advanced Study in Sanskrit, University of Poona.

SASTRI, Gaurinath 1959. *The Philosophy of Word and Meaning*. Calcutta: Sanskrit College.

SUBRAMANIA IYER, K. A. 1969. *Bhartṛhari. A Study of the Vākyapadīya in the Light of the Ancient Commentaries*. Poona: Deccan College.

Vākyapadīya of Bhartṛhari. Edited by Wilhelm Rau. (Abhandlungen für die Kunde des Morgenlandes 42.4.) Wiesbaden: Steiner, 1977.

Grammatical Principles (*paribhāṣās*) Based on Conventions or Social Practices (*lokanyāyasiddhā paribhāṣā*)

SHANKARJI JHA

In terms of the authorship of original *paribhāṣās*, the domain of Sanskrit grammar seems to be undecided. All the works we have at present declare that these *paribhāṣās* were framed by the ancients. As Kātyāyana has used the word *paribhāṣā* for the first time and presented some axiomatic statements called *vārttikas*, among which some are still intact in later works (such as *ekadeśavikṛtam ananyavat*), it is my firm conviction that he is the father of *paribhāṣās*. During the later stages of interpretation, some more suchlike axiomatic lines are supposed to be framed by different thinkers. Likewise, the number of *paribhāṣās* is also unclear.

Almost all the ancient writers have interpreted *nyāyasiddhā paribhāṣās*. A scholar of recent times, Pt. Veṇīmādhava Śukla, opines that all these *paribhāṣās* can be founded as *jñāpaka-* or *nyāyasiddhā*:

> *vastutas tu sarvā api vyākhyeyā paribhāṣā jñapakanyāyasiddhā eva* (*Bṛhaccāstrārthaṭīkā*).

I propose to mention below some of the important *paribhāṣās* founded on *nyāya* or social behaviour in light of the *Paribhāṣenduśekhara* of Nāgeśabhaṭṭa, one of the most popular works nowadays.

1. *kāryam anubhavan hi kāryī nimittatayā nāśrīyate* (PŚ 11)

'A *kāryin* (one undergoing an effect) under process of its formation (derivation) cannot be accepted as the cause (*nimitta*) of its own formation.'

Social background: It is a worldwide social understanding that a *samavāyikāraṇa* (material cause) in the formation of any effect (*kārya*) cannot be (accepted as) the *nimittakāraṇa* (instrumental cause) of the same effect and vice versa. In other words, earth or clay being the material cause of a pitcher is not (accepted to be) identical to the instrumental cause – a potter etc. – of the said pitcher. On the basis of this social understanding, the *paribhāṣā* in question has been called *lokanyāyasiddhā* (although it comes under the fold of *jñāpakasiddhā* also).

Grammatical application: *adhyetā* consists of *adhi+iṅ+tṛc*. Here, *i* is the *kāryin* under process of being *e* by *guṇa* substitution. The rule *kṅiti ca* (A 1.1.5) applies here to prevent *guṇa* of *i* on the basis of its being *ṅit*. But through the dictum of the present *paribhāṣā* the root *iṅ* cannot act as cause of its own change. Thus by the rule *sārvadhātukārdhadhātukayoḥ* (A 7.3.84), there is derived *adhyetā* and, comparably, *śayitā* and so on.

2. *gauṇamukhyayor mukhye kāryasampratyayaḥ* (PŚ 16)

'Śāstric or grammatical applications always prefer main (*mukhya*) to subordinate (*gauṇa*).'

It is a common social practice that people always prefer main to subordinate in all respects, and the main always achieves dominance over the subordinate.

In *mahadbhūtaś candramāḥ* (the moon that has waxed), the moon is *āropitamahattvaviśiṣṭa* (one with greatness donned) in accordance with the meaning (*amahān mahān bhūtaḥ* 'what was not large has become large'). Hence, the rule *ān mahataḥ samānādhikaraṇajātīyayoḥ* (A 6.3.46) does not apply to produce length in the word *mahat*. Although the rule *ān mahataḥ* ... does not specify its jurisdiction as *gauṇa* or *mukhya* meaning, still on the basis of the social behaviour pertaining to the main and subordinate it applies to the word with the main meaning alone. Here *mahadbhūtaś candramā·* is the usage having subordinate (*gauṇa*) meaning.

3. *ekayoganirdiṣṭānāṃ saha vā pravṛttiḥ saha vā nivṛttiḥ*·(PŚ 18)

'The various elements related together through one relation come (apply) together or go (revert) together.'

In society we see that people or creatures belonging to a particular class come or go together. Some birds being a group also fly together. The queen bee comes and goes along with her group. On the basis of this social behaviour stands the *paribhāṣā ekayoga* ...

As regards its śāstric applications, this *paribhāṣā* is used in the matter of *anuvṛtti*. In the *Aṣṭādhyāyī* there are two sūtras in consecutive order: *liṅsicāv ātmanepadeṣu* (1.2.11) and *uś ca* (1.2.12). Here all the elements of the former – i.e., *liṅ*, *sic*, and *ātmanepada* – are brought to the latter as a process of *anuvṛtti*. Here arises the objection that only one element, *ātmanepada*, should come to the latter on account of its being the nearest one. But through the direction of the *paribhāṣā* in question based on the *lokanyāya*, all the elements of the former come to the latter, thus suggesting the meaning: *avarṇāt paraṃ jhalādiliṅ taṅparakaś ca jhalādisic ity ubhau kitau bhavataḥ*. Nīlakaṇṭha Dīkṣita (writer of the *Paribhāṣāvṛtti*) opines that this *paribhāṣā* is also *jñāpakasiddhā* and that the mentioning of *iṭ* in *ārdhadhātukasyeḍ valādeḥ* (A 7.2.35) is a *jñāpaka* (indicator), where *iṭ* automatically comes (by *anuvṛtti*) from the earlier rule *neḍ vaśi kṛti* (A 7.2.8). But Nāgeśa does not approve this idea. According to Nāgeśa, Patañjali (in the *Mahābhāṣya*) propounds some other purposes of keeping *iṭ* in the rule *ārdhadhātukasyeḍ valādeḥ*. That is, the iṭ of this rule should not undergo a change to *guṇa*, so in *bhavitā* the possibility of *guṇa* is ruled out (*Mahābhāṣya* under *dīdhīvevīṭām* [A 1.1.6]).

4. *vyapdeśivad ekasmin* (PŚ 31),
i.e., *ekasmin vyapadeśivad aṅgivat kāryaṃ bhavati*

'The application (of a rule etc.) is recommended to a solitary element also like a compound one (*aṅgin*).'

The social behaviour behind this *paribhāṣā* is as follows. In society, someone's only son is simultaneously maintained as 'the eldest', 'the elder', or 'the youngest'. Likewise, a grammatical rule recommended for a compound word is applicable to a solitary element (sound/letter) also as the case may be.

In the example *asya apatyam iḥ*, the rule *ata iñ* (A 6.4.11) applies, according to which the suffix *iñ* should be applied to a group/compound ending with *a*. By this, *dākṣiḥ* etc. are framed without any objection, derived from *dakṣa+iñ*. In the case of *asya apatyam*, there is a solitary *sthānī* (element to be replaced), *a*, and not a group ending with *a*. Still, by the dictum of this *paribhāṣā*, a solitary *a* is maintained as a group ending with *a* and is entitled to have the suffix *iñ* by the rule *ata iñ*.

5. *ekadeśavikṛtam ananyavat* (PŚ 31)

'Any object (word in the present context), in spite of being partially modified, is maintained as the same (object or word) and not otherwise.'

The nature of this *paribhāṣā* is evident in social practices: a dog whose tail is cut off is not called a horse or an ass but a dog alone.

Derived forms like *rāmau* (from *rāma-au*) etc., where the suffix *au* loses its identity owing to *vṛddhi ekādeśa* (where two vowel sounds are fused together and considered a single one), lose the ability of being called a *pada* (a derivable usable word) by the rule *suptiṅantaṃ padam* (A 1.4.14). Here, if the *ekādeśa* (fused form) *au* is maintained as *sup* by *parādivadbhāva*, then *rāma* will not remain *tadādi* (*prakṛti*). Likewise, *pūrvāntavadbhāva* also is of no avail, because the dictum *ubhayata āśrayaṇe nāntādivat* (in case of both, *antādivat* is not acceptable) enjoins *parādivadbhāva* alone.

In this circumstance, the *paribhāṣā ekadeśavikṛtam ananyavat* comes to the aid, and rules that a slight change in the form of the *prakṛti* is ignorable and a slightly changed *prakṛti* will be maintained as complete, the way a dog with its tail cut off is called a dog alone and not something else. By this *paribhāṣā*, *rāma* and *au* can have *tadāditva* and *suptva* respectively by *parādivadbhāva*, and thus *rāmau* will be able to be called a *subanta pada*. This *paribhāṣā* has been interpreted as *jñāpakasiddhā* also.

6. *asiddhaṃ bahiraṅgam antaraṅge* (PŚ 51)

'Intimacy or intimate terms take priority over outward relationship; or outward [distant] matters are ignored in case of having an inner or closer one.'

This grammatical principle is based purely on social behaviour: people prefer their kith and kin to other persons. Among the kith and kin also, preference is given to the nearest relation.

In the domain of Sanskrit grammar, *antaraṅga* and *bahiraṅga* have been interpreted in various ways. The simpler definition is *bahvapekṣatvaṃ bahiraṅgatvam* and *alpāpekṣatvam antaraṅgatvam*, that is, requiring more subjects or objects is *bahiraṅga* and requiring less subject or objects in *antaraṅga*. This *paribhāṣā* conjures up memory of the rule *sthāne'ntaratamaḥ* (A 1.1.50), by which the *sadṛśatama ādeśa* (replacing by the nearest relative sound) is enjoined.

The grammatical example is *grāmaṇī kulam*, where in the collocation *grāmaṇī+i* the *nityaśāstra iko'ci vibhaktau* (A 7.1.73) introducing *num* is prevented by the *antaraṅgaśāstra hrasvo napuṃsake prātipadikasya* (A 1.2.47) providing *hrasvatā* (shortness).

Showing the social practice in this *paribhāṣā*, Nāgeśa presents an interesting matter. A person, first of all, after waking up in the morning, entertains oneself (cleans his own body) and then takes care of other things or people (PŚ 51).

7. *sūtre liṅgavacanam atantram* (PŚ 74)

'Gender and number mentioned in any sūtra are not considered in terms of its application (*avivakṣitam*).'

That is, the *sūtrakāra* Pāṇini does not want gender and number applied to any word or aphorism to have any impact on its meaning. As such, in the sūtra *tasyāpatyam* (A 4.1.92) the singular number of the word *tasya* as well as the neuter gender of *apatyam* does not mean that words derived by this rule should necessarily be in the singular number and neuter gender. For example, by the dictum of this *paribhāṣā*, both forms *gārgyaḥ* and *gārgyau* are held correct, where the suffix *yañ* is enjoined by the rule *gargādibhyo yañ* (A 4.1.105) under the *adhikara* of the rule *tasyāpatyam*. In the absence of this *paribhāṣā gargādibhyo yañ* would produce words in singular number and neuter gender only, on account of being under the *adhikāra* of *tasyāpatyam*, with singular number and neuter gender in its constituent parts.

About the social example, it is said:

> *dhānyapalālanyāyena nāntarīyakatayā tayoḥ* (*liṅgavacanayoḥ*) *upādānam* (PŚ 74).

That is, rice or any food/grain cannot be brought (from the field) without straw or husk, as cereals (and also some fruits) are inevitably attached to straw and husk. Meat or fish also cannot be brought (from the market) without bones. The users have to separate unwanted elements – straw, husk, bones etc. – from raw food. Likewise, number and gender, being inevitable to frame a sentence, do appear, but they are unwanted concerning the purport or theme of the sentence.

8. *bahuvrīhau tadguṇasaṃvijñānam api* (PŚ 78)

'In case of a *bahuvrīhi* compound, both *tadguṇa* and *atadguṇa saṃvijñāna* (the knowledge with and without subordinate matters) are applicable (acceptable).'

In social behaviour, there is a usage *lambakarṇam ānaya* 'Bring a person whose ears are long'. Here, the ears as parts of the body are also brought along with the person. This is the case of *tadguṇasaṃvijñāna-bahuvrīhi*, where a constituent part of anything (as a subordinate meaning) is also conveyed or suggested. In addition, through this *paribhāṣā* the *bahuvrīhi* type of compound words also conveys *atadguṇasaṃvijñāna*, the knowledge without the subordinate matters, where a thing or person is not the constituent part of the entire meaning. For example, there is a social usage *dṛṣṭasāgaram ānaya* 'Bring the person who has seen the sea'. Here the person is brought but not the sea seen by him. This is the case of *atadguṇasaṃvijñāna*, where any subordinate meaning does not become the part of the main meaning, hence does not come into function.

Thus, both aspects of a *bahuvrīhisamāsa* are connoted or propounded through this *paribhāṣā*, that is completely founded on social practice.

This *paribhāṣā* has variant readings in other works, such as *bhavati ca bahuvrīhau tadguṇasaṃvijñānam iti* in Vyāḍi's *Paribhāṣāpāṭha* and *anyārthe tadguṇasaṃvijñānam api* in *Cāndraparibhāṣāpāṭha*.

9. *sannipātalakṣaṇo vidhir animittaṃ tadvighātasya* (PŚ 86)

'A *vidhi* (work or thing) caused by the relationship between two elements cannot become the cause of the destruction of the same (i.e, that causal relationship).'

Causing harm to one's protector or producer is not recommended in a civilized society. A son should not kill (or cause the killing of) his own father; likewise even in the following grammatical application, any protected or caused (son-like) element is prohibited to kill (to become the cause of killing) its own producer.

In the derived form *śatāni*, there is the juxtaposition of *śata*, *jas* (*śi*), and *num* (*n*): *śata+n+i*.

Here there can apply the *saṃjñā ṣaṭ* by *ṣṇāntā ṣaṭ* (A 1.2.24), provoking *luk* (deletion) of *i*. This is stopped by the *paribhāṣā* in question, because *i* gives rise to *num* (*n*) and this very *num* is to be the cause of the *saṃjñā ṣaṭ*, that is intent on obliterating (killing) *i*. Now, by the dictum of this *paribhāṣā*, *num* is not allowed to be the cause (*nimitta*) of the *saṃjñā ṣaṭ*. There are other examples also, such as *rāmāya*, although this *paribhāṣā* is prohibited in the case of *rāmāya*, following a *sūtranirdeśa* as *kaṣṭāya kramaṇe* (A 3.1.14).

This is one of the most famous *paribhāṣā*s of Sanskrit grammar.

10. *avayavaśakteḥ samudāyaśaktir balīyasī* (PŚ 107)

'Out of two meanings, the one being quite familiar with the social behaviour (*rūḍha*) is held stronger than the derivational one (conveyed through the root/stem and suffixes).'

This *paribhāṣā* is completely based on social practice. On this very social practice is based the *rathakārādhikaraṇa* of the Mīmāṃsā philosophy, where the socially accepted meaning of the word *rathakāra* as 'a particular creed or caste' is taken into account and the derivational meaning 'one who makes a car (*ratha*)' is ignored because anyone other than a member of the carpenter creed may be a car maker.

As regards the grammatical applicability of this *paribhāṣā*, the word *mātṛ* conventionally meaning 'mother' is accepted to have prohibition of *ṅīp* (*ī*) by the sūtra *na ṣaṭsvasrādibhyaḥ* (A 4.1.10), and the derivational meaning 'measurer' (*mā+tṛc*) is ignored.

11. *pratyekaṃ vākyaparisamāptiḥ* (PŚ 116)

'The ending of a sentence applies to each component of the full sentence.'

Concerning the sūtra *vṛddhir ād aic* (A 1.1.1), meaning '*āt* and *aic* shall be called *vṛddhi*', the question arises as to whether *vṛddhi* signifies *āt* and *aic* combined or separately. This *paribhāṣā* gives the ruling that *vṛddhi* connotes *āt* and *aic* separately because *vṛddhi* of the sūtra applies to each component of the full text separately: *vṛddhiḥ āt, vṛddhiḥ aic.*

The conventional example of the present context is shown as *devadattayajñadattaviṣṇumitrāḥ bhojyantām* 'Devadatta, Yajñadatta and Viṣṇumitra should be fed', where feeding applies to each person separately and not collectively. It means to say that these three persons are to be fed. It is not necessary that only the assemblage of these three is entitled to be fed; they may be fed separately also.

12. *kvacit samudāye 'pi* (PŚ 117)

'In some cases, the *saṃjñā* or entitlement is granted to the entirety or assemblage also.'

By accepting the previous *paribhāṣā*, there is a problem in the matter of *saṃyogasaṃjñā, samāsa*, and *abhyastasaṃjñā*, as these *saṃjñā*s would have to be given to the components separately, which is an undesired matter; hence, the present *paribhāṣā* is framed, which suggests that in some cases the *saṃjñā* (or entitlement) be granted to the entirely or assemblage also.

A conventional description stands thus. The dictum *gargāḥ śataṃ daṇḍyantām* 'Gargas (people of a particular community) should be fined one hundred' means that one hundred should be collected from the Garga community, not that one hundred should be collected from each person of the Garga community.

On the basis of this *paribhāṣā*, the *saṃjñā saṃyoga* is attributed to an entire group of *vyañjana*s (consonant sounds) and not to each individual *vyañjana*, *samāsa* to a whole compound (not to each component part), and the *saṃjñā abhyāsa* to a whole element (not to each part of it). Hence, in the form *niryātaḥ* the *t* of the *niṣṭhā* suffix is not replaced by *n* by the rule *saṃyogāder āto dhātor yaṇvataḥ* (A 8.2.43).

13. *parjanyaval lakṣaṇapravṛttiḥ* (PŚ 120)

'Sūtras fall or apply like a raincloud.'

It is evident in day-to-day human life that clouds give rain to the earth as well as to the sea or a tank alike. A cloud while causing rain does not consider the place in need of water; it gives water everywhere, even to the sea, where rainfall is not needed. Likewise, every sūtra of Pāṇini applies to its jurisdiction irrespective of the necessity for its application.

The grammatical utility of this *paribhāṣā* is found in the formation of the word *ūkhatuḥ*, third person dual perfect of the root *ukh* (*gatau*). After duplication and application of *abhyāsasaṃjñā* and *halādiśeṣa*, there is *u+ukh+atus*. Here shortening by the sūtra *hrasvaḥ* (A 7.4.59) is not needed as *u* is already short. By *savarṇadīrgha*, the word *ūkhatuḥ* is acquired. Now, to our utmost dismay, after having the form *ūkhatuḥ* there comes the sūtra *hrasvaḥ* and replaces the long *ū* with short *u*, thus producing the undesired word **ukhatuḥ*. To prevent this undesired form the present *paribhāṣā* is utilized, which rules that the sūtra *hrasvaḥ* be applied earlier, in *u+ukh+atus*, even if shortening is not needed, and the already short sound *u* be made short again. In doing so, there is no difficulty, as the *paribhāṣā parjanyavat* ... enjoins this. By substituting a short *u* for an already short *u,* at the final stage when the form *ūkhatuḥ* is ready, the rule *hrasva·* cannot apply again, following another *paribhāṣā, lakṣye lakṣaṇaṃ sakṛd eva pravartate*: a sūtra applies to a word under its jurisdiction once and not again and again. Thus, one gets the correct desired (*iṣṭa*) form *ūkhatuḥ* that is made possible by this *paribhāṣā*.

14. *niṣedhāś ca balīyāṃsaḥ* (PŚ 122)

'Prohibitions are stronger; prohibitory rules are stronger than general ones.'

The nature of *niṣedhaśāstra*s (prohibitions) is to stop the functioning of *vidhiśāstra*s (applicability or general rules). It is, therefore, necessary that the *niṣedha* (prohibition) must be stronger than the *vidhi*. In social behaviour also, the destroyer or victorious one becomes stronger than the destructible or vanquished; and being stronger alone on acquiring might, the destroyer inclines to destroy or defeat the enemy. Following this very conventional example, this *paribhāṣā* applies to solve the following grammatical problem concerning the form *syantsyati* (third person singular future of *syandū* [*prasravaṇe*]). After allowing a *parasmaipada* ending by the rule *vṛdbhyaḥ syasanoḥ* (A 1.3.92), comes the prohibition (*niṣedha*) of *iṭ* by the rule *na vṛdbhyaś caturbhyaḥ* (A 7.2.59). This prohibition is *bahiraṅga* owing to its having an outer condition (*bahirbhūtanimittaka*) and is blocked by the *antaraṅga* sūtra (intimate-term-rule) *svaratisūtisūyatidhūñudito vā* (A 7.2.44). By the application of the *antaraṅga* rule on the basis of maintaining *ūdit* as *antaraṅga*, this prohibition becomes optional. By this, the form will get *iṭ* and the finally derived form will be **syandiṣyati*, an undesired (*aniṣṭa*) one. To stop this *iṭ* by the *antaraṅga* rule, the *paribhāṣā* under review is accepted, which rules that a *niṣedha* (prohibition) is stronger in spite of its being *bahiraṅga*. So we have a single desired form *syantsyati*.

Besides the above *paribhāṣā* founded on social behaviour, in the *Paribhāṣenduśekhara* there are interpreted some *yuktisiddhā paribhāṣās*, those founded on *yukti* (logic). The term *nyāya* means *yukti* or logic also. Among such *paribhāṣā* are a few noted below.

15. *arthavadgrahaṇe nānarthakasya* (PŚ 15)

'Meaningful words should be accepted, not meaningless ones, in case of both on grammatical applications.'

There are usages *ghaṭam ānaya* 'Bring a pitcher' and *ghaṭam uccāraya* 'Utter a pitcher'. Here, by the former sentence the meaning (object) of the word *ghaṭa* is brought and by the latter only the word *ghaṭa* is uttered. In both cases, the meaningfulness of the word is taken into account. In the latter sentence also, a word conveying the meaning of pitcher is uttered. Even by the rule *agner ḍhak* (A 4.3.33), the word *agni* conveying the meaning 'flames' is conveyed and recommended for having the suffix *ḍhak*. Thus, on having approval of society (as social practice) as well as *śāstra* (*agner ḍhak*), the *paribhāṣā* in question comes up.

By the dictum of this *paribhāṣā*, *vṛddhi* is admissible in the word *prauḍha* but not in *proḍhavān*. In the collocation *pra+ūḍha*, the word *ūḍha* is meaningful as *vah+kta* (→ *ūḍha*), but in *ūḍhavat* the same word is meaningless because of being a part of the full form *ūḍhavat*. The full form is meaningful as *vah+ktavatu* but its part *ūḍha* is not.

16. *ardhamātrālāghavena putrotsavaṃ manyante vaiyākaraṇāḥ* (PŚ 134)

'Grammarians celebrate a son's birth (become happy as on a son's birth) on having shortness or economy of even half a *mātrā*.'

Although this *paribhāṣā* is not declared as *nyāyasiddhā* by Nāgeśa, the social practice of celebrating a son's birth certainly gives the lie to this. By this *paribhāṣā* grammarians are advised to use words briefly in the best possible ways.

This *paribhāṣā* is mentioned in the Bhāṣya on *e o ṅ*, *ai au c* (*Pratyāhārasūtra* 3, 4), where it is propounded that half *e* (*ardha ekāra*) and half *o* (*ardha okāra*) are not existent in Sanskrit grammar. In this *paribhāṣā* the word *api* is also desirable; thus, along with the economy of half a *mātrā*, even the economy of a full word is also desirable, so that the *paribhāṣā* should be read as *ardhamātrālāghavenāpi putrotsavaṃ manyante vaiyākaraṇāḥ*. That is, where economy of even half a *mātrā* is desirable, what to speak of a full word.

Thus we see that social behaviour or social practices have been fully exploited by the masters of Sanskrit grammar while interpreting grammatical issues. So pervasive is the impact of social practices on the *śāstras* (fields of learning) that Patañjali had to give a clarion call: *liṅgam aśiṣyaṃ lokāśrayatvāl liṅgasya*. That is, even the gender of any word or thing should be fixed in accordance with social practices; gender is totally based on society. There are also such Pāṇinian rules as are completely based on social practices, such as *sthānivad ādeśo 'nalvidhau* (A 1.1.56). This sūtra functions like the following social behaviour: any student or disciple sent in place of his guru receives the respect befitting the latter, or the son of a teacher should be regarded as the teacher himself. Although this sūtra is not a *paribhāṣā* sūtra but an *atideśasūtra*, scholars are of the view that there is the slightest or nominal demarcation line between a *paribhāṣāsūtra* and an *atideśasūtra* (see *Paribhāṣendu-śekhara*, Hindi commentary by Dr. Harshanath Mishra).

Not only Indian authors but also some western scholars of repute have produced excellent works on *paribhāṣā*s in particular, among whom mention must be made of Goldstücker and Kielhorn.

To conclude, in this paper I have pinpointed only a few points, in brief, of the vast domain of *paribhāṣā*s, and a thorough and detailed study of the subject will certainly be a task full of interest.[1]

REFERENCES

A *Pāṇinīya Aṣṭādhyāyī – Sūtrapāṭha.* Edited by Brahmadatta Jijñāsu. Sonepat: Rāmlāla Kapūra Trust.

GOLDSTÜCKER, Theodor 1965. *Pāṇini, his Place in Sanskrit Literature.* Varanasi: Chowkhamba.

KIELHORN, Lorenz Franz. *Kātyāyana and Patañjali: their relation to each-other and to Pāṇini.* Varanasi: Indological Book House, 1963.

Mahābhāṣya of Patañjali.
– Edited by Pt. Guruprasāda Śastrī. Varanasi: Rajasthan Sanskrit College, 1939.
– Edited by Kshitish Chandra Chatterji. Calcutta: A Mukherjee and Co, 1953.

Paribhāṣāvṛtti of Puruṣottama Deva. Edited by Dinesh Chandra Bhattacharya. Calcutta: Asiatic Society, 1912, (Reprint: Rajshahi, Bengal 1946.)

---

[1] The author is highly grateful to Dr. Harsh Nath Mishra, whose work *Paribhāṣenduśekhara – Durgā Commentary* has been of much help in the preparation of this paper.

PŚ *Paribhāṣenduśekhara* of Nāgeśabhaṭṭa
– With *Bṛhacchāstrārthakalā* by Veṇīmādhava Śukla. (Kashi Sanskrit Series, 137.) Varanasi: Chowkhamba Sanskrit Series Office, 1943.
– With *Durgā* commentary by Harsh Nath Mishra. Delhi: Shri Lal Bahadur Shastri Rashtriya Sanskrit Vidyapeeth, 1978.
– With *Haimavatī* by Yogeśvara Śāstrī. Varanasi: Sampurnanand Sanskrit University, 1975.
– With *Vijayā* commentary by Jayadeva Miśra. Allahabad 1941.

SARMA, Madhav Krishna 1968. *Pāṇini, Kātyāyana and Patañjali.* Delhi: Shri Lal Bahadur Shastri Rashtriya Sanskrit Vidyapeeth.

Siddhāntakaumudī by Śrī Bhaṭṭoji Dīkṣita
– Edited by Pt. Bhargava Śāstrī Joshi. Bombay: Nirṇaya Sāgara Press, 1942.
– Edited by Bālakṛṣna Pañcholī, with 'Ratnaprabhā' Hindī Commentary. Varanasi: Chowkhamba, 1942.

Preserving the Predicate: Syntactical Perspectives in *Mahimabhaṭṭa*

C. RAJENDRAN

Syntactical questions, generally, are not the major area of concern of Sanskrit grammarians and it is well known that Pāṇini has not given even a formal definition of a sentence. There have indeed been ingenious attempts by several scholars to explore the syntactical predilections of Pāṇini (Misra 1966; Mahavir 1984; Rajendran 2000a). However, there can be no denying of the fact that Pāṇinian grammar is prominently focused on word formation. H. Kern states that

> Indian grammar which is virtually the same as saying Pāṇini's grammar, superior as it is in many respects to anything of the kind produced among other civilized nations of antiquity, is professedly deficient in its treatment of syntax (Kern 1886: v).

Among syntactical problems treated by Pāṇini, word order regulations are mainly confined to compound structures, as sūtras like *upasarjanam pūrvam* (2.2.30) and *te prāgdhātoḥ* (1.4.80) would indicate. Otherwise, Pāṇinian (and other) grammars do not have anything particular to enjoin in syntactical issues like word order in a sentence, or selection between a compound and a semantically equivalent cluster of regular inflected words. We have to look into the writings of Mīmāmsaka philosophers and poeticians to find out the valuable traditional insights in relation to Sanskrit syntax.

Among the latter, the *Vyaktiviveka* of Mahimabhaṭṭa is of seminal importance because of the bold, original and often unorthodox ideas of the author on syntactical problems. Most of these problems are discussed by Mahimabhaṭṭa in the second chapter of his *Vyaktiviveka*, when he elaborates his notion of impropriety related to words (*śabdānaucitya*). Some of the improprieties mentioned by Mahimabhaṭṭa, like misplaced emphasis (*vidheyāvimarśa*) and breach in initiated order (*prakramabheda*) are important syntactical problems related to the employment of relative pronouns, particles and compounds. I have elsewhere discussed Mahimabhaṭṭa's notion of the position of particles and predicates in Sanskrit word order (Rajendran 2000b). In his discussions, Mahimabhaṭṭa takes the stand that, in any given sentence, there will be some predicated elements and they should be prominently represented. Any syntactical system whether it is a compound, *kṛt-anta* or *taddhitānta* or a full sentence, overlooking the subtle prominence of the predicate, is to be regarded as a defect.

It is significant that Mahimabhaṭṭa uses the term 'impropriety' (*anaucitya*), to denote syntactical and other stylistic defects probably because he was aware of the fact that violations of a natural syntactical order is not a formal grammatical defect in an inflexional language like Sanskrit. While grammatical mistakes are rule-verifiable, the improprieties mentioned by Mahimabhaṭṭa are not so. They are only intuitively understood by a sensitive reader. It is interesting to note that Mahimabhaṭṭa always appeals to the sensitive reader as the ultimate judge in determining whether the defects detected by him are actual defects.[1] This would indicate that the usage regulations mentioned by him are conceived by him as a sort of supplement to the formal grammar, not strictly falling under the province of grammar. Mahimabhaṭṭa, however, takes pain to demonstrate that some of the principles of usage mentioned by him

[1] Cf. *Vyaktiviveka*, p. 239: *yadi sarveṣv evetyabhyupagamaḥ tarhi sahṛdayāḥ pṛcchyntāṃ vayaṃ tāvanmahadantarametayoḥ pratītyoḥ paśyāmaḥ* |

are implicitly recognized by Pāṇini himself, even though lost sight of by his mechanical commentators.[2]

An interesting problem discussed by Mahimabhaṭṭa centres around the desirability of a compound in a sentence. It is generally assumed on the basis of the Pāṇinian sūtra *samarthaḥ padavidhiḥ* (2.1.1) that, theoretically, any cluster of words having *sāmarthya*, what may be termed as a sort of compatibility, can be compounded together. In the grammatical tradition, *sāmarthya* is broadly distinguished into two; viz., (1) syntactical compatibility (*vyapekṣā*), the quality which exists between two words like *rājñaḥ* and *puruṣaḥ* and (2) semantic unifiedness (*ekārthībhāva*), the capacity of a group of words to denote a unified sense.[3] It is assumed in traditional grammar that the second type of compatibility alone is necessary for a group of words to form a compound. This stipulation is supposed to ensure that clusters of words like *ṛddhasya rājñaḥ puruṣaḥ* are excluded from the purview of compounds. However, according to Mahimabhaṭṭa, *sāmarthya*, the pre-requisite for a compound, is not confined to this narrow sense. It has another implication, viz., a semantic amalgamation of two (or more) words whose senses are in a *hierarchical* relationship. This amalgamation between member words is through the character of some meanings as qualifiers (*viśeṣaṇa*) and some as the qualified (*viśeṣya*). Consequently, the meaning of the dominant member of the compound will be always qualified by the meaning of the subordinate word. There cannot be *samāsa* between words which do not enter into this relationship. Ruyyaka, the commentator of Mahimabhaṭṭa, here

---

[2] Cf. *Vyaktiviveka*, p. 255: *etadācāryasyāpi anumatameveti jñāyate, yadayam vṛṣalyāḥ kāmukaḥ, dāsyāḥ putraḥ ityādau kāmukāderākrośādapakarṣapratipattaye samāse 'pi vibhakteralukamāha.*

[3] Cf. *Bālamanoramā*: *sāmarthyaṃ dvividham* | *vyapekṣālakṣaṇam ekārthībhāvalakṣaṇaṃ ca tatra svārthaparyavasāyinām padānām ākāṅkṣādivaśādyaḥ parasparānvayaḥ tad vyapekṣālakṣaṇam sāmarthyam viśiṣṭā apekṣā vyapekṣeti vyutpatteḥ sambandhārthaḥ samartha iti vyutpatteśca* | ... *ekārthībhāvalakṣaṇaṃ sāmarthyaṃ tu prakriyādaśāyām pratyekamarthavattvena pṛthag gṛhītānām padānāṃ samudāyaśaktyā viśiṣṭaikārthapratipādakatārūpam* | (*Siddhāntakaumudī* II.379)

points out that the *dvandva* type of compound is the only exception to this rule where both the semantic components are of equal importance.

Mahimabhaṭṭa conceives of this qualified-qualifier relationship in two forms: of the same locus (*samānādhikaraṇa*) and of different loci (*vyadhikaraṇa*). All the compounds can be classified in this framework. The compounds *karmadhāraya*, *bahuvrīhi*, *dvigu* and *nañsamāsa* fall under the former category, whereas *tatpuruṣa* and *avyayībhāva* are instances of the later.[4]

Mahimabhaṭṭa makes a significant observation that compounds are not desirable in places where the attribute enjoys some prominence in the sentence in its capacity to produce charm (*camatkāra*) by enhancing the prominence of the object qualified by it. Referring to the use of the compound *ambikākesarī* (Mother Goddess's lion) in a verse, he maintains that only the compoundless usage of the words *ambikāyāḥ kesarī* can conjure up all the prowess of the lion in its capacity as the vehicle of Mother Goddess; in the compound, however, *ambikā*, the term signifying Mother Goddess is unjustifiably reduced to a subordinate position. In ordinary places, *ambikākesarī* is supposed to reflect the hierarchy in importance between the qualifier *ambikā* and the qualified sense, *kesarī;* the qualified sense is more important than its qualifier. But in the present context, the poet uses the qualifier infused with some special significance. Here the word *ambikāyāḥ* should be regarded as the predicated (*vidheya*) element. A predicated element should never lose its prominence in a sentence by being subordinated to the object qualified by it in a compound.

In this context, Mahimabhaṭṭa anticipates a relevant objection: the attribute is always less important in comparison with the object

---

[4] *sa ca viśeṣaṇaviśeṣyabhāvo dvidhaiva sambhavati samānādhikaraṇo vyadhikaraṇaśceti* | *tatrādyaḥ karmadhārayasya viṣayaḥ* | *yatra tu dve bahūni vā padāni anyasya padasyārthe viśeṣaṇabhāvam bhajante sā bahuvrīheḥ saraṇiḥ* | *tatraiva yadā saṅkhyāyāḥ pratiṣedhasya ca viśeṣaṇabhāvo bhavet tadā sa dvigor nañsamāsasya ca viṣayaḥ* | (*Vyaktiviveka*, p. 228)

it qualifies; a predicated element, on the other hand, is always prominent. How can an attribute be less important and prominent at the same time? In reply to this, it is pointed out that the prominence enjoyed by an attribute is not inherent in it, but implied (*vaivakṣika*). There can be a contradiction between two conflicting objects belonging to the same plane of existence. There can, thus, be a contradiction between a real elephant and a real lion and not between a real elephant and an imaginary lion.[5] Similarly, there cannot be a conflict between the inherent lack of prominence of an adjunct by virtue of being an adjunct and the special prominence it enjoys due to implication conveyed by a gifted poet.

It can be seen that in Mahimabhaṭṭa's analysis, there are actually three types of prominence possible in a sentence. He refers to the following verse to illustrate this:

> *yaḥ sarvaṃ kaṣati khalo bibharti yaḥ kukṣim eva satyatithau* |
> *yaś ca vidhuṃ tudati sadā śīrṣacchedam trayo 'pi te 'rhanti* ||

That wicked person who grieves all, he who fills his own belly even when a guest comes, he who swallows the Moon always – all the three deserve beheading.

Here the poet has avoided *kṛt-anta* formations like *sarvaṃkaṣaḥ*, *kukṣimbhariḥ* and *vidhuṃtudaḥ* to bring forth the prominence of the objects of these actions by treating them as independent words. Mahimabhaṭṭa points out that even though the action denoted by the verb is the most important element at the word level (*śabdavṛtti*) in the sentence, it does not rob the prominence of the means (*sādhana*) of the action, obtained through implication. In this context, he refers to three types of prominence; viz., that caused at the level of the word (*śabdakṛta*), that inherent in the object (*arthakṛta*) and that which is implied (*vivakṣākṛta*). Ruyyaka gives the following illustrations for the three:

---

[5] *na ca vastvavastunor virodhaḥ na hi satyahastinaḥ kalpanākesariṇaś ca kaścidanyonyaṃ virodhamavagacchati* | (*Vyaktiviveka*, p. 230)

1. *śabdakṛta*
The prominence of the latter member of a *karmadhāraya* compound.
2. *arthakṛta*
'He is sweeping the house' (*gṛham sammārṣṭi*). Here the word *gṛha* is prominent because it is the contextual one, the object being cleaned.
3. *vivakṣākṛta*
'You are the hand of Rama' (*rāmasya pāṇir asi*). Here Rama is the prominent element due to implication.

Mahimabhaṭṭa categorically states that among the three, the last one is the most powerful type of prominence and it cannot be equated with the other types of prominence operating at different levels.

Why does a word lose its prominence when it is compounded with another word at all? In reply to this question, Mahimabhaṭṭa says that the predicativeness of adjuncts can be known only when suffixes are employed. That is why they become prominent at the semantic level even when the qualified object is prominent at the word level. In other words, the suffix becomes an indicator of the prominence of an adjunct in a sentence. However, this is possible only when it is left undisturbed by the avoidance of a compound. Mahimabhaṭṭa maintains that this fact is implicitly recognized by Pāṇini himself when enjoining *aluk samāsa* as per the rule *saṣṭhyā ākrośe* (6.3.21). As per this rule, Pāṇini enjoys the non-elision of the genitive suffix when condemnation is implied as in *dāsyāḥ putraḥ*, the ignoble son of a slave and *vṛṣalyāḥ kāmukaḥ*, the wretched lover of a low-caste woman. The same *tatpuruṣa*, when this prominent sense is not intended becomes *dāsīputra* and *vṛṣalīkāmuka*, which simply convey the idea of the son of a slave and the lover of a low-caste woman without implying any special derogatory sense.

Another explanation given by Mahimabhaṭṭa for the prominence of the uncompounded word is linked with the performance level of the literary language. Like Bharata, the author of *Nāṭyaśāstra*, he also views techniques of expression like *samāsa* (compound), *vṛtta* (metre) *vṛtti*s (styles) and *kāku* (intonation) as limbs of verbal acting (*vācikābhinaya*) and hence factors giving rise to aesthetic experience in performance. Compounds are undesirable in the case of sentiments like *śānta*, *śṛṅgāra* and *karuṇa*, a position Mahimabhaṭṭa accepts from poeticians like Ānandavardhana.[6] He, however, does not develop this interesting argument further.

Mahimabhaṭṭa maintains that the technical defect of misplaced emphasis (*vidheyāvimarśa*) is regarded as a flaw in poetry, since in poetry the meaning can generate aesthetic charm only when it is represented with suitable twists given by the poets. Poets have to present objects in a certain tone, suggesting their superiority (*utkarṣa*) or inferiority (*apakarṣa*).[7] A matter of fact description of objects may be desirable in scientific treatises, but in poetry it has no place. The superiority and inferiority of objects can be conveyed only when suffixes added to the words denoting objects retain their prominence. Hence compounds are not desirable in poetry, when poets want to suggest nuances of meaning. Interestingly, Mahimabhaṭṭa raises the question whether a compound is acceptable in a descriptive sense as in *takṣakasarpa*, the serpent *takṣaka*. According to Mahimabhaṭṭa, since we can cognise serpenthood from the word *takṣaka* itself, the compounded form *takṣakasarpa* is superfluous.

Mahimabhaṭṭa also raises the question if this undesirability of compounds in certain places is covered by the optionality of *samāsa* contained in the sūtra *viśeṣaṇam viśeṣyeṇa bahulam* (2.1.57), where the word *bahula* means optionality in the case of compounds

---

[6] *kintu pravṛttiretasya rasābhivyaktyapekṣayā* | *śāntaśṛṅgārakaruṇānantareṇa praśasyate* || *yataḥ samāso vṛttaṃ ca vṛttayaḥ kākavastathā* | *vācikābhinayātmatvād rasābhivyaktihetavaḥ* || *sa cārthāntāvadhiḥ kāryo nādhiko gadyatāptitaḥ* | *gadye hi vṛttavaikalye nyūnā tadvyaktihetutā* || (*Vyaktiviveka*, p. 268)

[7] *vinotkarṣāpakarṣābhyāṃ svadante 'rthā na jātucit* | *tadarthameva kavayo 'laṅkārān paryupāsate* || *tau vidheyānuvādyatvavivakṣaikanibandhanau* | *sa samase 'stamāyatītyasakṛt pratipāditam* || (*Vyaktiviveka*, p. 264)

involving an adjunct and the qualified object. According to him, this cannot be a case of optionality. An option indicated by the term *bahula* is indeterminate. On the other hand, the denial of compound in some specific places has to be necessarily treated as an instance of exception (*apavāda*). The optionality indicated by the word *bahulam* is not area-specific. It will operate in a wayward manner. Hence the denial of *samāsa* in some places has to be treated as an exception to the general rule enjoining *samāsa*.[8] Mahimabhaṭṭa also refers to the fact that the hallmark of *kṛt*, *taddhita* and *samāsa* is non-mentioning (*anabhidhāna*) of the importance/unimportance of meaning segments, which may also be considered as a valid reason for their restriction to places where the importance and unimportance are not implied. A compound is undesirable also in the case of words locked in a subject-predicate relationship (*vidhyanuvādabhāva*), since this relation is equivalent to the attribute-qualified relation (*viśeṣanaviśeṣyabhāva*). To illustrate, Mahimabhaṭṭa cites the following verse:

> *kāraṇaguṇānuvṛttyā dvau jñāne tapasi cātiśayam āptau* |
> *vyāsaḥ pāraśaryaḥ sa ca rāmo jāmadagnya iha* ||

> Two persons have attained excellence in knowledge and penance, being accompanied by the qualities of their cause, namely, Vyāsa the Pāraśarya (son of Parāśara) and Rāma the Jāmadagnya (son of Jamadagni).

Here, if the poet had used compound forms like *pāraśaryavyāsa* and *jāmadagnyarāma* instead of the separate words, the predicated ideas, i.e., the son of Parāśara and the son of Jamadagni, would not be prominent.

Mahimabhaṭṭa also points out that in the subject-predicate relation, the subject has to be necessarily presented first. He avers that

---

[8] ... *samāsavidheḥ pradhānetarabhāvavivakṣānibandhanasya ca tatpratiṣedhasya utsargāpavādenāvasthānaṃ draṣṭavyam iti apavādasyaivāyaṃ viṣayo bhavitumarhati na bahulagrahaṇasya* | *yatra tu kvacidutsargāpavādayor viṣayavyavasthāniyamaḥ kathaṃcanāpi kartumaśakyaḥ sa tasya viṣayao veditavyaḥ* | (*Vyaktiviveka*, p. 273)

without stating the subject, the predicate should not be stated, since no object can remain without a proper location.[9] Hence instances like the following are defective.

> *lakṣmīr duhitā jāmātā haris tasya gṛhiṇī gaṅgā |*
> *amṛtamṛgāṅkau ca sutau aho kuṭumbam mahodadheḥ ||*
>
> Lakṣmi is the daughter, son-in-law Hari, wife Gaṅgā, ambrosia and moon the sons, what a family this ocean has.

Here the order of words in *lakṣmīr duhitā amṛtamṛgānkau ca sutau* ('Lakṣmi is the daughter and ambrosia and the moon the sons') is proper, but in other phrases, the order is violated. Hence the sentence as a whole loses its force.

Mahimabhaṭṭa seems to be aware of the fact that grammarians in general are not sensitive to nuances of meaning like the above. He avers that even though Pāṇini betrays sufficient awareness of the problems created by compounds in blurring the prominence of some word meaning, most of the traditional grammarians, whom he describes as *khaṇḍikopādhyāyas* (those who are 'partial' scholars, i.e., who do not have an overall perspective) are insensitive to such subtle notions. They are simply content with usage, which can be somehow justified by some relevant rule. But poets who are tuned to the subtle aspects of aesthetic charm are very much aware of questions related to prominence. In short, Mahimabhaṭṭa seems to hold the view that some subtle aspects of Sanskrit syntax are not best addressed by quoting mechanically the relevant grammatical aphorisms.[10]

---

[9] *anuvādyamanuktvaiva na vidheyam urīdayet | na hyalabddhāspadam vastu kutracit pratitiṣṭhati || vidheyoddeśyabhāvo 'yaṃ rūpyarūpakatātmakaḥ | na ca tatra vidheyoktiruddeśyāt pūrvamiṣyate ||* (*Vyaktiviveka*, p. 432)

[10] *yadvā kavīnāmevaiṣa viṣayo na khaṇḍikopādhyāyānām ityanavagatatadabhiprāyais tair upekṣitam etad | te hi svapne 'pyanāsvāditasāhityasudhārasāsvādacamatkārāḥ śuṣkaśabdavyutpattimātropajanitābhimānadurvidagdhā vividhābhidhānoddhārā abhidheyapratītivaicitryavivekakauśalaśālinaḥ lakṣaṇam astīti rasābhivyaktivighnabhūtam aparam api bahutaram avakaraprāyam prayuñjata iti rasāsvādānuguṇaprayogāvahitacetasāṃ kavīnām eva taccintocitā nānyeṣām |* (*Vyaktiviveka*, p. 276)

In short, Mahimabhaṭṭa avers that *samāsa* is not desirable in the following cases.

1. When the attribute has either superiority or inferiority over the qualified object.

2. When the attribute is the predicated element.

Mahimabhatta argues that Pāṇini restricts *samāsa* to instances of compatible (*samartha*) members exactly to exclude the above cases. In other words, the cases involving prominence of the attribute do not possess the compatibility necessary for a *samāsa*. Conventionally, it is held that the sūtra *samarthaḥ padavidhiḥ* is meant to exclude instances of words having syntactical expectancy with other words lying outside the purview of the compound as in the case of *ṛddhasya rājñaḥ puruṣaḥ*. To Mahimabhaṭṭa, no Pāṇinian restriction is necessary to avoid such obvious instances; it is self-evident like the fact that one's parents are to be respected.[11]

To sum up Mahimabhaṭṭa's novel ideas on Sanskrit syntax: the predicated element of a sentence has to be always made prominent and the subject element has to be relegated to the background. The prominence enjoyed by a meaning component is to be reflected in an ideal sentence structure. If this is violated, the sentence will have to be regarded as defective. Mahimabhaṭṭa identifies the subject-predicate relation as the most ticklish issue surfacing in syntactical relations of Sanskrit. The predicated element is the prominent element of a sentence and has to be properly insulated from the subject if it is to retain its due prominence. When this is not done, the sentence ends up with misplaced emphasis or rather, the neglect of the predicate, a technical defect called *vidheyāvimarśa*. This defect surfaces in compounds wherein some prominent element is usually submerged in the overall compositional structure. It is the considered view of the author that the case suffix

---

[11] *yatrotkarṣo 'pakarṣo vā viśeṣyasya viśeṣaṇāt | tadeva vā vidheyaṃ syāt samāsas tatra neṣyate || anyatra tvarthasambandhamātre vaktumabhīpsite | na tu sāpekṣatādyanyadoṣajātanivṛttaye || pitroḥ svateva vandyatve sā hi nyāyena siddhyati ||* (*Vyaktiviveka*, p. 254)

is necessary to preserve the prominence of the element predicated. Mahimabhaṭṭa reviews the general indifference of conventional grammarians to this problem and convincingly argues in his *Vyaktiviveka* that we have to go beyond formal grammar to tackle such syntactical problems. Thus, even in contexts wherein grammar does not prohibit a compound, its employment becomes undesirable, if it leads to the loss of prominence of the predicate. Mahimabhaṭṭa points out that the ultimate test of linguistic usage is the comprehension (*pratīti*) generated by the linguistic usage in the hearer, and the grammatical sanction is no substitute for the comprehension a linguistic expression generates in the reader.

REFERENCES

KERN H. 1886. Introduction In: J. S. Speijer, *Sanskrit Syntax*: v. Leiden: E. J. Brill (reprint: Motilal Bararsidass, Delhi, 1998).

MAHAVIR 1984. *Samartha Theory of Pāṇini and Sentence Derivation*. New Delhi: Munshiram Manoharlal.

MISRA, Vidya Nivas 1966. *The Descriptive Techniques of Pāṇini*. The Hague: Mouton.

RAJENDRAN C. 2000a. Aṣṭādhyāyī: Some Chomskyan perspectives. In: Meera Chakravarty (ed.), *Pāṇini and Chomsky*: 18–27. Bangalore: Bangalore University.

—— 2000b. Position of particles and predicatives in Sanskrit word order. In: *Sign and Structure*: 82–89. Calicut, published by the author.

Siddhāntakaumudī by Bhaṭṭojidīkṣita with the Bālamanoramā Commentary of Vāsudevadīkṣita, II. Ed. by Pt. Srigopala Sastri Nene. Varanasi: Chaukhamba, 1994. [References to volume, page.]

Vyaktiviveka by Mahimabhaṭṭa with a Sanskrit Commentary of Ruyyaka. Ed. by Rewaprasada Dwivedi. Varanasi: Chaukhamba, 1964.

The Natural-language Foundation of Metalinguistic Case-use in the *Aṣṭādhyāyī* and *Nirukta*

PETER M. SCHARF

I. EXPLANATORY AMBIGUITIES

The *Nirukta* (= Nir.) is a commentary concerned with explaining the meaning of certain Vedic words. It employs a number of methods of explanation including etymological analysis showing why the examined words mean what they do. Certain types of explanatory statements, which comprise about 30% of the 1829 etymological analyses of words in the *Nirukta*, are syntactically ambiguous. In these statements, a lemma to be explained in the nominative is followed by an explanatory term in either the ablative or genitive case. The explanatory term is either an action noun or a citation form of a verbal root. The syntax of such statements is schematized in (1).

(1) Lemma-1 Action/root-5/6

Such statements involve two potential ambiguities: whether the explanatory term is ablative or genitive, and whether semantics or phonology is primary. The ambiguity concerning semantics versus phonology arises because it is not clear whether the explanatory term denotes action or a verbal root. The usual meaning of an action noun is action, and a verbal root citation form properly designates a verbal root. Yet the denoter–denoted relation between a verbal root and action allows reference to one to extend to the other, and both action nouns and verbal root citation forms occur in parallel contexts as explanatory terms. Hence it is not clear whether the explanatory term explains the meaning of the lemma by reference to an action or by reference to a verbal root. Moreover, it is customary in linguistic treatises to refer to a speech form by employing the speech form itself.[1] Hence it is not clear whether the lemma refers to its meaning or to itself. Statements having the form of (1) may thus mean either that a certain speech form bears some relation to a verbal root or that a certain object bears some relation to an action.

The syntax in (1) is often complicated by the presence of one or two additional items: a synonym or an affix in the nominative, as schematized in (2).

(2) Lemma-1 Synonym-1. Action/root-5/6 Affix-1

An affix is explicitly mentioned in just six explanations in the *Nirukta*. In five of them an affix occurs after a verbal root citation form in either the ablative or genitive.[2] In these five explanations a third ambiguity arises as to whether the statement should be syntactically divided before or after the verbal root citation form. In other words, it is not clear whether an explanation of this form involves two statements as in (2a) or two statements as in (2b).

(2a) Lemma-1 synonym-1. Action/root-5/6 affix-1.
(2b) Lemma-1 synonym-1 action/root-5/6. Affix-1.

Statements of the kinds just described occur with action nouns in *-ana* and with citation forms of verbal roots in *-ti* and *-i*, as shown in (3)–(5).

---

[1] *Aṣṭādhyāyī* 1.1.68: *svaṃ rūpaṃ śabdasyāśabdasaṃjñā.*

[2] **In the sixth – *mithunau kasmāt. minotiḥ śrayatikarmā. thu iti nāmakaraṇaḥ* (Nir. 7.29) – the syntax differs in that the verbal citation form is in the nominative. See Kahrs 1998: 117.**

(3) *sindhuḥ syandanāt* (Nir. 9.26).

(4) *vayāḥ śākhā veteḥ* (Nir. 1.4).

(5) *cittaṃ cetateḥ* (Nir. 1.6; Kahrs 1998: 106).

In about a quarter of these, Yāska explains the lemma by stating after it an abstract action noun in *-ana* unambiguously in the ablative. For example in (3), he explains the word *sindhu* 'the Indus River' using the action noun *syandana* 'flowing' which is obviously derived from the verbal root √*syand* 'flow'. In the other three quarters, Yāska explains the lemma using a verbal root citation form in *-ti* or *-i*, which is ambiguous as to whether it is ablative or genitive. For example, in (4) and (5), he explains the words *vayā́* 'branch' and *cittá* 'mind' using the citation forms *veti* and *cetati* of the verbal roots √*vī* 'move' and √*cit* 'perceive, know' respectively.[3] Statements (3) and (5) reflect the syntax schematized in (1). In (4), *śākhā* occurs as a synonym of the lemma in the nominative in accordance with the syntax sketched in (2).

The explanations in which Yāska states an affix in the nominative after citing a verbal root employ verbal root citation forms in *-i* or *-ti*. Stems in final *-i* have identical forms in the ablative and genitive which leads to ambiguity. For example, in (6), the lemma *kakṣaḥ* in the nominative is followed by the verbal citation form *gāhateḥ*, ambiguous as to whether it is ablative or genitive. Moreover, this form is in turn followed by the noun-forming affix *ksa*. It is unclear whether to construe *gāhateḥ* with the noun-forming affix, as shown in (6a), conforming to the syntax shown in (2a), or with *kakṣaḥ*, as shown in (6b), conforming to the syntax shown in (2b).

[3] Kātyāyana and Patañjali explicitly describe such citation forms under 3.3.108, *vt.* 2: *ikśtipau dhātunirdeśe.* MBh II.154.18–19: *ikśtipāv ity etau pratyayau dhātunirdeśe vaktavyau: pacer brūhi, pacater brūhi.* The roots are listed in the *Mādhavīyā Dhātuvṛtti* as 2.51 *vī gatiprajanakāntyasanakhādaneṣu* and 1.34 *citī saṃjñāne* (Shastri 1964: 65, 360).

(6) *kakṣo gāhateḥ ksa iti nāmakaraṇaḥ* (Nir. 2.2; Kahrs 1998: 114).

(6a) *kakṣaḥ* 'armpit'. Of/after √*gāh* 'plunge', *ksa* is the noun-forming affix.

(6b) *kakṣaḥ* 'armpit' is of/from √*gāh* 'plunge'. *ksa* is the noun-forming affix.

There are then three questions to consider:

1. What relation does the case of the explanatory term signify?
2. Are the relata the speech forms themselves or what they denote?
3. Are ablatives or genitives to be construed with the lemma or with the affix in statements such as (6) of type (2)?

The fundamental issue is what relation is intended to be expressed between the lemma and its explanation. The issue rests on the interpretation of the use of the ablative or genitive case.

II. DISAMBIGUATING EVIDENCE

There is evidence which serves to disambiguate the case of the ambiguous verbal citation forms used as explanatory terms in *Nirukta* etymological analyses. This evidence appears in the form of co-referential adjectives and pronouns, commentatorial suppletion, and parallel passages.

It is possible to determine whether an ambiguous explanatory verbal citation form is ablative or genitive if an *a*-stem term occurs co-referential with it. However, this evidence is both scanty and disappointing. Only 4% of verbal root citation forms in *-i* and *-ti* are modified by disambiguating adjectives. Of these, half occur in the ablative and half in the genitive, as shown in row three of Table 1. The scanty and divergent evidence provided by *a*-stem adjectives co-referential with ambiguous verbal citation forms supplies no determination as to whether the ambiguous forms are ablative or genitive.

As with adjectives, it is possible to determine whether an ambiguous verbal citation form is ablative or genitive if a pronoun occurs co-referential with it. Out of 33 instances in which the ablative of the pronoun *etad* occurs in the phrase *etasmād eva*, after discounting five as later interpolations, Kahrs (1998: 151) finds that

TABLE 1
Distribution of Cases of Citation Forms and Action Nouns[4]

	Genitive	Ablative	Ambiguous	Total	% of type (1)–(2)	
-i	3 (19%)	1 (6%)	12 (75%)	16	(3%)	Analyses
-ti	6 (1.5%)	6 (1.5%)	369 (97%)	381	(71%)	
both	9 (2%)	7 (2%)	381 (96%)	397	(74%)	
-ana	0 (0%)	140 (100%)	0 (0%)	140	(26%)	
Total	9 (2%)	147 (27%)	381 (71%)	537	(30%)	of all 1829

that ten are possibly co-referential with these citation forms. However, he concludes that they could equally well be causal ablatives, as he determines the 18 remaining are.

Commentaries might provide glosses of ambiguous verbal citation forms that would indicate whether they consider the form to be ablative or genitive. In a selection consisting of the first 18 instances of verbal citation forms, Kahrs (1998: 112) finds that Durga understands 9 to be genitive and none to be ablative. Skandamaheśvara and Nīlakaṇṭha similarly weigh in favor of the genitive in ratios of 6:0 out of fifteen commented upon and 2:0 out of 18 commented upon.

Kahrs finds that commentators usually interpret *etasmād eva* in a causal sense, 'for the very same reason'. Yet in 11 instances they supply *dhātoḥ* 'verbal root' co-referential with *etasmāt*, implying that they understand a verbal root in the ablative in syntactic connection with the lemma to be explained. Remarkably, in 6 of the instances in which they supply *dhātoḥ* 'verbal root' co-referential with the ablative pronoun, commentators gloss the original citation form to which the pronoun refers in the genitive. For example, Durga comments in (7),

[4] Some larger figures may be inflated due to forms falling under more than one of Sköld's categories.

(7) ***gaurīḥ rocateḥ*** *jvalatyarthasya*. ... ***ayam apītaro*** *yo gauro varṇaḥ so 'pi* ***etasmād eva*** *rocateḥ*

(Nir. 11.39; Durga II, 1085, 12–14; Kahrs 1998: 150).

Gaurī* is of √*ruc meaning blazing. ... **and this other *gaura* 'white', which is the color, is from the same** root √*ruc*.

Although the genitive gloss *jvalatyarthasya* implies that the immediately preceding co-referential citation form *rocateḥ* is genitive, the same citation form is supplied after the ablative *etasmāt* implying that there it is ablative. Yet the latter gloss implies that the ablative pronoun *etasmāt* refers back to the first *rocateḥ* which was glossed in the genitive. Here Durga indicates that the relationship between the first *gaurī* and the root √*ruc* expressed by the genitive case is the same relationship that holds between the second *gaurī* and the root √*ruc* expressed by the ablative. In these six instances, at the same time that they formally disambiguate ablatives from genitives, commentators indicate a synonymy in the meaning of the ablative and genitive.

In a remarkable instance of a parallel passage shown in (8), Patañjali's *Mahābhāṣya* (= MBh) reads a citation form in the ablative where Nir. 4.10 reads a genitive.

(8) *saktuḥ sacater, durdhāvo bhavati. kasater vā viparītāt, vikasito bhavati*

(MBh I.4.10).

" " *kasater vā syād viparītasya*, ... (Nir. 4.10; Sköld 1926: 72, 79).

Saktuḥ (grain) is derived from (the root) √*sac* ('to cling'): it is difficult to wash; or it may be derived from the (root) √*kas* ('to shine') by metathesis: it is fully blown (Sarup 1927: 59).

The evidence shows that co-referential adjectives and pronouns, commentatorial suppletion, and parallel passages supply different formal interpretations of the ambiguous verbal citation forms. It is not possible, based on this evidence, to determine that such forms should be understood consistently one way or the other as ablative or genitive. Moreover, in several instances, closely juxtaposed and parallel usage of the two cases indicates that the ablative and genitive refer to the same relation between a lemma and a verbal root.

Given the divergent evidence for interpreting verbal citation forms as ablative or genitive, one could draw the conclusion that commentators, interpolators, and redactors were in doubt or disagreement about the interpretation of these forms. Especially instructive in this regard are passages in which divergent interpretations are in close juxtaposition such as in (7) and (8). These passages indicate that the ablative and genitive may be used to refer to the same relation. Whether a single author composed the divergent interpretations or an interpolator inserted a divergent interpretation next to its alternative is immaterial. The interpolator and the text's subsequent redactors, who could not have missed the divergence, maintained it. The divergent interpolated forms, even though not original to the author of the *Nirukta*, yet indicate that their authors diverged in their interpretation of ambiguous forms as ablative or genitive. Subsequent redactors accepted the divergent passages. Even if the commentators themselves did not originally use formally differentiated ablatives and genitives to designate the same relation between a lemma and a verbal root citation form, the interpolators and redactors did. Before deciding how we should understand the tradition's production and acceptance of the synonymous use of formally divergent ablatives and genitives, let us observe how modern scholars have interpreted Yāska's etymological explanatory statements.

III. MODERN SCHOLARLY INTERPRETATION

A. General acceptance of ambiguity

Modern scholars have generally minimized the distinction between Yāska's explanatory expressions using citation forms of verbal roots ambiguously in either the ablative or genitive, such as in (4) and (5), and his explanatory expressions using action nouns in *-ana* unambiguously in the ablative, as in (3). In both types of explanations they have assumed that the ultimate purport of the explanation is to elucidate the semantics of the term to be explained by conveying either that the term derives from the referenced verbal root or that the object denoted by the term is so called because it participates in the action denoted by the verbal root or is somehow related to that action. They accept that, by statements of types (1) and (2), Yāska presents an etymology that derives the lemma from the verbal root denoted by the citation form.

Many modern scholars are silent concerning the point whether ambiguous citation forms such as in (4) and (5) should be understood as ablatives or genitives. Yet they translate them with the word 'from' just as they do the unambiguous ablatives in (3). Sarup (1927), for example, does so in his translations of (4)–(5) just as he does in (3):

(3LS) Sindhu is (so called) from flowing (Sarup 1927: 148).

(4LS) *Vayāḥ* means branches, (and) is derived from (the root) √*vī* ('to move') (p. 8).

(5LS) *Cittam* ('mind') is derived from (the root) √*cit* ('to know') (p. 10).

Sarup generally distinguishes the semantics of the action noun from that of the verbal citation forms. He translates a Sanskrit action noun by an English action noun. For example he translates the action noun *syandana* in (3) by 'flowing' in (3LS). In contrast, he translates verbal citation forms such as *veti* and *cetati* in (4)–(5) by explicitly inserting the words, '(the root)', and mentioning the verbal roots √*vī* and √*cit* in (4LS)–(5LS). Just as Sarup inserts '(the root)' in his translations of (9) and (10) as shown, Prasad speaks of 'deriving *aṅkas*- from √*añc* "to bend"' and of (10) as a 'pure etymology' (Prasad 1975: 17 and 173, n. 1).

(9) *aṅkaḥ añcateḥ* (Nir. 2.28).

(9LS) *Aṅkaḥ* (curve) is derived from (the root) √*añc* ('to bend') (Sarup 1927: 38).

(10) *bhṛmir bhrāmyateḥ* (Nir. 6.20).

(10LS) *Bhṛmi* (whirlwind) is derived from (the root) √*bhram* (to move) (p. 104).

Yet Sarup seems to understand that statements such as (3), which use the action noun, state etymologies too. This is clear from the fact that he often inserts the root in parentheses in his translations of these as well, as he inserts '(√*vraśc*)' and '(√*tṛ*)' in (11LS)–(12LS).

(11) *vṛkṣo vraścanāt* (Nir. 2.6).
(11LS) *Vṛkṣa* (tree) is (so called) from being cut down (√*vraśc*) (p. 25).
(12) *tittiris taraṇāt* (Nir. 3.18).
(12LS) *Tittiri* ('partridge') is (so called) from hopping (√*tṛ*), ... (p. 51).

The translations of these scholars suggest that they consider the verbal citation forms ablative, that the terms denote speech forms, and that the verbal root designated by the citation form in the ablative is that from which the lemma is etymologically derived. They also minimize the difference between explanations using the ambiguous root citation forms and those using the unambiguous ablative action nouns. Yet they do not articulate a clear commitment.

B. Non-acceptance of ambiguity

In contrast, Sköld and Kahrs are clearly committed to a determination in explanations such as (4)–(5) that either the ablative or the genitive is correct and that the other is deviant. They apparently operate under the assumption that the syntax of types (1) and (2) should properly be consistent one way or the other.

Sköld rejects the genitive reading in (8) as a later interpolation outright, without providing any justification, against the evidence of the manuscripts. He writes,

> as to *MBh viparītād* compared with *N syād viparītasya*, the general testimony of the *N* MSS. goes in favor of *viparītasya;* but this is probably a later feature, for *kasater (vā)* must be regarded as an ablative, *not* as a genitive (Sköld 1926: 79).

He provides no explanation of the reason that *kasateḥ* must be ablative rather than genitive. Nevertheless, apparently he assumes that all statements of types (1)–(2) state a derivation from a verbal root.

In contrast to Sköld, Kahrs differentiates the syntax of type (1) statements in the ablative from type (1) statements in the genitive. He (1998: 168) concludes that an explanation in *-anāt*, using the ablative of an action noun as in (3), gives the reason that the nominal word means what it does rather than directly stating the root from which the word derives. While such an analysis usually establishes a phonetic link as well, the semantic content is primary (p. 101). He argues that the expression *etasmād eva* using the ablative of the demonstrative pronoun refers back to such a reason and that an explanation in the form of an analytic sentence followed by *iti* likewise states a reason. In contrast to explanatory action nouns in *-anāt* in the ablative, he determines that explanatory forms in *-eḥ* and *-teḥ*, such as in (4)–(5), are not ablatives but genitives of the root citation forms in *-i* and *-ti*. In one explanatory statement of type (2) and similar to (6), the fact that the root is in apposition to an *a*-stem adjective reveals that it is indeed in the genitive:

(13) *padvad avasaṃ gāvaḥ pathyadanam avater gatyarthasyāso nāmakaraṇaḥ* (Nir. 1.17; Kahrs 1998: 112).

Kahrs (1998: 112–118) examines cases such as (2), (6), and (13) and, in spite of his own discomfort, presses the interpretation that the root is in syntactic connection with the preceding lemma in the nominative while the following affix in the nominative forms a separate statement.[5] In other words, they are to be understood as in (6b).

In all cases where an explanatory root citation form in *-i* and *-ti* occurs in the genitive, Kahrs argues that the genitives are substitu-

[5] 'Still I cannot help feeling that one would have to twist the construction quite hard if one were to achieve this result' (Kahrs 1998: 118). While forcing the interpretation of every line of commentary in favor of his interpretation, he fails to mention that Durga's commentary on (16) states the unit *avater gatyarthasyāso nāmakaraṇaḥ pratyayaḥ* intact but separated from the preceding explained form.

tional genitives comparable to what Sanskrit grammarians call a *sthānaṣaṣṭhī* (Kahrs 1998: 173).[6] He argues that the genitives in Yāska's *Nirukta* are substitutional genitives comparable to those in Pāṇini's *Aṣṭādhyāyī* and that 'ultimately all *nirvacana*s are to be understood according to a substitutional model' (p. 174). He (p. 278) states the corollary that the explanatory expressions used to elucidate words in the *Nirukta* are paradigmatic semantic expressions of which the explained words are substitutes.

In Pāṇini's *Aṣṭādhyāyī* the substituend genitive is commonly used to replace one speech form by another under certain conditions. For example, according to the following rules, the verbal root √*as* 'be' is replaced by the verbal root √*bhū* 'be' when an *ārdhadhātuka* affix is to be used, and a simple vowel is replaced by its corresponding semivowel when a dissimilar vowel follows in continuous speech:

2.4.52 *aster bhūḥ* (*ārdhadhātuke* 35) (Kahrs 1998: 189, 237–238).
6.1.77 *iko yaṇ aci* (*saṃhitāyām* 72) (Kahrs 1998: 253–254).

While Kahrs expresses a caveat with regard to interpreting the *Nirukta*'s genitives in Pāṇini's technical sense, he concludes that the use of the genitive in the *Nirukta* is an instance of the same ordinary use of the genitive which is given technical significance in *Aṣṭādhyāyī* 1.1.49 *ṣaṣṭhī sthāneyogā*. He writes,

> Note that I am not claiming that the genitive used to mark the relation between a term and its explanatory expression was intended exclusively as a *sthānaṣaṣṭhī* in the technical sense of the *Aṣṭādhyāyī* (Kahrs 1998: 269).

Rather he concludes from an analysis of Patañjali's discussion under *Aṣṭādhyāyī* 1.1.49, 'Such a genitive is in accordance with established Sanskrit usage', and (Kahrs 1998: 233, 268–269) cites Cardona stating that this metarule presupposes no radical departure from the syntax of ordinary Sanskrit. Arguing that the substitu-

---

6 '... it w[illegible]ld certainly be possible to encode the notion of a substitutional genitive into [illegible] forms in *-teḥ* and *-eḥ* as well' (Kahrs 1998: 171).

tional genitive takes precedence over the other possible relations signified by the genitive by force of the principle of being more internal, Kahrs concludes that 1.1.49 merely formalizes a usage of ordinary language and that the genitive in the *Nirukta* should be understood as another instance of this usage. Because the *sthāna-ṣaṣṭhī* is understood first in interpreting a genitive in the *Aṣṭādhyāyī* even without explicit statement, he claims, the primary relation applicable between a speech form in the nominative and one in the genitive in Yāska's *Nirukta* is the substitutional genitive (*sthāna-ṣaṣṭhī*). It follows from the fact that the genitive in the *Nirukta* signifies substitution, he concludes, that Yāska's explanatory expressions are paradigmatic semantic placeholders replaced by the explained words.

C. Evaluation of modern scholarly interpretations.

It seems to me that Sköld is incorrect in simply assuming that only a uniform syntax with the ablative is correct. The unambiguous genitives in statements such as (8 Nir.) and (13) should not be dismissed outright. On the other hand, Kahrs's interpretation of the genitive is forced. Besides disregarding certain statements such as (7), (8 MBh), it depends upon the substitutional interpretation of a genitive having priority over other possible interpretations of the genitive. On the contrary, however, Pāṇini's explicit statement of 1.1.49 and Patañjali's dependence upon explanation (*vyākhyāna*) to bring out the understanding that a particular genitive is a substitutional one imply that the substitutional genitive does not come to mind prior to other relations. By 1.1.49 *sasthī sthāneyogā* a genitive (*sasthī* 'sixth-triplet ending') is understood to designate one relation in particular, namely, 'in place of,' *if the genitive is not susceptible of a single interpretation in its context*. The metarule provides that the substitutional relation is to be understood only in cases of doubt. Patañjali provides that the substitutional relation is to be understood only where so explained. Therefore, the substitutional relation specified in the metarule 1.1.49 is not accepted as having priority over other possible relations in the absence of either the statement of the metarule 1.1.49 or explanation.

Kahrs himself (1998: 201–204) clearly explicates Patañjali's discussion under 1.1.49. Yet he fails to see the relevance of problems discussed there to his interpretation of the final conclusion of 1.1.49. If the substitutional genitive were to come to mind prior to any other relation possible between sounds, it would preempt the comprehension of the partitive genitive required for the correct interpretation in rules such as 6.4.34 *śāsa id aṅhaloḥ* and 6.4.89 *ūd upadhāyā gohaḥ*. Since it comes to mind only in cases of doubt concerning the relation which holds, it does not come to mind prior to other relations, so a statement or explanation about the relation signified by the genitive is required. Pāṇini makes such a statement in 1.1.49 and Patañjali suggests that such an explanation will be provided in lieu of stating 1.1.49. Both Pāṇini and Patañjali thus imply that the substitutional genitive does not come to mind prior to other relations.

The genitive in Yāska's *Nirukta* is not comparable to the substitutional genitive in Pāṇini's *Aṣṭādhyāyī*. Since Yāska neither explicitly states a rule such as 1.1.49 nor provides any explanation that one should understand a substitutional relation from the genitive case, there is no reason to assume that genitives in Yāska's *Nirukta* signify such a relation prior to other possible relations signified by the genitive. Hence, it is not correct to understand the genitive in the *Nirukta* to signify that Yāska's explanatory expressions are paradigmatic semantic placeholders replaced by the explained words.

Both Sköld and Kahrs force a uniform interpretation on the forms in explanatory statements in the *Nirukta* that are ambiguous as to whether they are ablative or genitive. Sköld dismisses the genitives in favor of the ablatives; Kahrs dismisses the ablatives in favor of the genitives. Both disregard the fact that even if the explanations in either the genitive or ablative were interpolations, the interpolators and redactors of the text accepted both ablatives and genitives in the interpretive statements. It is not necessary to force an interpretation of one at the expense of the other. The fact that interpolators and redactors accept both formulations hints at the possibility that either formulation may be used to express the desired sense. Rather than commit in advance to a determination that either the ablative or the genitive is correct and that the other is deviant, I instead investigate other cases where ablatives, genitives, and forms ambiguous as to whether they are ablative or genitive are used in similar contexts.

IV. COMPARABLE USAGE OF ABLATIVES, GENITIVES, AND AMBIGUOUS FORMS

The parallel distribution of ablatives, genitives, and forms ambiguous as to whether they are ablative or genitive that occurs in the explanatory statements in the *Nirukta* occurs in other texts as well. In the following sections I consider the syntax of the ablative, genitive, and forms ambiguous as to whether they are ablative or genitive in the *Aṣṭādhyāyī* and in the genealogies in the *Viṣṇupurāṇa*. The syntax of the ablatives and genitives in parallel distribution in these texts may be clearer and better described. If so, it will be fruitful to consider whether the syntax in these other texts and its description appropriately applies to the *Nirukta* explanations.

A. *Aṣṭādhyāyī*

If explanations in the *Nirukta* that include an affix in the nominative as well as a verbal citation form in the ablative or genitive are segmented as in (2a) and (6a) taking the affix in syntactic connection with the verbal root, they are comparable to rules providing affixes and augments in the *Aṣṭādhyāyī*. Elsewhere I undertake a thorough examination of the affixation and augmentation rules in the *Aṣṭādhyāyī*, investigating the syntax of the genitives and ablatives in affixation and augmentation rules in the *Aṣṭādhyāyī*, the metarules operable, the glosses of commentators, the ordinary usage upon which the technical usage in the *Aṣṭādhyāyī* is based, and the rules of the *Aṣṭādhyāyī* that describe that ordinary usage. Here I briefly consider the applicability of these syntactic patterns to explanatory statements in the *Nirukta*.

Generally, affixes in the nominative are provided after verbal roots or nominal stems in the ablative. The ablative is governed by the direction word *paraḥ* 'after', stated as a heading (in 3.1.2) to be understood in apposition with the affix in subsequent affixation rules. The usage of the ablative governed by direction words is a feature of ordinary usage and is accounted for by Pāṇini in 2.3.29 *anyārāditarartedikśabdāñcūttarapadājāhiyukte*. Occasionally the root or stem after which the affix is provided occurs in the genitive. The syntax of the genitive in affixation rules is accounted for in precisely the same meaning as the ablative in accordance with the ordinary usage of direction words governing the genitive. The very next rule, 2.3.30 *ṣaṣṭhy atasarthapratyayena*, accounts for genitives governed by direction words ending in an affix provided in the meaning of the affix *atas*. If one assumes that a direction word such as *paratas* is supplied instead of the word *para* itself recurring from 3.1.2, then the genitive in affixation rules is perfectly in order. The affixes are provided after the roots and nominal bases specified in the genitive just as they are after roots and nominal bases specified in the ablative.

Augments, in contrast, are generally provided to items specified in the genitive. Commentators justify the genitive in the syntax of augmentation by reference to the metarule 1.1.46 *ādyantau ṭakitau*. According to this rule, a speech form marked with *ṭ* or *k* is added as the initial or final part respectively of an element in the genitive. Such a genitive is a partitive genitive signifying the whole of which the augment is a part.

Either the explanation of the syntax of affixation or the explanation of the syntax of augmentation could account for the explanatory statements in the *Nirukta* that include an affix in the nominative as well as a verbal citation form in the ablative or genitive, if they are segmented as in (2a) and (6a) taking the affix in syntactic connection with the verbal root. Under the first, the ablatives and genitives of items receiving the affix occur in syntactic connection with a direction word to be understood. The affix in the nominative added to the root, which occurs in either the ablative or genitive, is understood to occur directionally after the root. Under the second, genitives of items receiving the affix are partitive genitives. The affix in the nominative added to the root in the genitive is understood to become the final part of the root to which it is added.

The *Nirukta* does not explicitly describe that its explanatory statements providing affixes should be supplied with a direction word meaning after or with a word meaning final. Nor does it supply any explanation of how genitives or ablatives should be understood in such statements. Yet either explanation would suit both the syntactic requirements of case-use in ordinary usage and the semantic requirements of the linguistic treatise, namely, adding a suffix to the root.

Above I considered the syntax of affixation and augmentation rules in the *Aṣṭādhyāyī* that is comparable to the syntax of the five explanations in the *Nirukta* that include an affix in the nominative as well as a verbal citation form in the ablative or genitive on the assumption that they are segmented as in (2a) and (6a) taking the affix in syntactic connection with the verbal root. If the contrary assumption is taken, namely that they are segmented as in (2b) and (6b) taking the root in syntactic connection with the lemma, then these five explanations share the syntax of the bulk of *Nirukta* explanations in which a verbal citation form in the ablative, genitive, or form ambiguous as to whether it is ablative or genitive occurs with a lemma in the nominative. The syntax of affixation and augmentation rules in the *Aṣṭādhyāyī* is not comparable to these rules.

B. *Viṣṇupurāṇa*

The bulk of *Nirukta* explanations in which a verbal citation form in the ablative, genitive, or form ambiguous as to whether it is ablative or genitive occurs with a lemma in the nominative are comparable to statements in the genealogies in the fourth *aṃśa* of the *Viṣṇupurāṇa* (= VP). The purport of the *Viṣṇupurāṇa* passages is perspicuously to relate the lineage of kings. The syntax of the ablatives and genitives in parallel distribution in these genealogical statements is clear and well described. Below I investigate their syntax and the rules of the *Aṣṭādhyāyī* that describe that usage. Finally, I consider whether the syntax in genealogical statements and its description may provide insight into the syntax and semantics of the *Nirukta* explanations.

1. Genealogical statements

In the first *adhyāya* of the fourth *aṃśa* of the *Viṣṇupurāṇa* there are 49 statements to the effect that a child is born to a parent. Nineteen of these contain a word for the child. 14 contain the word *putra* 'son', three contain the word *kanyā* 'daughter', and one each the words *tanaya* 'offspring' and *ātmaja* 'child'. Five of these explicitly use the root √*jan* 'be born'. Although the others use words meaning 'arise' or simply 'was' and 'obtain' (15 statements contain the root √*bhū* 'be, become, arise', one the root √*as* 'be' and one the root √*āp* 'obtain'), the context, the personal names, syntactic connection with words for child, etc. clearly show that the statements narrate the birth of a child to a parent. While the verb *bhū* in the sense 'be' is syntactically and semantically appropriate with a genitive, when it occurs with an ablative, it should be understood in the sense 'come to be, arise'. The latter sense may be more appropriate in a genealogy even with the genitive. The statements in this chapter take the several forms as shown in (14)–(18).

(14) *sa putram ajanayat*
X begat a son.

(15) *tasya putro jajñe*
Of x a son was born.

(16) *tatputro 'bhavat*
Son of x arose.

(17) *tasmāt putro jajñe*
From x a son was born.

(17b) *tasmāt putro 'bhavat*
From x a son arose.

(18) *tataḥ putro 'bhavat*
From x a son arose.

(19)–(23) show examples of (14)–(18) respectively.

(19) *sānurāgaś ca tasyāṃ budhaḥ purūravasam ātmajam utpādayām āsa* (VP 4.1.13).
Filled with passion, Budha begat on her a son Purūravas.

(20) *damasya putro rājyavardhano jajñe* (VP 4.1.30).
Of Dama a son Rājyavardhana was born.

(21) *ānartaś ca nāma dhārmikaḥ śaryātiputro 'bhūt* (VP 4.1.42).
And the virtuous son of Śaryāti arose, Ānarta by name.

(22) *somadattaḥ kṛśāśvāj jajñe* (VP 4.1.38).
Somadatta was born from Kṛśāśva.

(22b) *tasmād bhalandanaḥ putro 'bhavat* (VP 4.1.20).
From him the son Bhalandana arose.

(23) *tataḥ kṛśāśvo nāma putro 'bhūt* (VP 4.1.37).
From him a son Kṛśāśva by name arose.

The two statements of type (14) that state the father in the nominative and a son in the accusative do not concern us because they do not contain ablatives or genitives.[7] 10 statements of type

[7] VP 4.1.13 and 4.1.29, while the latter states that the father obtained, rather than begat, a son.

(15) state the name of the offspring in the nominative and the name of the father in the genitive.[8] Three statements of type (16) contain compounds terminating in words meaning son.[9] 15 statements of type (17) contain a word for the son in the nominative and a word for the father in the ablative.[10] 10 statements of type (18) contain a word for the son in the nominative and a word for the father ending in the suffix *-tas*.[11] Finally, in nine statements the words signifying the father are ambiguous as to whether they are in the ablative or genitive.[12] The first row of Table 2 shows the distribution of these types of statements in chapter one of the fourth *aṃśa* of the *Viṣṇupurāṇa*.

TABLE 2
***Viṣṇupurāṇa* genealogical statements**

Ablative	*-tas*	Genitive	Compound	Ambiguous	Total
15 (32%)	10 (21%)	10 (21%)	3 (7%)	9 (19%)	47
25 (53%)		13 (28%)		9 (19%)	47

Now terms for the father ending in the suffix *-tas* should be understood in a syntactic role identical to that of the terms for father ending in the ablative. Likewise, terms for the father forming the prior member of compounds should be understood in a syntactic role identical to that of the terms for father ending in the genitive. Categories that combine the occurrences of terms for the father ending in *-tas* with terms for the father in the ablative and combine the occurrences of compound-initial terms for the father with terms

[8] VP 4.1.7, 15, 30, 32, 34, 35, 36, 43, 44, 45.

[9] VP 4.1.36, 39, 42.

[10] VP 4.1.19, 20, 21, 24 (2x), 25, 26, 30, 31 (3x), 36, 37, 38, 39.

[11] VP 4.1.6, 7, 24, 25 (2x), 31 (4x), 37.

[12] VP 4.1.7 (2x), 8, 11, 22, 23, 26 (2x), 41.

for the father in the genitive better represent the distribution of genealogical statements in which terms for the father occur in the sense of the ablative and those in which terms for the father occur in the sense of the genitive. The second row of Table 2 shows the distribution of these types of statements in chapter one of the fourth *aṃśa* of the *Viṣṇupurāṇa*.

The term for the father occurs in a form ambiguous as to whether it is ablative or genitive in nine of the 47 genealogical statements in chapter one (19%). Although in five of these a term for son or daughter occurs in the nominative, this is not sufficient evidence to determine that the ambiguous form is either ablative or genitive given that a term for son does occur with the ablative in

(24) *tasmād bhalandanaḥ putro 'bhavat* (VP 4.1.20).

The ambiguity concerning which case the term for the father is in, ablative or genitive, hardly detracts from understanding the statement as a genealogical one. In this sense, the use of the genitive and the use of the ablative overlap. In the following section, I investigate the precise senses of ablatives and genitives in their genealogical use.

2. *The syntax of genealogical ablatives and genitives*

a. Ablatives

In statements such as (17)–(18), where the term for the father occurs in the sense of the ablative, that is, either in the ablative or ending in the affix *-tas*, the ablative signifies the source in the action of being born or coming to be. Pāṇini accounts for both of these specific usages. In accordance with 2.3.28 *apādāne pañcami*, a 5th-triplet nominal termination occurs on the condition that a participant in action termed *apādāna* is to be denoted. 1.4.24 *dhruvam apāye 'pādānam* assigns a participant in an action (*kāraka*) the category name *apādāna* generally under purely semantic conditions. In accordance with 1.4.24, a participant in an action is termed *apādāna* if it is the fixed point of departure with respect to the action. Yet two of the following rules are specific to the participants in acts denoted by the verbal roots √*jan* and √*bhū* used in genealogical passages. In accordance with 1.4.30 *janikartuḥ prakṛtiḥ* (*apādānam* 24), the participant in an action is termed *apādāna* if it is the origin (*prakṛti*) of the agent of the verbal root √*jan* 'be born'. In accordance with 1.4.31 *bhuvaḥ prabhavaḥ* (*apādānam* 24), the participant in an action is termed *apādāna* if it is the source (*prabhava*) of the agent of the verbal root √*bhū* 'be, come to be'.

Although 1.4.30–31 are not stated specifically to account for genealogical statements and the examples given by Patañjali and Jayāditya do not specifically include human genealogical statements, such statements do fall within the scope of these rules. Jayāditya glosses the term *prakṛti* in 1.4.30 as *kāraṇa* and *hetu* 'cause'. Patañjali gives the examples *gomayād vṛściko jāyate* 'A scorpion is born from cow dung', and *golomāvilomabhyo dūrvā jāyante* 'Durva grass is born from cow and sheep hair'.[13] Jayāditya gives the additional example *śṛṅgāc charo jāyate* 'The arrow is born from horn'.

Haradatta interprets Jayāditya's gloss of the term *prakṛti* as cause in 1.4.30 to mean material cause (*upādānakāraṇa*). Under this interpretation, the rule accounts for the ablative in words signifying the material cause of an item. Jayāditya's example of the arrow born from horn suits this interpretation well. The other examples are interpreted as examples of material causes as well. Accordingly, Patañjali must have considered cow dung to be the material from which the scorpion is born and Jayāditya must have considered and cow and sheep hair the materials from which Durva grass is born. Jinendrabuddhi argues that Jayāditya's gloss of the term *prakṛti* as cause allows it to include a contributing factor (*sahakārikāraṇa*) as well in order to account for the ablative in examples such as 'Joy is born from a son' (*putrāt pramodo jāyate*). The sentence means that having a son is the cause of the parent's joy but not its material cause. Jinendrabuddhi describes the two

---

[13] MBh I.329.24–30.1. The former example is cited also by Jayāditya.

types of causes as follows: A material cause occupies the same space as its effect, for example, the clay of a pot. A contributing factor occupies a different space, for example, the stick or wheel with respect to the pot.[14] Since the ancient Indians considered the seed (*śukra*) or the self (*ātman*) of the father to be a material cause of offspring,[15] 1.4.30 provides a fairly specific account of the genealogical usage of the root √*jan* with the ablative even under Haradatta's stricter interpretation.

1.4.31 accounts for the ablative in words signifying the source of an item. Patañjali gives the example *himavato gaṅgā prabhavati* 'The Ganges originates in the Himālayas'.[16] Jayāditya gives the additional example *kāśmīrebhyo vitastā prabhavati* 'The Jhelum originates in Kashmir'. While I translate the examples into conventional English using the phrase, 'originates in', the phrase 'arises from' would more closely reflect the verb meaning and the ablative case use of the Sanskrit. Since the narration of a lineage recites the continuous stream of descendants from their ancestors, 1.4.31 provides a fairly specific account of the genealogical usage of the root √*bhū* with the ablative.

Patañjali states under 1.4.30–31 that these two rules need not be stated because 1.4.24 would cover the cases in question on the grounds that they involve movement away from a fixed point. Although in these cases there is no separation from their material cause or source, since there is a continuous series, different units in the series keep arising.[17] Even without the specific accounts of the ablative with the roots √*jan* and √*bhū* provided by 1.4.30–31, the general provision in 1.4.24 would account for the genealogical use of the ablative on the same grounds.

---

[14] *Nyāsa*, vol. I, p. 544.

[15] For details see Das 2003.

[16] MBh I.330.4. Cited also by Jayāditya.

[17] MBh I.329.23–330.6.

b. Genitives

In statements such as (15)–(16), where the term for the father occurs in the sense of the genitive, that is, either in the genitive or as the prior element in a *ṣaṣṭhī-tatpuruṣa* compound, the genitive signifies the relation between the begetter and the begotten. In accordance with 2.3.50 *ṣaṣṭhī śeṣe*, a 6th-triplet nominal termination occurs on the condition that a relation not specified by the previous rules 2.3.2–49 is to be denoted. This accounts for the genitive ending on a nominal signifying an object in a relation other than direct participation in an act (a *kāraka* relation) and other than in constructions for which other nominal terminations have been provided.[18] Such relations include those between owner and owned (*svasvāmisaṃbandha*), part and whole (*avayavāvayavisaṃbandha*), cause and effect (*kāryakāraṇasaṃbandha*), etc. Jayāditya gives the following examples: *rājñaḥ puruṣaḥ* 'the king's man', *paśoḥ pādaḥ* 'the animal's foot', and, relevant to the genealogical use of the genitive, *pituḥ putraḥ* 'the father's son'.

3. *Appropriateness of the account of the syntax of genealogical statements to Nirukta explanations*

Genealogical statements and the account given of them by Pāṇinian grammarians offer insight into how one might understand the parallel use of ablatives and genitives in other contexts. Genealogical statements frequently supply a verb of being born (√*jan*) or coming to be (√*bhū*) along with nominatives and either ablatives or genitives. If the ablative is used, the passage states that the child in the nominative is born from or arises from the father. If the genitive is used, the passage states that the child of the father is born or comes to be. The accounts of the ablative and genitive by Pāṇinian gram-

---

[18] Cardona 1997: 166. Patañjali states under 2.3.50 that it is not necessarily objects that do not participate directly in actions that constitute the remainder to denote which the rule introduces the 6th-triplet nominal termination, but rather the lack of the intention of objects in roles of direct participation in acts; *evaṃ tarhi karmādīnām avivakṣā śeṣaḥ* (MBh I.463.9–16).

marians suggest understanding that the ablative indicates the material cause (also contributing factor according to Jinendrabuddhi) or source. Their account of the genitive suggests understanding the object signified by the word in the genitive as the father of the child denoted by the word in the nominative. 25 of the 47 genealogical passages with ablatives and genitives in chapter one of the fourth *aṃśa* of the *Viṣṇupurāṇa* explicitly use one of these verbs or a word for the child. The other 22 indicate the same genealogical relation, even though they do not use one of these verbs or a word meaning child. The explanatory statements of type (1) in the *Nirukta* conform exactly to the syntactic structure of the latter 22. The comparable usage of ablatives and genitives in *Nirukta* explanations to the usage of ablatives and genitives in genealogical statements suggests that the *Nirukta* explanations conform to a derivational model.

It would not be at all surprising that the sense of the ablatives and genitives in the *Nirukta* is 'derivate of' on the analogy of derivation to genealogy. Grammarians generally refer to the derivation of a word from its root using the term *śabda-vyutpatti* on the same analogy. The verb *ud-√pad* 'step up, arise', from which the term *vyutpatti* (< *vi-utpatti*) is derived, is commonly used for the birth of children. Commenting on Nir. 4.1, Durga uses the term *vyutpatti* to describe the derivation, which he provides in his commentary, of the lemma and its synonym.

If the derivational model is consistently applied to explanatory statements of type (1) in the *Nirukta*, one would interpret statements of type (1) all in the same manner as either referring to a relation between speech forms or as referring to a relation between objects. But there is an asymmetry in favor of interpreting the *Nirukta* explanations to state a relation between speech forms rather than between objects. Verbal root citation forms cannot be interpreted as denoting action while action nouns can be understood in a secondary sense to denote speech forms. Verbal root citation forms are not used to refer to action, the meanings of verbal roots, in any known contexts. They are not speech forms in ordinary usage; rather they are technical terms of linguistic treatises fabricated for the purpose of denoting posited basic speech forms. Yet action nouns do occur in ordinary usage and so are subject to ordinary applications of secondary usage. Although the usual meaning of an action noun is action, the denoter–denoted relation between a verbal root and action allows reference to the action to extend to the speech form denoting it, namely, to the verbal root.

Statements of type (1) that have a verbal citation form in the ablative or genitive state a relation between speech forms. Understood according to a derivational model, they mean that the lemma in the nominative is derived from the verbal root. If the verbal citation form is in the genitive, it would be more precise to say that the lemma is a derivate of the verbal root. Accordingly, it is now possible to translate (4) and (5) as follows:

(4) *vayāḥ*, meaning branches, is derived from (or is a derivate of) the verbal root √*vī* meaning move.

(5) *cittam* is derived from (or is a derivate of) the verbal root √*cit* meaning percieve.

If statements of type (1) that have an action noun in the ablative are interpreted according to the ordinary meaning of words, they directly state a relation between objects. Understood according to a derivational model, they would mean that the object denoted by the lemma is born from or arises from the action denoted by the action noun. Accordingly, one would translate (3) as follows:

(3a) The river Indus arises because of streaming.

Such a translation does not agree with the statements of type (1) that contain verbal root citation forms. Nor does any interpreter of the *Nirukta* understand its statements thus. They would agree with the statements of type (1) that contain verbal root citation forms if the action noun were understood to refer secondarily to the verbal root. Accordingly, it would be possible to translate (3) as follows:

(3b) *sindhuḥ* is derived from the verbal root √*syand*.

While consistency with explanatory statements of type (1) that use a verbal root citation form, such as (4)–(5), favor the translation of (3) in this last manner, it is not necessary that all statements conform directly to the derivational model. It is possible that the ablative is used to indicate a contributing factor, as Jinendrabuddhi argues under 1.4.30. Interpreting the ablative as an efficient rather than material cause, it need not be the material out of which the speech form is derived, which would imply that it is also a speech form. Instead, it may indicate the reason why the speech form is employed for the object it denotes or, phrased differently, the reason that the object is called what it is. Under this interpretation, one would translate (3) as follows:

(3c) The Sindhu is called *sindhuḥ* because of flowing (*syandana*).

Although such a statement does not directly state a derivation, it justifies the use of a speech form by reference to an action which in itself has no grounds for providing such a justification except that it is denoted by a term which bears a phonological relation to the justified term. The logic of statement (3c) presupposes that the action noun *syandana* is derived from the verbal root √*syand* and asserts that the term *sindhu* is likewise derived from the verbal root √*syand*. Otherwise there would be no grounds for adducing the action denoted by the action noun as a reason for the usage of the lemma. Even under the interpretation that the ablative of action nouns in *Nirukta* explanations signifies a contributing factor, therefore, a derivational relation between speech forms is implied. The justification provided incorporates a derivational assertion. To make this derivational assertion explicit one would appropriately paraphrase (3) in (3d):

(3d) The Sindhu is called *sindhu* because it flows and because the term *sindhu* is derived from the verbal root √*syand* meaning flow.

V. DERIVATION IN THE *NIRUKTA*

Statements in the *Nirukta* itself support the inclusion of the derivational model in its methodology. Yet not all its explanatory statements can be interpreted consistently under this model. A justificational or causal model, which extends the sense of the ablative to a contributing factor as Jinendrabuddhi argued, is necessary.

While Yāska does not adhere to the strict rules of systematic derivation of grammar, still he works with a model of deriving the speech forms to be explained from fundamental speech units including verbal roots and affixes. In outlining his procedure and in distinguishing it from that of the grammarians, he shows his familiarity with the concepts of derivation including original grammatical elements, affixation, sound changes, secondary derivatives, and compounds. He considers the verbal roots (*dhātu*) to be the original forms or bases (*prakṛti*) and nominal forms to be the modifications of them (*vikṛti*) and speaks of the latter as 'born' from the former. Such descriptions confirm that the verbal root citation forms do indeed refer to speech forms which are the derivational source of the lemma, that the genitive of verbal root citation forms signifies the derivational relation the verbal root has to the derivate, and that the ablative of verbal root citation forms signifies the verbal root as participating in such a derivational relation. These descriptions likewise support the conclusion that the explanations employing the ablative of action nouns incorporate a derivational assertion.

A. Nominals are derived from verbal roots (*ākhyātaja*)

In Nir. 1.1 and 1.12, Yāska describes two of the four classes of words as nominals (*nāman*) and verbs (*ākhyāta*). He reports that Śākaṭāyana and the Nairuktas, among whom he is included, hold the view that all nominals are derived from verbal roots (*nāmāni ākhyātajāni*) while Gārgya and some of the grammarians hold the view that not all are (*na sarvāṇi*).[19] Yāska's statement refers to morphological derivation because the term *ākhyātaja* means 'derived from verbal roots'.

Pāṇinian grammar accounts for the word *ākhyātaja* as follows: 2.2.19 *upapadam atiṅ* forms an *upapada-tatpuruṣa* compound from a subordinate word in syntactic connection with a verbal root. 3.2.98 *pañcamyām ajātau* (*janeḥ*, *ḍaḥ* 97) provides the affix *ḍa* after the verbal root √*jan* 'be born' when a word ending in a fifth-triplet nominal termination which does not refer to a generic property is in syntactic connection with it.[20] Jayāditya gives the examples: *buddhija* 'born from intelligence', *saṃskāraja* 'born from purification or a purificatory ceremony', and *duḥkhaja* 'born from sorrow'. As discussed above in Section IV.B.2a, a fifth-triplet nominal termination occurs on condition that an item termed *apādāna* is to be denoted in accordance with 2.3.28, and, in accordance with 1.4.30, an item is termed *apādāna* if it is the source or original state (*prakṛti*) of the agent of the verbal root √*jan* 'be born'.

The term *prakṛti* in 1.4.30 designates the type of cause an *ākhyāta* serves as in relation to the nominal forms said to be born from it. As mentioned in Section IV.B.2a, Haradatta understands the term *prakṛti* in 1.4.30 to refer to a material cause (*upādāna-kāraṇa*) while Jinendrabuddhi in his *Nyāsa* argues for an extension of its reference to include a contributing factor (*sahakārikāraṇa*) as well. Yāska himself uses the term *prakṛti* to refer collectively to citation forms of verbal roots. In contrast, he terms *vikṛti* the nominal forms to be explained. For example in 2.1 he cites *śavatiḥ*

[19] *itīmāni catvāri padajātāny anukrāntāni: nāmākhyāte copasarganipātāś ca. tatra nāmāny ākhyātajānīti śākaṭāyano nairuktasamayaś ca. na sarvāṇīti gārgyo vaiyākāraṇānāṃ caike.*

[20] 3.2.97 *saptamyāṃ janer ḍaḥ* provides the affix *ḍa* after the verbal root √*jan* 'be born' when a word ending in a seventh-triplet nominal termination is in syntactic connection with it. The *Kāśikā* gives the examples: *upasare jātaḥ upasarajaḥ* 'born at the time of breeding', *mandurajaḥ* 'born in a stable'.

gatikarmā as an example of a *prakṛti* as opposed to its derivate (*vikāra*) *śavaḥ*.[21]

Yāska uses the three terms *prakṛti*, *dhātu*, and *ākhyāta* to refer both to speech forms actually spoken as well as to abstract elements serving as primitive elements in a grammatical derivation, namely, to verbal roots. The usage of these terms to refer to speech forms actually spoken is not inconsistent with their use to refer to a verbal root. In the very same paragraph in which Yāska mentions that speech forms termed *prakṛti* are spoken, he gives a citation form as an example of a *prakṛti*. Yāska clearly means in 2.2 that the conjugated verb forms of the root √*śav* are spoken among the Kambojas not that only the verbal root √*śav* itself is. The citation form allows him to refer simultaneously to all conjugated forms, rather than just the single form cited, precisely because it directly refers to the verbal root understood to be the derivational source of all conjugated forms.

Yāska uses the term *dhātu* in the immediately preceding passage for the citation forms termed *prakṛti* in this passage.[22] When outlining his method of explanation, Yāska uses the term *dhātu* in a manner which can only be interpreted as a verbal root and cannot be interpreted to refer to a conjugated verb form (Nir. 2.2). The forms to which he refers in these passages are none other than the verbal roots clearly specified by their initial, penultimate, and final sounds. For example, because the term *dhātu* is used to refer to an item whose final *m* is deleted to produce the absolutive *gatvā* and the past passive participle *gatam*, it cannot refer to a conjugated verb form such as *gacchati* which has no *m* at all much less a final one. It can only refer to the verbal root √*gam* deleting the final *m* of which prior to the suffixes *tvā* and *ta* produces the correct forms.

Because the term *ākhyāta* is used synonymously with the terms *dhātu* and *prakṛti*, which in certain uses refer to citation forms de-

---

[21] *athāpi prakṛtaya evaikeṣu bhāṣyante vikṛtaya ekeṣu. śavatir gatikarmā kambojesv eva bhāṣyate ... vikāram asyāryeṣu bhāṣante: śava iti.*

[22] *athāpi bhāṣikebhyo dhātubhyo naigamāḥ kṛto bhāṣyante* (Nir. 2.2).

signating verbal roots, it is likely that it too refers in certain uses to verbal roots. It is therefore probable that Yāska uses the term *ākhyāta*, not only to refer to verbs in distinction to nouns, not only to refer to conjugated forms actually met with in usage, but also to refer to a verbal root (*dhātu*) which is a derivational base (*prakṛti*). It seems to me that this is the meaning of the term *ākhyāta* in the term *ākhyātaja*.

B. Derivational procedure in Yāska's *Nirukta*

Yāska's discussion of his procedure implies that he operated with a derivational model and that the relation between the nominals he explains and the verbal roots he cites is one of derivate to derivational base. After Yāska reports the difference of opinion between Śākaṭāyana and the Nairuktas, among whom he is included, on one side and Gārgya and some of the grammarians on the other side concerning whether all nominals are derived from verbal roots (*nāmāni ākhyātajāni*) or only some are (*na sarvāṇi*),[23] he gives some detail about what is meant by derivation.

He reports that, according to Gārgya and the grammarians, only those words, in which the accent (*svara*) and grammatical analysis (*saṃskāra*) are suitable (*samartha*), that is, may be understood by modification related to parts (*tad yatra svarasaṃskārau samarthau prādeśikena vikāreṇānvitau syātām*), are derived from verbs.[24]

---

[23] In Nir. 1.12 mentioned above.

[24] I interpret *saṃskāra* here as 'grammatical analysis' by analogy to the use of *vikāra* in the sense of modification. Both *saṃskāra* and *vikāra* may refer either to the derivational process or to the result of it. The former meaning is consistent with *Aṣṭādhyāyī* 3.3.18 *bhāve*, the latter with 3.3.19 *akartari ca kārake saṃjñāyām* under the condition that a *karman* is to be denoted. The term *vikṛti* usually refers to the result of derivation rather than the process though the suffix *-ti* is provided in both meanings by 3.3.94. Cardona's discussion of the term *saṃskāra* in this passage (1997: 563) and what the grammatical explanation involves (1997: 557–564) are pertinent. Sarup (1927: 14) translates, 'but only those, the accent and grammatical form of which are regular and which are accompanied by an explanatory radical modification'. Durga (vol. I, p. 100) interprets *svara* as accent, i.e. high pitch, etc., *saṃskāra* as morpheme, i.e. base, affix, etc. (*svarasaṃskārau svaraś codāttādiḥ saṃskāraś ca prakṛtipratyayādiḥ*), *samartha* as

Yāska counters that all words are derived from verbs because everything is analyzable into parts (*sarvaṃ prādeśikam*).[25] He reiterates this position when outlining the method of explanation (Nir. 2.1). There he advocates explaining a word, even in the absence of transparent grammatical structures, according to the similarity of syllables and sounds (*akṣaravarṇasāmānyāt*).[26] In the procedure Yāska describes for the explanation of words in the Nighaṇṭus and in the Vedic verses he subsequently undertakes, he analyzes speech forms into parts, makes the distinction between phonetic modifications and morphological ones, and deletes (*lopa*), adds (*upajana*), reverses the order of (*viparyaya*), alters (*vyāpatti*), and modifies (*vikāra*) certain sounds. He recognizes the relationship between the final *h* of verbal roots and the voiced aspirated stops in their nominal derivatives, between semivowels and their corresponding vowels, and between vowels of different length. Finally, he recognizes the need to parse secondary nominal derivatives and compounds at their proper morphemic boundaries.[27]

The detailed description Yāska gives of what his procedure of explanation involves, replete with examples of very specific processes of the modification of verbal roots, shows that the speech form to be explained is related to the speech form explaining it by very specific sound changes. In the subsequent chapters of the *Nirukta* therefore, the lemma should be understood to be directly

---

understood, that is, accompanied by a derivational understanding provided by the instruction of rules (*samarthatā nāmopapattir ucyate. saṃgatārthau lakṣaṇaśāstravihitayopapattyā yuktāv ity arthaḥ*), and *prādeśika* as radical. He interprets *pradeśa* as action (*kriyā*) and that which denotes it, namely, a verbal root (*dhātu*) as *prādeśika*.

[25] Nir. 1.14. Here Durga interprets *prādeśika* as *kriyāja* 'born of action' (*sarvam eva prādeśikaṃ sarvam eva kriyājaṃ nāma*, vol. I, p. 109).

[26] *atha nirvacanam. tad yeṣu padeṣu svarasaṃskārau samarthau prādeśikena vikāreṇānvitau syātāṃ tathā tāni nirbrūyāt. athānanvite 'rthe 'prādeśike vikāre 'rthanityaḥ parīkṣeta kenacid vṛttisāmānyena. avidyamāne sāmānye 'py akṣaravarṇasāmānyān nirbrūyāt. na tv eva na nirbrūyāt. na saṃskāram ādriyeta. viśayavatyo hi vṛttayo bhavanti* (Nir. 2.1). See Kahrs 1998: 35–38.

[27] *atha taddhitasamāseṣv ekaparvasu vānekaparvasu ca pūrvaṃ pūrvam aparam aparaṃ pravibhajya nirbrūyāt* (Nir. 2.2).

related through sound changes to a verbal root even though the specific sound changes are seldom referred to there. The procedure Yāska describes is suitable to the model of the derivation of the lemma from the verbal root.

Yāska's own description of what is involved in the explanation of speech forms he undertakes in the *Nirukta* supports a derivational model. Therefore, I conclude that the verbal root citation forms do indeed refer to speech forms which are the derivational source of the lemma, that the genitive of verbal root citation forms signifies the derivational relation the verbal root has to the derivate, and that the ablative of verbal root citation forms signifies the verbal root as participating in such a derivational relation. Yāska's descriptions likewise support the conclusion that the explanations employing the ablative of action nouns incorporate a derivational assertion. Since both the ablative and the genitive are equally appropriate to signify that the lemma in the nominative is derived from the verbal root in either the ablative or genitive in explanatory statements of type (1), it is impossible to determine whether ambiguous forms of verbal roots are used in the genitive or ablative by reference to these forms alone.

VI. JUSTIFICATIONAL SEMANTICS

In Section I, I noted that statements of type (1) involve the ambiguity whether semantics or phonology is primary in addition to the ambiguity whether the explanatory term is ablative or genitive. It is ambiguous whether the explanatory term in such statements explains the meaning of the lemma by reference to an action or by reference to a verbal root. Such statements may thus mean either that a certain speech form bears some relation to a verbal root or that a certain object bears some relation to an action. At the end of Section IV.B.3, I determined that explanatory statements in which the explanatory term is a verbal citation form are phonological statements and considered both phonological and causal interpretations of explanatory statements in which the explanatory term is an action noun. At the end of the last section, I concluded that Yāska's own description of his procedure supports a derivational interpretation of the phonological statements, regardless of whether they employ explanatory terms in the ablative or genitive. I also suggest there that Yāska's descriptions likewise support the conclusion that the explanations employing the ablative of action nouns incorporate a derivational assertion. Although Yāska does employ action nouns and pronouns unambiguously in the ablative to refer to a reason, the reason provided almost always depends upon phonological derivation. When the explanatory term is an action noun, the reason depends upon the phonological derivation of the speech form from the verbal root from which the action noun in the ablative is also derived. When a pronoun is used, the pronoun usually refers to a verbal citation form.

REFERENCES

CARDONA, George 1974. On Pāṇini's metalinguistic use of cases. In: S. K. Chatterji et al. (eds.), *Charudeva Shastri Felicitation Volume. Presented to Prof. Charudeva Shastri on the Occasion of his Seventy-fifth Anniversary by his Friends and Admirers*: 305–326. Delhi: Charudeva Shastri Felicitation Committee.

—— 1997. *Pāṇini: His Work and its Traditions*. I: *Background and Introduction*. 2nd edition. Delhi: Motilal Banarsidass.

DAS, Rahul Peter 2003. *The Origin of the Life of a Human Being. Conception and the Female according to Ancient Indian Medical and Sexological Literature*. Delhi: Motilal Banarsidass Publishers.

KAHRS, Eivind 1998. *Indian Semantic Analysis. The 'nirvacana' Tradition*. (University of Cambridge Oriental Publications, 55.) Cambridge: Cambridge University Press.

PRASAD, Mantrini 1975. *Language of the Nirukta*. Delhi: D. K. Publishing House. [Revision of the author's thesis, 'Language of Yāska', Poona University, 1963.]

SARUP, Lakshman (ed. & trans.) 1927. *The Nighaṇṭu and the Nirukta. The Oldest Indian Treatise on Etymology, Philology, and Semantics*. Lahore: University of Panjab.

SCHARF, Peter 2001. Review of Kahrs 1998. *Journal of the American Oriental Society* 121.1: 116–120.

SHAŚTRI, Dwarikadas (ed.) 1964. *Mādhavīyā dhātuvṛttiḥ. Pāṇinīyadhātupāṭha-vyākhyānātmikā.* (Prācyabhāratigranthamālā, 1.) Varanasi: Prācyabhārati prakāśanam.

SKÖLD, Hannes 1926. *The Nirukta. Its Place in Old Indian Literature: Its Etymologies.* (Acta Regiae Societatis Humaniorum Litterarum Lundensis, 8.) Lund: C. W. K. Gleerup.

Asiddha and *asiddhavat*

RAM KARAN SHARMA

Asiddha / *asiddhavat* is one of the most efficient tools of Pāṇinian description. *Aṣṭādhyāyī* 8.2.1 (*pūrvatrāsiddham*) declares all succeeding statements up to the end of the text (8.4.68: *a a*) as 'nonexistent as it were' in relation to the preceding (*sapādasaptādhyāyī*) statements; even among the statements following 8.2.1, the *tripādī*, later ones are considered to be 'nonexistent as it were' in relation to relevant preceding statements. At the same time, 8.2.2 (*nalopaḥ supsvarasaṃjñātugvidhiṣu kṛti*) restricts the jurisdiction of *pūrvatrāsiddham* to a few specified situations. Similarly, 8.2.3 (*na mu ne*) debars the jurisdiction of 8.2.1 to the operation of 7.3.120 (*āṅo nāstriyām*) vis-à-vis 8.2.80 (*adaso'ser dād u do maḥ*).

Another instance of the utilization of the *asiddha* technique is 6.1.86 (*satvatukor asiddhaḥ*), that declares the very operation of 6.1.84 (*ekaḥ pūrvaparayoḥ*) as 'nonexistent as it were' in relation to the operation of 8.3.59 (*ādeśapratyayayoḥ*) and 6.1.71 (*hrasvasya piti kṛti tuk*).

6.4.22 (*asiddhavad atrābhāt*) uses the term *asiddhavat* ('as good as *asiddha*') in connection with all the operative sūtras that follow, up to the end of this chapter, saying that if one stands in the way of another general operation in relation to a single point of operation, the former may be considered 'as good as nonexistent'.

Let us now see how the above three models of the *asiddha* technique work.

I. *TRIPĀDĪ ASIDDHA*

A. *pūrvatrāsiddham* (8.2.1)

This is considered to be a jurisdictional statement (*adhikārasūtra*). The sūtras in succession are 'nonexistent as it were' in relation to the preceding sūtras (*parasya parasya pūrvatra pūrvatrāsiddhavijñānārtham*). In this connection, a question is raised by Patañjali to the effect that if the entire *tripādī* is *asiddha* in relation to the relevant *sapādasaptādhyāyī* sūtras, then what would be the fate of the case endings used metalinguistically, such as the seventh, fifth, and sixth ones signifying 'preceding', 'succeeding' and 'substitution in place of' (*tasminn iti nirdiṣṭe pūrvasya* [1.1.66], *tasmād ity uttarasya* [1.1.67] and *ṣaṣṭhī sthāneyogā* [1.1.9])? Would such *tripādī* sūtras as *jhalo jhali* (8.2.26), *hrasvād aṅgāt* (8.2.27) and *saṃyogāntasya lopaḥ* (8.2.23), being 'nonexistent as it were' in relation to the above *sapādasaptādhyāyī* metarules, cease to signify the placements concerned? The reply is: even though the *tripādī* sūtras concerned are *asiddha* in relation to the *sapādasaptādhyāyī* metarules, the latter are very much existent with respect to the former statements (*yady apīdaṃ tatrāsiddhaṃ tat tv iha siddham*, *Mahābhāṣya* VIII.76]). Kaiyaṭa raises another point, namely whether this very sūtra (8.2.1) is *asiddha*, and concludes saying:

> *etac ca sūtram ātmānaṃ vihāya sūtrāntarāṇām asiddhatvaṃ pratipādayati na tv ātmanaḥ ... etasya cāsiddhatve sarveṣāṃ siddhatvāt sūtrārambha evānarthakaḥ syāt | yathā sarvaṃ mithyā bravīmīti vākyaṃ vākyāntarāṇām eva mithyātvaṃ pratipādayati ...* (*Pradīpa* VIII.75)

The objectives of the sūtra are twofold: (a) *ādeśalakṣaṇapratiṣedha* = denial of substitutions and (b) *utsargalakṣaṇabhāva* = affirmation of general statements. Examples of (a) are *rājabhiḥ*, *rājabhyām*, *rājasu*. If the elision of *n* (*nalopaḥ prātipadikāntasya* [8.2.7]) is not *asiddha*, then short *a*-ending aṅga *rāja-* will take *ais* (*ato bhis ais* [7.1.9]), *dīrgha* (*supi ca* [7.3.102]) and *e* (*bahuvacane jhaly et* [7.3.103]), giving rise to **rājaiḥ*, **rājābhyām* and **rājeṣu* respectively. Examples of (b) are *amuṣmai*, *amuṣmāt*, *amuṣya* and *amuṣmin*. If 8.2.80 (*adaso'ser dād u do maḥ*) is not considered to be *asiddha*, then the aṅga *amu-* will not qualify for *smai*, *smāt*, *sya* and *smin* (*sarvanāmnaḥ smai* [7.1.14], *ṅasiṅyoḥ smātsminau* [7.1.15], *ṭāṅasiṅasām inātsyāḥ* [7.1.12]) respectively, as these substitutions takes place only from short *a*-ending aṅgas.

Another problem raised in this connection is whether this *asiddha* is *śāstrāsiddha* or *kāryāsiddha*, in other words, whether the very operative statement concerned is *asiddha* or the operation arising out of the statement is *asiddha*. Neogrammarians including Kaiyaṭa favour the *śāstrāsiddha* option.

Let us see how the various steps leading to the formation of the compounded word *manoratha* go to show the viewpoint of the neogrammarians in this behalf. The starting point would be *manas+ratha*. The final *s* of the first component would change to *ru* (*sasajuṣo ruḥ* [8.2.66]); *u* of *ru* would be elided (*upadeśe'j anunāsika it* [1.3.2], *tasya lopaḥ* [1.3.9]); so the form would be *manarratha*. At this stage there would be a conflict between the two statements 6.1.114 (*haśi ca*), stating the substitution of *ru* by *u*, and 8.3.14 (*ro ri*), stating the elision of the previous *-r*. Both these rules have already shown their strength in such constructions as *śivo vandyaḥ* and *punā ramate* in their respective jurisdictions, so that they are of equal strength. Their conflict is thus *tulyabalavirodha* (and not *maśakasiṃhavirodha*). In that situation, if the elision of *r*, being later (*para*), takes place by force of the metarule 1.4.2 (*vipratiṣedhe paraṃ kāryam*), then there would be no scope for the application of 6.1.114 read with *pūrvatrāsiddham* (8.2.1), because the very *ru* would be nonexistent. *Devadattahantṛhatanyāya* is quoted in this connection: if Devadatta has already been killed by an assassin, then even if the assassin is killed, there is no scope for the revival of Devadatta. So every statement itself of the *tripādī* is to be read with 8.2.1, and even before it goes to operate, it itself does not exist as it were. So *r* remains intact. 6.1.114 operates without any opposition whatsoever. That is why Kātyāyana and

Patañjali conclude *pūrvatrāsiddhe nāsti vipratiṣedho'bhāvād uttarasya* (8.2.1 *vt.* 1; *Mahābhāṣya* VIII.77).

B. *nalopaḥ supsvarasaṃjñātugvidhiṣu kṛti* (8.2.2)

This restricts the operation of 8.2.1 in relation to 8.2.7 (*nalopaḥ prātipadikāntasya*), to (a) *sup* triplets, (b) accentuation (*svara*), (c) technical terms (*saṃjñā*), and insertion of the final (1.1.46) increment *tuk* before (1.1.66) a *kṛt* (3.1.93) affix (3.1.1).

Thus, (a) as stated above, *rājan+bhis* = *rājabhiḥ* and not **rājaiḥ*. (b) *rājan+matup+ṅīp* = *rā́javatī* and not **rājavatī́*; 6.1.220 (*anto'vatyāḥ*) does not apply here. (c) *pañca brāhmaṇyaḥ* and not **pañcā brāhmaṇyaḥ*; 4.1.4 (*ajādyataṣ ṭāp*) does not apply here. (c) *vṛtra+han+kvip+bhyām* = *vṛtrahabhyām* and not **vṛtrahadbhyām*; 6.1.71 (*hrasvasya piti kṛti tuk*) does not apply here.

But *rājan+ṅas+aśva* = *rājan+āśva* = *rājāśvaḥ*. Here 8.2.1 does not declare 8.2.7 as *asiddha* because *dīrgha* or length, not being one of the constituents of the restrictive (*niyama*) sūtra, is considered to be outside the scope of this statement.

C. *na mu ne* (8.2.3)

The statement 8.2.80 (*adaso'ser dād u do maḥ*) is not considered 'nonexistent as it were' in relation to 7.3.120 (*āṅo nāstriyām*). So *adas+ṭā* = *amu+ā* = *amunā*. As the above statement leading to the substitution of *adas* to *amu* is not considered *asiddha*, the *aṅga* *ámu* fully qualifies to be designated *ghi* (*śeṣo ghy asakhi* [1.4.7]) and for the resultant application of 7.3.120.

II. *ASIDDHA* IN THE CONTEXT OF 'ONE SUBSTITUTE FOR TWO'

A. *ṣatvatukor asiddhaḥ* (6.1.86)

The jurisdictional sūtra *saṃhitāyām* (6.1.72) continues through 6.1.157. Another subjurisdictional sūtra *ekaḥ pūrvaparayoḥ* (6.1.84) continues through 6.1.112. This deals with the substitution of two by one, e.g., *deva+ālaya = devālayaḥ*. Here one *ā* is substituted for *a+ā* (*akaḥ savarṇe dīrghaḥ* [6.1.101]). The one single substitute is also defined as the final of the preceding one and the beginning of the succeeding one (*antādivac ca* [6.1.85]), as *au* in *rāmau* (*rāma+ au = rāmau*) is considered to be *sup*, for well-defined descriptive convenience. In the same context, 6.1.86 (*ṣatvatukor asiddhaḥ*) appears as a counteracting statement saying that the statement dealing with the substitution of two with one 'does not exist as it were' in relation to the statements 8.3.59 (*ādeśapratyayayoḥ*), dealing with the cerebralization of *s*, as well as 6.1.71 (*hrasvasy piti kṛti tuk*), dealing with the infix *tuk*. Patañjali's statement on this sūtra is the same as on 8.2.1. Accordingly, the objectives of this sūtra too are twofold: (a) *ādeśalakṣaṇapratiṣedha*, i.e. denial of substitutions and (b) *utsargalakṣaṇabhāva*, i.e. affirmation of general normal operations. Examples of (a): *ko 'siñcat*, *yo 'siñcat*: *kas/yas+ asiñcat = ka+ r(u)+asiñcat* (8.2.66 *sasajuṣo ruḥ*) = *ka/ya+u+ asiñcat* (6.1.113 *ato ror aplutād aplute*) = *ko/yo+asiñcat* (6.1.87 *ād guṇaḥ*) = *ko/yo 'siñcat* (6.1.109 *eṅaḥ padāntād ati*). Here, if the substitution of *o* and *a* by one single regressively assimilative *o* is considered to be really existent, then the following *s* of (*a*)*siñcat*, being *apadādi* (and so not debarred by 8.3.11 *sāt padādyoḥ*), would qualify for cerebralization (8.3.59 *ādeśapratyayayoḥ*). So the *ādeśalakṣaṇapratiṣedha* component of this sūtra denies the very existence of *ekah pūrvaparayoh* in relation to 8.3.59 and thus cerebralization is denied here. Example of (b): *adhītya*, *pretya*. *adhi+i+tvā = adhi+ i+ya* (7.1.37 *samāse 'nañpūrve ktvo lyap*) = *adhī+ya* (6.1.101 *akaḥ savarṇe dīrghaḥ*) = *adhītya* (6.1.71 *hrasvasya piti kṛti tuk*); *pra+i+ tvā = pra+i+ya = pre+ya* (6.1.87 *ād guṇaḥ*) = *pretya* (6.1.71). In both these cases, the *utsargalakṣaṇabhāva* component of *asiddha* is at work. If 6.1.101 is taken to be *siddha* and similarly if 6.1.87 is *siddha* in the second example, there would be no scope for the application of 6.1.71 in either case. But because the above statements dealing with *ekādeśa* (*dīrgha* and *guṇa*) are declared *asiddha*, the *utsarga* statement dealing with *tuk* does not face any counteraction and the formations of *adhītya* and *pretya* are duly explained.

As in the *tripādī*, the *asiddha* of this sūtra is also considered to be *śāstrāsiddha* and not *kāryāsiddha*.

III. 6.4.22 (*ASIDDHAVAD ATRĀBHĀT*)

Bhaṭṭojidīkṣita introduces this sūtra in the context of the formation of *babhūva*, third person singular perfect form of *bhū*. At the stage of *babhūv+a* (6.4.88 *bhuvo vug luṅliṭoḥ* etc.), the question arises: as 6.4.88 and 6.4.77 (*aci śnudhātubhruvāṃ yvor iyaṅuvaṅau*) both come under the jurisdiction of this sūtra and both of them are concerned with an operation relating to the same operandum – the final *ū* of *bhū* – 6.4.88 may be considered to be 'nonexistent as it were' and thus 6.4.77 should operate, transforming *babhū+a* into *babhuv+a* = **babhova* (by bringing in *uvaṅ* and *guṇa*). But Kātyāyana is quoted in this connection (6.4.22 *vt.* 14 *vugyuṭāv uvaṅyaṇoḥ* [*siddhau*]; *Mahābhāṣya* VI.874 *vugyuṭāv uvaṅyaṇoḥ siddhau vaktavyau*), saying that the operation of *asiddhatva* is debarred in this connection, so that the formation of *babhūva* remains intact.

Let us try to go into the various details about this '*asiddhavat*' statement in this background. Katre translates this sūtra as follows:

> [In the section beginning here and extending up to the end of this chapter operations introduced by the subsequent rules are considered] inoperative (*á-sid-dha-vat*) (with respect to other operations stated in the subsequent rules) up to 129 below (*ā́ bhāt*) beginning with [*bha-sya*].

And he gives the following explanatory note:

> *as+lOṬ +siP* = *as+Ø*[1] (of *ŚaP* 2.4.72 *adiprabhṛtibhyaḥ śapaḥ*)+*hi* (3.4.87 [and not 57 as printed, RKS] *ser hy apic ca*) = *a-e+hí* (119 *ghvasor ed dhāv abhyāsalopaś ca*) = *e-hi* (1.97 *ato guṇe*); but by 101 (*hujhalbhyo her dhiḥ*) *hí* itself is replaced by *dhí* when preceded by a pre-affixal non-nasal consonant (*jhaL*). To arrive at a correct form *e-dhí*, the operation by 119 is not supposed to have taken place in applying 101. Normally in the situation *as+hi* both 101 and 119 are competitive and by metarule 1.4.2, 119 would

prevail and would make 101 inapplicable. The present governing rule corrects this situation and yields the expected surface form, *edhi*.

This principle also applies to the section governed by *adhi-kār-á-sūtra* 129 below [*i.e. up to the end of this chapter*]. [Italic text supplied by me, RKS.]

Kaiyaṭa (*Pradīpa* VI.863) raises the problem of the use of *vat* in *asiddhavat* inasmuch as statements like *ṣatvatukor asiddhaḥ* too have the same force of *atideśa*, and he concludes that sometimes someone resembling Brahmadatta is described saying *ayaṃ brahmadattaḥ*, where the difference between the subject and object of comparison is obliterated. The force of *atideśa* is implied there on account of the contextual semantic potency. Sometimes with a view to having instantaneous force of *atideśa* (*pratipattilāghava*), *vat* etc. are used to present a clear picture thereof, e.g., *ayaṃ brahmadattavat*.

Patañjali repeats the same two objectives of this *asiddhavattva* as well: (a) *ādeśalakṣaṇapratiṣedha* – denial of substitution – and (b) *utsargalakṣaṇabhāva* – affirmation of general normal statements. Examples of (a): *āgahi*, *jahi*. In *āgahi*, the two relevant statements *anudāttopadeśavanatitanotyādīnām anunāsikalopo jhali kṅiti* (6.4.37) and *ato heḥ* (6.4.105) are competitive. The *-m* of *gam* is elided by the former. Then the aṅga takes the form of a short *a*-ending component and thus qualifies for elision of *hi* by the latter sūtra. Both the sūtras come under the category of *ābhīya*. The previous one is declared as 'non-existent as it were', so the operation of the latter sūtra is denied. Thus *hi* remains intact and the surface form *āgahi* is explained. Similarly, *hanter jaḥ* (6.4.36) provides a substitute *ja* for *han*. Here again *ato heḥ* (6.4.105) may find a scope for eliding *hi*. But the *ādeśalakṣaṇapratiṣedha* component of this sūtra stands in the way of eliding *hi* and the form *jahi* is explained.

Examples of (b) *utsargalakṣaṇabhāva*: the example cited by Katre (*edhi*) makes the *utsargalakṣaṇabhāva* component of this sūtra very clear. It is further pointed out that only when the locus of the two *ābhīya* statements is the same would this *asiddhatva* work, and not otherwise. Thus, in the accusative plural form of the stem *papivas-* (*pā+kvasu*) the two *ābhīya* sūtras *āto lopa iṭi ca* (6.4.64) and *vasoḥ samprasāraṇam* (6.4.131) have a peaceful coexistence because the elision of *ā* refers to *kvasu* and *saṃprasāraṇa* refers to *śas.* Both the *ābhīya* sūtras operate here.

As other *asiddha* statements, this *asiddhatva* is also considered to be *śāstrāsiddha* and not *kāryāsiddha.* The same *devadattahantṛhatanyāya* is at work here too.

IV. CONCLUSION

Thus the Pāṇinian technique uses not only positive *saṃjñā*s, *paribhāṣā*s, *vidhi*s, *niyama*s, *adhikāra*s, and *atideśa*s, but also several types of zero techniques. Sometimes Pāṇini also uses the term *aśiṣya* (not to be spelt out), even though such statements are regarded as interpolations by some scholars. The fact remains that terms like *lopa*, *luk*, *lup* and *sthānivadbhāva* play very significant roles in Pāṇinian description. Similar is the case with the *asiddha/asiddhavat* technique described above.

There are at least two examples where only affixes are visible; the entire *prakṛti* itself is described to be invisible. The two secondary derivative terms *adhunā* and *iyat* are cited by grammarians as examples of this category: *adhunā* ('at this time'): the secondary derivative affix *adhunā* is stated to be applied to *idam* to denote time (5.3.17 *adhunā*); thus, *idam+adhunā* = *i(ś)+adhunā* (5.3.3 *idama iś*) = *adhunā* (6.4.148 *yasyeti ca*). *iyat* ('this much'): *idam+vat* = *idam+ghat* (5.2.40 *kimidambhyāṃ vo ghaḥ*) = *idam+iyat* (7.1.2 *āyaneyīnīyiyaḥ phaḍhakhachaghāṃ pratyayādīnām*) = *iyat* (6.3.90 *idaṅkimor īśkī* and 6.4.148).

To quote the *Bālamanoramā*:

> *uditavati parasmin pratyaye śāstrayonau*
> *gatavati vilayaṃ ca prakṛte 'pi prapañce* |
> *sapadi padam uditaṃ kevalaḥ pratyayo yat*
> *tad iyad iti mimīte ko 'dhunā paṇḍito 'pi* ||

(on 5.3.17, *Vaiyākaraṇasiddhāntakaumudī* no. 1966)

REFERENCES

Aṣṭādhyāyī of Pāṇini. Edited & translated by S. M. Katre. (Texas Linguistics Series.) Austin: University of Texas Press (reprint: Delhi: Motilal Banarsidass, 1989).

Mahabhashya of Patanjali with the Commentaries Mahabhashya Pradipodyota of Shree Nagoji Bhatta and Mahabhashya-Pradip by Kaiyat. Edited by Acharya Shree Guru Prasad Shastri. Second edition, revised by Dr. Bal Shastri. Varanasi: Vani Vilas Prakashan. [References to volume, page.]

Vaiyākaraṇasiddhāntakaumudī ... ṭīkātrayopetā. Delhi: Bharatiya Book Corporation, 1997.

On *vt.* 9 on P. 3.1.26

TOṚU YAGI

P. 3.1.26 (*dhātoḥ* 22) *hetumati [abhidheye] ca* (*ṇic* 25), which is a rule prescribing the formation of a causal base, provides: And also, the suffix *-i* ⟨*ṇic*⟩ appears immediately after a root on condition that an action having a causal agent is to be expressed.[1] In *vtt.* 6–11[2] on it, Kātyāyana teaches some peculiar uses of the causative. According to Kielhorn, (1) the examples of these peculiar uses have not yet been found in Sanskrit texts.[3] (2) An example concerning *vt.* 9 occurs in the *Suttanipāta*. (3) Some phrases in the *Jātaka* may be comparable with the sentence given by Patañjali as an example concerning *vt.* 10, but the difference exists between the use in Pāli and that in Sanskrit. In this paper I try to ascertain that *vt.* 9 is applicable also to some phrases which occur in a few other Pāli texts, the Epics and other Sanskrit texts.

---

[1] Cf. Cardona 1997: 186–192.

[2] *Vt.* 6: *ākhyānāt kṛtas* [= *kṛdantāt*] (*ṇic* 25) *tad ācaṣṭa iti* [*etasminn arthe*], *kṛlluk, prakṛtipratyāpattiḥ, prakṛtivac ca kārakam*; *vt.* 7: *ākhyān*[*aśabd*]*āc ca* (*ṇic* 25) *pratiṣedhaḥ*; *vt.* 8: *dṛśyarthāyāṃ ca pravṛttau* (*ākhyānāt* … *vt.* 6); *vt.* 10: *citrīkaraṇe* [*gamyamāne*] (*kṛtaḥ vt.* 6, *ṇic* 25, *tat- vt.* 6) *prāpi* [*arthe*], (*kṛlluk* … *vt. 6*); *vt.* 11: *nakṣatrayoge* [*vartamānāt*] (*kṛtaḥ vt.* 6, *ṇic* 25, *tat- vt.* 6) *jñi* [*arthe*], (*kṛlluk* … *vt.* 6).

[3] But Ingalls thinks that the phrase in the *Taittirīyasaṃhitā* 2.5.2.4–5 is an example concerning *vt.* 8 (= *vt.* 6 according to Kielhorn's edition). Cf. Ingalls 1991. Cf. also Cardona 1976: 277; 1999: 240. I express my gratitude to Prof. Yasuke Ikari at the Institute for Research in Humanities, Kyoto University, for having given valuable comments with regard to Ingalls' interpretation according to my request.

1. *Vt.* 9 runs:

[*kṛtaḥ vt.* 6, *ṇic* 25, *tad ācaṣṭa iti vt.* 6] *āṅlopaś ca* [*kṛlluk, prakṛtipratyāpattiḥ, prakṛtivac ca kārakam vt.* 6] *kālātyantasaṃyoge maryādāyām.*

Mbh on it:

kālātyantasaṃyoge maryādāyāṃ [*gamyamānāyāṃ*] *kṛdantān ṇij vaktavyas tad* (= *ākhyānam*) *ācaṣṭa ity etasminn artha āṅlopaś ca. kṛlluk prakṛtipratyāpattiḥ prakṛtivac ca kārakaṃ bhavatīti. ārātrivivāsam ācaṣṭe rātriṃ vivāsayatīti.*

[The addition of the wording *āṅlopaś ca kālātyantasaṃyoge maryādāyam* must be done, as a complementary rule, to P. 3.1.26. And then it is construed with *vt.* 6 as follows:] On condition that the limit in the entire connection [of an action] with time is [understood], the suffix *-i* ⟨ṇic⟩ is to be prescribed in the sense 'to tell (a story)' immediately after [a nominal stem] ending in a primary suffix, and the elision of the preposition *ā* ⟨*āṇ*⟩ as well. [Then, just as in the case of *vt.* 6,] the primary suffix is elided by ⟨*luk*⟩, the original verbal base is restored and the action-participator is treated as [that of] the original verbal base [ending in the causal *-i* ⟨ṇic⟩]. [The motivation of the present addition is such a phrase as] *rātriṃ vivāsayati* [, which expresses the meaning] 'he tells [a story the whole night through] until the growing light of the night' (*ārātrivivāsam ācaṣṭe*).

Pd on Mbh:

ārātrivivāsam iti. yāvad rātrer vivāso 'tikramaṇam tāvat kathāḥ kathayatīty arthaḥ.

On *ārātrivivāsam*. Until the growing light, i.e., the passing away of the night, he relates stories the whole night through; such is the sense.

Ud comments:

yāvad iti. rātrirūpakālenātyantasaṃyogaḥ. kathāś cākhyāne karmeti bhāvaḥ, ārātrivivāsaśabdena tāvatparyantakathā lakṣyanta iti bodhyam. kālātyantasaṃyoge gamyamāna ity arthaḥ. vaser akarmakatayā gatibuddhīti rātreḥ karmatvaṃ hetumaṇṇici[4] *tadvad ihāpi bodhyam.*

[4] I read thus according to Vedavrat's edition.

On *yāvat* ...: ['*yāvat* ... *tāvat*' expresses] the entire connection [of the action of telling] with time in the form of the night. And, '*kathāḥ*' is a direct object denoting a story '*ākhyāna-*'; such is his intention. [In the Mbh:] By the word *ārātrivivāsam* 'until the growing light of the night', '*kathāḥ*' (stories) lasting as long as such are implied; one must understand thus. [The use of the locative *kālātyantasaṃyoge* is based on P. 2.3.37, and so the locative expresses] the sense 'on condition that the entire connection [of an action] with time is understood'.[5] Because the root *vas-* ['to grow light'] has no direct object, [the agent] *rātri-* 'night' [of the action denoted by *vas-* not followed by the causal ⟨ṇic⟩] is [technically called] a direct object [of the action denoted by *vas-*] followed by the suffix *-i* ⟨ṇic⟩ signifying [an action] having a causal agent according to P. 1.4.52 ... *akarmakāṇām aṇikartā sa* (*karma* 49) *ṇau*; the treatment as such [of *rātri-*] must be understood in the present case also.

2. In *vt.* 6 (*tadācaṣṭa iti* [in the sense] 'to tell (that)', which recurs in *vt.* 8), *vt.* 10 (*prāpi* 'in the sense of meeting with [that]') and *vt.* 11 (*jñi* 'in the sense of knowing [that]'), the meanings of the suffix *-i* ⟨ṇic⟩ are specified as differentiated from that of the causal ⟨ṇic⟩, that is, an action having a causal agent (*hetu-*), which is paraphrased by the activity (*vyāpāra-*) of a causal agent (*prayojakartṛprayojaka-* or *prayojyakakartṛ-*) which is characterized by a command (*preṣaṇa-*), an entreaty (*adhyesana-*) and behavior appropriate for that (*tatsamarthācaraṇa-*), i.e., for the activity of an agent as the instigated (*prayojyakartṛvyāpāra-*). What matters to *vt.* 9 is the meaning of the suffix *-i* ⟨ṇic⟩.

If we appeal with Patañjali to the recurrence of the wording *tad ācaṣṭa iti*, which seems very natural, the suffix means 'to tell (that)'.Therefore such a phrase as *rātriṃ vivāsayati* means 'he tells [such and such a story the whole night through] until the growing light of the night' (*ārātrivivāsam ācaṣṭe*). In other words, there is one-to-one correspondence between them. If the motivation of

[5] In this case, the other locative *maryādāyām* is construed with *āṅ* as follows: *kālātyantasaṃyoge gamyamāne kṛdantāṇ ṇij vaktavyas tad ācaṣṭa ity etasminn arthe, maryādāyām āṅlopaś ca* '..., and the elision of the preposition *ā* ⟨āṇ⟩ in the sense (P. 2.3.36) of limit as well'.

laying down *vt.* 9 is such a phrase, phrases of this type seem to have not yet been found anywhere. For the phrase *namassamāno vivasemi rattim* cited by Kielhorn as an example concerning *vt.* 9 would mean: Worshipping, I tell [such and such a story the whole night through] until the growing light of the night (*namasyamāna ārātrivivāsam ācakṣe*). This does not accord with what the phrase means.

3. By the way, *vtt.* 6–11 are incorporated into non-Pāṇinian systems, among others, into Bhojadeva's *Sarasvatīkaṇṭhābharaṇa*, but not into Pāli grammars such as the *Saddanīti*. Daṇḍanārāyaṇa Bhaṭṭa, the author of the commentary *Hṛdayahāriṇī* on the former, introduces another interpretation as follows:

> *kecid ācaṣṭa iti nānuvartayanti. tenehāpi bhavati ārātrivivāsaṃ*[6] *jāgarti rātriṃ vivāsayati, āśarvarīgamanam āste śarvarīṃ gamayati.*
>
> Some [grammarians] do not cause the wording [*tad*] *ācaṣṭe* [*iti*] [in S 1.3.57 = *vt.* 6] to recur [here in S 1.3.61 = *vt.* 9]. [Instead, they cause the wording *dhātvarthe*[7] 'in the sense of meaning of any root' – in S 1.3.37 *supo dhātvarthe bahulam iṣṭhavac ca*, which practically corresponds to *Dhātupāṭha* 10.368 *prātipadikād dhātvarthe bahulam iṣṭhavac ca* – to recur.] Therefore [the suffix *-i* ⟨ṇic⟩ prescribed in S 1.3.36] is valid also in the following cases: [Such a phrase as] *ārātrivivāsaṃ jāgarti* 'he is awake [the whole night through] until the growing light of the night' [, which is paraphrased by] *rātriṃ vivāsayati*; [such a phrase as] *āśarvarīgamanam āste* 'he sits [the whole night through] until the passing away of the night' [, which is done by] *śarvarīṃ gamayati.*

The same is true with *vt.* 9 if only we cause the wording *karaṇe* 'in the sense of any action' in P. 3.1.17 to recur here. But we cannot avoid such a trouble as follows: In addition to being equivalent to *rātrivivāsam ācaṣṭe* 'he tells [someone the story] "The Growing Light of the Night"' (*vt.* 6 = S 1.3.57), to *rātrivivāsam ācaṣṭe* 'he

---

[6] I read thus instead of *ārātravivāsam.*

[7] *dhātvartha-* the sense of any root. *kriyā-*: Mbh on P. 3.2.84 and 115. *bhāva-*: Kāś on P. 3.1.24. *bhāva-* = *kriyā-* (action): Kāś on P. 2.3.37.

tells [someone] that the night is growing light' (*vt.* 6 = S 1.3.58) or 'he tells [someone] that the night is growing light [with the intention of showing him dawn]' (*vt.* 8 = S 1.3.60), or to [*ujjayinyāḥ prasthito māhiṣmatyāṃ*] *rātrivivāsaṃ saṃbhāvayate* or *prāpnoti* '[to my surprise, having departed from Ujjayinī,] he meets with the growing light of the night [at Māhiṣmatī]' (*vt.* 10 = S 1.3.62), such a phrase as *rātriṃ vivāsayati* 'he acts [the whole night through] until the growing light of the night' is equivalent to *ārātrivivāsam ācaṣṭe*, *jāgarti, āste*, etc. 'he tells, is awake, sits, etc., [the whole night through] until the growing light of the night'. Which of them the present phrase corresponds to exclusively depends on the situation in which it is uttered.

If we confine ourselves to *vt.* 9, in order to remove the trouble and make the phrase *rātriṃ vivāsayati* 'he acts [the whole night through] until the growing light of the night' correspond to *ārātrivivāsam ācaṣṭe* 'he tells [the whole night through] until the growing light of the night', we have to specialize the meaning 'any action' of the suffix *-i* ⟨ṇic⟩ by the present participial suffix *-at* ⟨śatṛ⟩ or *-āna* ⟨śāna*c*⟩, as Kielhorn has already pointed out: *ācakṣāṇo rātriṃ vivāsayati* 'telling, he acts [the whole night through] until the growing light of the night'. This corresponds to *ārātrivivāsam ācaṣṭe* 'he tells [the whole night through] until the growing light of the night'. Therefore, if the motivation of laying down *vt.* 9 is such a phrase as *ācakṣāṇo rātriṃ vivāsayati*, the only example of this type is the phrase *namassamāno vivasemi rattim* cited by Kielhorn. And *vt.* 9 is applicable also to some phrases of this type occurring in later texts than the *Suttanipāta*.

4. Conclusion *Vtt.* 6–11 are rejected by *vt.* 12, the latter half of which and *vtt.* 13–15 give the reasons of the rejection. This shows: Both Kātyāyana and Patañjali think that the present suffix is not a suffix forming a denominative base but a suffix forming a causal base. Therefore, such meanings as *tad ācaṣṭa iti* ([in the sense] 'to tell [that]') (*vt.* 6), *prāpi* (in the sense of meeting with [that]) (*vt.*

10), and *jñi* (in the sense of knowing [that]) (*vt.* 11) are illustrations of *tatsamarthācaraṇa-* (behavior appropriate for that), that is, *prayojyakartṛvyāpārānukūlācaraṇa-* (behavior conformable to the activity of an agent as the instigated), which, together with *preṣaṇa-* (command) and *adhyeṣaṇa-* (entreaty), characterizes the activity of a causal agent.[8]

Devadatta, having the supernatural power inherent in him or attributed to a magic spell (*mantra-*), commands or entreats the night to grow light: Grow light or May the night grow light! Then the night grows light according to his intention. With regard to Devadatta, one says: *rātriṃ vivāsayati devadattaḥ* (Devadatta causes the night to grow light). Or, normally the night grows light, having nothing to do with Devadatta's intention whether he commands or entreats the night to grow light. As for Devadatta, from a given point of time, e.g., from sunset until the growing light of the night, he does any act the whole night through whether he tells or is awake or sits, which is the very behavior conformable to the activity of the night. In this case also, one says: *rātrim vivāsayati devadattaḥ* (Devadatta causes the night to grow light), which is equivalent to *ārātrivivāsaṃ rātrivivāsānukūlam ācaraṇaṃ karoti devadattaḥ* (Devadatta does any act conformable to the growing light of the night until the night grows light). But we cannot avoid the trouble already pointed out above in Section 3.

By the way, P. 3.2.126 *lakṣaṇa-hetvoḥ* (*dhātoḥ* 1.92, *laṭaḥ śatṛ-śānac-au* 124) *kriyāyāḥ* provides: [The present participial suffix *-at* ⟨śatṛ⟩ or *-āna* ⟨*śānac*⟩ takes the place of *-l* ⟨*laṭ*⟩ immediately after a root which denotes an action that is] a characteristic or a cause of another action [denoted by another root]. If we confine ourselves to *vt.* 9, in order to remove the trouble and make such a

---

[8] D commands or entreats Y to kill B: Kill B or Please kill B. Then Y kills B. With regard to D, one says: D causes Y to kill B. Or, D arrests B, who is desired to kill by Y and is running away. Then Y kills B. In this case also, one says: D causes Y to kill B. D's action of arresting is conformable to Y's action of killing. Cf. Haradatta on P. 3.1.26, pp. 388–389.

phrase as *rātriṃ vivāsayati* (he causes the night to grow light) [equivalent to *ārātrivivāsaṃ rātrivivāsānukūlam ācaraṇaṃ karoti* (he does any act conformable to the growing light of the night until the night grows light)] correspond to *ārātrivivāsam ācaṣṭe* (he tells [the whole night through] until the night grows light), we have only to characterize 'the action of causing to grow light' denoted by the causal base *vi-vas-i-* by means of the present participle *ācakṣāṇa-*, as Kielhorn has pertinently shown as follows: *ācakṣāṇo rātriṃ vivāsayati*. This phrase, which literally means 'telling, he causes the night to grow light', expresses the meaning 'he tells [the whole night through] until the night grows light', which we can prove by making a comparison between the *Udāna*[9] and the commentary *Udānaṭṭhakathā*.[10] The latter makes us infer as follows: The phrase *bhagavā* ***sattāhaṃ*** *ekapallaṅkena* ***nisinno hoti***[11] *vimuttisukhapaṭisaṃvedī*[12] (the Lord had been seated for seven days in a single cross-legged position experiencing the bliss of liberation)[13] corresponds to such a phrase as *ekapallaṅkena* ***nisīdanto sattāhaṃ vītināmesi***[14] *bhagavā vimuttisukhapaṭisamvedī* (being seated in a single cross-legged position, the Lord, experiencing the bliss of liberation, caused seven days to pass away).

This means that both of the phrases are equivalent. In other words, as is clear from Masefield's translation, the accusative *sattāham* in the former phrase is based on P. 2.3.5 *kāla-adhvan-or* (*dvitīyā* 2) *atyantasaṃyoge* (= Sd 581) which provides: Immediately after [a nominal stem denoting] time or distance [the second case ending appears] on condition that the entire connection [of an action, a quality or a substance with time or distance] is [to be expressed]. Therefore, the latter phrase expresses the meaning

---

[9] Cf. U I.1–4, pp. 1–3.

[10] Cf. Ud-a I.4, pp. 51–52.

[11] These two words correspond to *nisīdi* in Vin, Vol. I (*Mahāvagga*), pp. 1–4.

[12] I read thus according to Masefield. Cf. Masefield 1994: 4 and 13, note 17.

[13] Masefield 1994: 4, ll. 4–6.

[14] For convenience's sake, I replace *vītināmesi* with *vītikkamesi*.

āsaptāhavyatikramaṇam ekaparyaṅkena nyaṣadad bhagavān vimuktisukhapratisaṃvedī (the Lord, experiencing the bliss of liberation, had been seated in a single cross-legged position [the whole seven days through] until the passing away of the seven days). To sum up, such a phrase as *ācakṣāṇo rātriṃ vivāsayati* (telling, he causes the night to grow light) is equivalent to both of the phrases *ārātrivivāsam ācaṣṭe* (he tells until the growing light of the night) and *rātrim ācaṣṭe* (he tells the whole night through).

It is Kielhorn who has pointed out the only example of phrases which seem to have motivated Kātyāyana to lay down *vt.* 9. The example in question is the phrase *namassamāno vivasemi rattim.*[15] This phrase, which literally means 'worshipping I cause the night to grow light', is equivalent to *ārātrivivāsaṃ namasyāmi* 'I worship the whole night, until the night grows light (i.e., till daybreak)'.[16] The other examples have not yet been found anywhere: But some phrases of this type occur in later texts such as, among others, the *Saddharmapuṇḍarīka*[17], the *Dhammapadaṭṭhakathā*[18], the *Udānaṭṭhakathā*[19], the *Rāmāyaṇa*[20], the *Raghuvaṃśa*[21], the *Vāsavadattā*[22] and the *Kādambarī*.[23]

---

[15] Cf. Sn 1142, p. 221.

[16] Cf. Kielhorn 1904: 364.

[17] Cf. p. 62, l. 7.

[18] Cf. II, p. 57, l. 23; III, p. 274, l. 14.

[19] Cf. p. 52, ll. 9, 12 and 16; p. 354. ll. 34–35.

[20] Cf. 4.26.22.

[21] Cf. 19.47, p. 596.

[22] Cf. p. 170, ll. 7–8.

[23] Cf. Kale 1968: 319, ll. 2–3.

APPENDIX
Type I

1. ***rātriṃdivāni kṣapayāmi*** *nātha bhūyiṣṭha so eva* ***vicintayantaḥ***. (Saddharma)

Days and nights, O Lord, I passed always thinking of the same subject. (Kern 1994: 62)

Mostly thinking so, I cause nights and days to pass away, O Lord.

ārātriṃdivakṣayaṃ *nātha bhūyiṣṭhaṃ so eva* ***vicintayāmi***.

Mostly I think so, O Lord, until the passing away of the nights and the days.

2. *so* ***pañcapaññāsavassāni*** *naggo gūthaṃ* ***khādanto*** *kese* ***luñcanto*** *bhūmiyaṃ* ***sayanto vītināmesi***. (Dhp-a)

Being naked, eating feces, plucking out his hair and lying on the ground, he caused fifty-five years to pass away.

sa ***āpañcapañcāśadvarṣavyatikramaṇaṃ*** *nagno 'bhūd gūtham* ***akhādīt*** *keśān* ***aluñcīd*** *bhūmiyām* ***aśayiṣṭa***.

He was naked, ate feces, plucked out his hair and lay on the ground until the passing away of fifty-five years.

3. *te …* ***sallapantā divasaṃ vītināmenti***. (Dhp-a)

Talking together, they … cause the day to pass away.

te … ***ādivasavyatikramaṇaṃ saṃlapanti***.

They … talk together until the passing away of the day.

4. *bhagavā …* ***olokayamāno sattāhaṃ vītināmesi***. (Ud-a)

Looking at …, the Lord caused seven days to pass away.

āsaptāhavyatikramaṇaṃ *bhagavān …* ***avālulokata***.

The Lord looked at … until the passing away of the seven days.

5. *tasmāt puruṣaśārdūla* ***cintayañ*** *śatrunigraham,* ***varṣārātram anuprāptam atikrāmaya*** *rāghava*. (R 4.26.22)

Therefore, O man-[as-brave-as-a]-tiger, thinking of the destroying of the enemies, cause the rainy season which has come to pass away, O Rāghava.

tasmāt … ***cintaya*** *śatrunigraham* ***ānuprāptavarṣārātrātikramaṇam***.

Therefore … think of the destroying of the enemies until the passing away of the rainy season which has come.

6. *evam indriyasukhāni* ***nirviśann*** *kāryavimukhaḥ sa pārthivaḥ, ātmalakṣaṇaniveditān* ***ṛtūn atyavāhayad*** *anaṅgavāhitaḥ*. (Raghu 19.47)

Thus enjoying the pleasures of the object of senses, that king who was impelled by the object of desire and so was made incapacitated to look to other regal affairs, passed away the seasons indicated by their sings on his own. (Nandargikar, p. 596)

Thus … that king … caused the seasons indicated by their signs on his body.

evam indriyasukhāni ***niraviśad ātmalakṣaṇaniveditartvativahanam*** … *sa pārthivaḥ*.

Thus the King … enjoyed the pleasures of senses until the passing away of the seasons indicated by their signs on his body.

7. *sakalaṃ vāsavadattāvṛttāntaṃ sa* ***pṛcchan*** *taṃ* ***divasaṃ*** *tatraivātivāhya* ***vātivāhya*** *tasmāt pradeśāt tayā sahoccacāla sasuhṛt kaṃdarpaketuḥ*. (Vās)

Asking her the entire story of Vāsavadattā, … Kandarpaketu set forth, having passed [the night, and likewise] the day. (Gray, p. 94)

Kandarpaketu set forth, having caused the day to pass away there in the very place with asking her the entire story of Vāsavadattā.

ātaddivasātivahanaṃ *sakalaṃ vāsavadattāvṛttāntaṃ tatraiva sa* ***pṛṣṭvā*** …

After asking [her] the entire story of Vāsavadattā there in the very place until the passing away of the day, he …

8. *devasyaiva sthānacihnāni* ***paśyantī kṣapitavatī divasam***. (Kād, p. 319, ll. 2–3)

She spent that day, looking at various places bearing marks (of the various actions) of you yourself. (Kale, p. 271)

She caused the day to pass away, looking at various places bearing marks of you yourself.

devasyaiva sthānacihnāni ***dṛṣṭavaty ādivasakṣayam***.

She looked at various places bearing marks of you yourself until the passing away of the day.

9. ***caṅkamanto/vicinanto sattāhaṃ vītināmesi***. (Ud-a I.4, p. 53, ll. 12 and 16.)

10. *keci yoniso* ***manasikarontā divasabhāgaṃ vītināmesuṃ***. (Ud-a VI.9, p. 354, ll. 34–35)

11. ***aruṇaṃ*** *pana mahāgandhakuṭiyam yeva* ***vasanto uṭṭhāpesi***. (Spk II, p. 379, ll. 18–19)

But he caused the sun to rise up, [staying] at the very great-perfumed-cabin.

āruṇotthānaṃ *punar mahāgandhakutyām* ***evāvātsīt***.

But he stayed at the very great-perfumed-cabin [from a given point of time] until sunrise.

12. *sa tatra* [***vasan***] ***divasam atināmya*** *vikāle gṛhaṃ gataḥ*. (Divya, p. 304, l. 4)

13. *apaśyata mahābāhu nyagrodhaṃ vāyasair yutam, tatra* [***vasanti/svapanti***] *kākasahasrāṇi tāṃ* ***niśāṃ paryaṇāmayan***. (Mbhā 10.1.35)

14. *rāmas tu sahasaumitriḥ sutīkṣṇenābhipūjitaḥ,* ***pariṇāmya niśāṃ*** *tatra* [***vasan/svapan***] *prabhāte pratyabudhyata*. (R 3.7.1)

15. *tatra* [***vasan***] ***kṣapayituṃ rātriṃ*** *kṛtvā vṛttiṃ phalāmbubhiḥ, sa tasthau tarum āruhya siṃhavyāghrādiśaṅkayā*. (KSS 56.75)

16. *mahati devālaye* [***vasan***] ***kālaṃ yāpayati***. (Pa, p. 208, l. 15)

17. *sā … aggiṃ ujjāletuṃ* ***asakkontī suriyaṃ uṭṭhāpesi***. (J 71, p. 318, ll. 17–19)

She … could not get her fire to burn, and at last the sun got up. (Chalmers, pp. 173–174)

Being unable to cause the fire to blaze up, she caused the sun to rise up.

sā ... agnim ujjvalayitum ***aśaknuvanty abhūd āsūryotthānam.***

She was unable to cause the fire to blaze up [from early morning] until sunrise.

Type II

In Type I, he who is telling and he who causes the night to grow light are one and the same person. This means that we may characterize a causal agent by another qualifier.

1. *tasminn eva pṛthivīpradeśe* ***saptarātriṃdivāny atināmayāmy utkaṇṭhitaḥ.*** (Aṣṭa, p. 251, l. 25)

Distressed, I have caused seven days to pass away there in the very place of the land.

tasminn eva pṛthivīpradeśa ***utkaṇṭhito bhavāmy āsaptarātriṃdivātikramaṇam.***

I have been distressed there in the very place of the land until the passing away of the seven days.

2. ***pariṇāmya niśāṃ*** *tāṃ tu* ***sukhasuptā*** *janeśvarāḥ, kuravaḥ pāṇḍavāś caiva punaryuddhāya niryayuḥ.* (Mbhā 6.83.1)

But, after causing that night to pass away, both the Kings of the Kuru race and those descended from Pāṇḍu, having slept soundly, set out for the renewal of war.

ātadniśāpariṇatiṃ *tu sukhaṃ* ***suptvā*** *janeśvarāḥ, kuravaḥ pāṇḍavāś caiva punaryuddhāya niryayuḥ.*

But, after sleeping soundly until the end of that night, both the Kings of the Kuru race and those descended from Pāṇḍu set out for the renewal of war.

3. *narapatir* ***ativāhayām babhūva*** *kvacid* ***asametaparicchadas triyāmāṃ.*** (Raghu 9.70cd)

Somewhere, without any attendants, did that king pass away the night. (Nandargikar, pp. 288–289)

Somewhere, without any attendants, the King caused the night to pass away.

narapatihiḥ kvacid ***asametaparicchado babhūvātriyāmātivahanam.***

Somewhere, the King was unaccompanied by any attendant until the passing away of the night.

4. *tasminn eva* ***kroḍāntarnihitatanayāḥ kṣapāḥ kṣapayanti*** *sma.* (Kād, p. 48, ll. 13–14)

In that very tree they used to spend their nights, taking young ones under their wings. (Kale, p. 31)

In that very tree they used to cause their nights to pass away, taking young ones under their wings.

ākṣapākṣayaṃ *tasminn eva* ***kroḍāntarnihitatanayā bhavanti*** *sma.*

They, the offspring of whom were put under their wings, used to be in that very tree until the passing away of the nights.

5. *tasminn eva sarastīre* ***taralikādvitīyā kṣapāṃ kṣapitavatī.*** (Kād, p. 262, ll. 15–16)

I passed that night in Taralikā's company on the very bank of the lake. (Kale, p. 225)

I caused the night to pass away in Taralikā's company on the very bank of the lake.

tasminn eva sarastīre ***taralikādvitīyā bhūtavaty ākṣapākṣayam.***

I was in Taralikā's company on the very bank of the lake until the passing away of the night.

6. *ahaṃ* ***ṭhitako*** *va* [***kālaṃ***] ***vītināmemi*** *na nisīdāmi na nipajjāmi.* (Dhp-a II, p. 57, ll. 8–9)

I, standing upright, will cause time to pass away; I will neither sit down nor lie down.

ākālavyatikramaṇam *ahaṃ* ***sthita*** *eva* ***bhavāmi****, na niṣīdāmi na nipadye.*

I will be standing upright until the passing away of a certain span of time;

I will neither sit down nor lie down.

7. *kṣīrikāvanaṣaṇḍe bahudevatake cetiye* ***nirāhāro*** *prītisukhena saptamaṃ* ***saptāhaṃ vītināmesi****.* (Mvu III, p. 303, ll. 1–2)

He, having no food, caused the seventh seven days to pass away with zest and happiness at a shrine having many deities in the *kṣīrikā* woods.

kṣīrikāvanaṣaṇḍe bahudevatake caitye ***nirāhāro 'bhut*** *prīti-sukhen****āsaptamasaptāhavyatikramaṇam****.*

At a shrine having many deities in the *kṣīrikā* woods he had no food with zest and happiness until the passing away of the seventh seven days.

With regard to the word *kṣīrikā,* cf. Das 1988: 146, n. 4; Puṇya-vijayaji 1968: 27 (1. 44); AK 2.4.45 (p. 243).

8. *uddāmadeha* ***paridāha*** *mahājvarāṇi saṃkalpasaṃgama* ***vi-nodita*** *vedanāni tvatsnehasaṃvidav****alambita*** *jīvitāni kiṃ vā mayā-pi* ***dināny ativāhitāni****.* (Māl 6.13)

Have I not passed the days in which I suffered from the violent fever in the shape of intense bodily heat, in which my anguish was diverted by a fancied union with you, and in which life was sustained by the knowledge of your love? (Kale, pp. 57–58)

kiṃ vā saṃkalpasaṃgamena na ***vinoditā*** *vedanota tvatsnehasaṃ-vidā* ***nāvalambitaṃ*** *jīvitam* ***ākatipayadinātivahanaṃ*** *mayāpy ud-dāmadeha****paridāhamahājvareṇa****.*

Until the passing away of so many days have I, the body of whom has been burnt violently by a high fever [in the form of the sorrow of separation], not diverted my anguish by a fancied union with you nor have I sustained my life by the knowledge of your love, either?

9. *so … khaggahattho tiyāmarattiṃ ārakkhaṃ gahetvā* ***ṭhitako*** *va* ***aruṇaṃ uṭṭhāpesi****.* (J I, p. 103, ll. 16–23)

He … stood on guard, sword in hand, through the three watches of the night, waiting for the day to dawn. (Chalmers, p. 7)

Standing on guard, sword in hand, through the three watches of the night, he caused the sun to rise up.

sa … khaḍgahastas triyāmarātrim ārakṣaṃ gṛhītvā ***sthita evābhūd āruṇotthānam.***

After starting on guard through the three watches of the night, he, sword in hand, was standing still until sunrise.

10. *bodhisatto … tassā yeva sālāyaṃ … khaggaṃ gahetvā* ***ṭhitako*** *va* ***aruṇaṃ uṭṭhāpesi***. (J 96, p. 399, ll. 12–14)

11. *rājā … cintento* ***nisinnako*** *va* ***aruṇaṃ uṭṭhāpesi***. (J 546, p. 330, ll. 13–15)

The king … sat pondering …, and waited for the dawn. (Francis, p. 156)

Sitting pondering …, the king caused the sun to rise up.

rājā … cintayan ***niṣaṇṇa evābhūd āruṇotthānam.***

The king was sitting pondering ... [from the time towards dawn] until sunrise.

Type III

A causal agent can be qualified also by the instrumental according to P. 2.3.21 '*itthaṃbhūtalakṣaṇe* (*tṛtīyā* 18)' (= Sd 598) which provides: [The third case ending appears] on condition that the characteristic of a person who has become such and such is to be expressed.

1. *so tayā dhamma****pariyattiyā divasaṃ atināmeti***. (AN III, p. 86, ll. 28–29. Cf. pp. 87 and 116)

He spends the day in that mastery. (Hare, p. 71)

*sa tayā dharma****paryāptyā lakṣito divasam atikrāmayati***.

He, characterized by the mastery of Dharma, causes the day to pass away.

*sa tayā dharma****paryāptyā divasam atikrāmayati***.

He causes the day to pass away with mastering Dharma.

sa dharmaṃ ***paryāpnoty ādivasātikramanam***.

He masters Dharma until the passing away of the day.

2. *bhagavā bahud eva* ***rattiṃ*** abhokāse ***nissajāya vītināmetvā*** ... (U, p. 59, ll. 17–18)

The Lord, having spent the best part of the night in a session in the open air, … (Masefield, p. 105)

After causing a great part of the night to pass away with being seated in the open air, the Lord ...

ābahurātravyatikramaṇam *bhagavān abhyavakāśe* ***niṣadya***, …

After being seated in the open air until the passing away of a great part of the night, the Lord ...

3. *so 'haṃ bhagavann ātma****paribhāṣaṇaya****iva bhūyiṣṭhena* ***rātriṃ-divāny atināmayāmi***. (Saddharma, p. 60, l. 14 – 61, l. 1)

O Lord, I used to pass day and night in self-reproach. (Kern 1994: 61)

O Lord, mostly I cause nights and days to pass away with reproaching myself.

so 'haṃ bhagavann ātmānaṃ bhūyiṣṭhena ***paribhāṣa evārātriṃ-divātikramaṇam***.

O Lord, mostly I do reproach myself until the passing away of the nights and the days.

4. *manodhāraṇayā caiva* ***pariṇāmy****ātmavān* ***ahaḥ***, *vidhūya nidrāṃ* ***yogena niśām*** *apy* ***atināmayeḥ***. (Sau XIV.20. Cf. XIV.32)

After passing the day self-controlled in the restraint of your mind, you should shake off drowsiness and spend the night too in the practice of Yoga. (Johnston, p. 78)

After causing the day to pass away self-controlled with the restraint of your mind, you, shaking off drowsiness, should cause the night too to pass away with meditating.

mano ***dhṛtvā*** *caivātmavān* ***āhaḥpariṇatim***, *vidhūya nidrām* ***āniśāti-kramaṇam*** *api* ***yuñjyāḥ***.

And after restraining your mind self-controlled until the end of the day, you, shaking off drowsiness, should meditate until the passing away of the night too.

5. *taṃ* ***divasam anaśanenaivātyavāhayam***. (Kād, p. 704, ll. 4–5)

I caused the day to pass away without eating anything.

ātaddivasātivahanaṃ nāśiṣam eva.

I did not eat anything until the passing away of the day.

6. [***nisajjā-caṅkamehi***] *bahud eva* ***rattiṃ*** *bhagavā abhokāse* ***'ti-nāmayi***. (Th 366, p. 40, l. 24)

7. ***nisajja-ṭṭhāna-cankamehi rattindivaṃ atināmenti***. (Mil, p. 345, l. 5)

8. *ahaṃ pana imehi bhikkhūhi saddhiṃ lokuttara* ***paṭisammoda-nen'*** *eva* ***tiyāmarattiṃ vītināmesin***. (Ud-a III.3, p. 187, ll. 12–14)

9. *ayam kumāro ...* ***aṅguṭṭhasnehena yāpesi ratti***. (Pv III.5, p. 39, ll. 29–30)

This boy ... passed the night in sucking his thumb. (Gehman, p. 76)

ayaṃ kumāro ... ***aṅguṣṭhasnehena lakṣito 'yīyapad rātrim***.

This boy, characterized by sucking his thumb, ... caused the night to pass away.

ayaṃ kumāro ... ***aṅguṣṭhasnehenāyīyapad rātrim***.

This boy ... caused the night to pass away with sucking his thumb.

ayaṃ kumāro ... ***aṅguṣṭhasnehena lakṣito 'bhūd ārātriyānam***.

This boy ... was characterized by causing his thumb to be viscid until the passing away of the night.

ayaṃ kumāro ... ***aṅguṣṭham asisṇihad ārātriyānam***.

This boy ... caused his thumb to be viscid [by sucking it] until the passing away of the night.

I think that, compared with Dhammapāla's strained interpretation (Pv-a, p. 198, ll. 4–6), Gehman's translation is reasonable. For, according to EWA, Vol. II, Pt. XX, p. 772, the root √*sneh* means 'klebrig sein', i.e., 'to be viscid', and the meaning of *aṅguṭṭha-sneha-* is, I believe, 'the action of causing the thumb to be viscid' rather than 'the moistness of the thumb' given in the CPD, p. 29, in other words, the second member *sneha-* is a derivative of the causal base *snih-i-*, not the root √*snih-* in the present case. By the way, I cannot find the present word in Pj I (i.e., *Paramatthajotikā* I)

150,9. If the sentence *he supported life during the night by the miraculous milk of his thumb* (CPD, p. 29), which is based on Dhammapāla's interpretation, is intended to be a translation of the present phrase, would it not be better that one should adopt Gehman's translation?

10. ***tām*** (= ***rātrim***) *evo**ṣṇair** virahaśayaneṣv* ***aśrubhir yāpayantīm***. (Megha 88)

Her who is causing the very night to pass away with hot tears in the bed of separation.

tām (= ***rātrim***) *evo**ṣṇair** virahaśayaneṣv* ***aśrubhir lakṣitāṃ yāpayantīm***.

Her who, characterized by hot tears, is causing the very night to pass away in the bed of separation.

uṣṇair *virahaśayaneṣv* ***aśrubhir lakṣyamānām ārātriyānam***.

Her who is characterized by hot tears in the bed of separation until the passing away of the very night.

uṣṇāni *virahaśayaneṣv* ***aśrūṇi muñcantīm ārātriyānam***.

Her who is shedding hot tears in the bed of separation until the passing away of the very night.

11. *kumudinīva rajanikarakiraṇakṛtajāgarā* ***divasam alīkanidrayātivāhayati***. (Kād, p. 514)

12. *ime ca bhikkhū ettakaṃ* ***kālam*** *iminā nāma* ***samāpattisukhena vītināmenti***. (Ud-a III.3, p. 187, ll. 4–5)

13. *mahatā* ***prītisaumanasyena saptāham atināmayāmi***. (Divya, p. 443, ll. 5–6. Cf. p. 82, ll. 29–30)

14. ***phalasamāpattisukhena divasabhāgaṃ vītināmetvā***. (Ud-a II.2, p. 105, ll. 11–12. Cf. I.3, p. 50, ll. 25–26)

15. *tathāgato ...* ***saptāhapūraṃ ekaparyaṅkenātināmesi***. (Mvu II, p. 348, ll. 15–16. Cf. III, p. 300, l. 14; p. 302, ll. 20–21; p. 300, l. 20 – 301, l. 1)

16. *athemaṃ* ***divasaśeṣam ucitavyāpāraparāṅmukhena cetasā*** *kva nu khalu* ***yāpayāmi***. (Māla III.2 prose, p. 70, ll. 8–9)

Well, where shall I pass the rest of the day with a mind averse to the usual occupations? (Kale, p. 71)

Well, where shall I cause the rest of the day to pass away with a mind averse to the usual occupations?

atha kva nu khalūcitavyāpāraparāṅmukhena cetasā lakṣito bhavāmy edaṃdivasaśeṣayānam.

Well, where shall I, characterized by a mind averse to the usual occupations, be until the passing away of the very rest of the day?

Well, where shall I be until the passing away of the very rest of the day, with a mind averse to the usual occupations?

17. ***kandaiḥ phalair munivarāḥ kṣapayanti kālam.*** (Śā 318, p. 49, l. 4)

The present phrase substantially corresponds to Pa, ed. in Kale 1991: 126 (= II 155c).

18. *so tena lobhena abhijjhāsahagatena* ***cetasā divasaṃ atināmeti.*** (AN I, p. 206, ll. 2–3)

19. ***āvuso imaṃ temāsaṃ katihi iriyāpathehi vītināmessatha.*** (Dhp-a I, p. 9, ll. 1–2. Cf. ll. 8–9)

REFERENCES

Primary Sources

AK *Amarakośa*. (A. A. Ramanathan), Pt. I, Madras 1971.

AN *Aṅguttaranikāya*. PTS (R. Morris & E. Hardy), Vols. I–VI. London 1976.

Aṣṭa *Aṣṭasāhasrikā Prajñāpāramitā*. Ed. by P. L. Vaidya. Darbhanga 1960.

Dh-a *Dhammapadaṭṭhakathā*. PTS (H. C. Norman), Vols. I–IV. London 1970.

Divya *Divyāvadāna*. Ed. in E. B. Cowell & R. A. Neil, *The Divyāvadāna*, Delhi 1987.

J *Jātaka*. PTS (V. Fausbøll), Vols. I–VI. Oxford 1990.

Kād *Kādambarī*. Ed. in M. R. Kale, *Bāṇa's Kādambarī* (*Pūrvabhāga*). Delhi 1968.

Kādambarī (*pūrvabhāgaḥ uttarabhāgaś ca*). Ed. by P. R. Śāstrī. Kāśī 1964.

Kāś *Kāśikāvṛtti*. Ed. in Swami Dwarikadas Shastri & Pt. Kalikaprasad Shukla, *The Kāśikāvṛtti with the Nyāsa of Jinendrabuddhi and the Padamañjarī of Haradatta Miśra*, I–VI. Varanasi 1965–67.

KSS *Kathāsaritsāgara*. Ed. by P. Jagadīśālālaśāstrī. Delhi 1970.

Māl *Mālatīmādhava*. Ed. in M. R. Kale, *Bhavabhūti's Mālatīmādhava*. Delhi 1997.

Māla *Mālavikāgnimitra*. Ed. in M. R. Kale, *Kālidāsa's Mālavikāgnimitram*. Delhi 1999.

Mbh *Mahābhāṣya*. Ed. in F. Kielhorn (rev. by K. V. Abhyankar), *The Vyākaraṇa-Mahābhāṣya of Patañjali*, II. Poona 1965.

Mbhā *Mahābhārata*. Ed. in V. S. Sukthankar et al., *The Mahābhārata*. Poona 1933–72.

Megha Meghadūta. Ed. in E. Hultzsch, *Kālidāsa's Meghadūta*. New Delhi 1998.

Mil *Milindapañho*. PTS (V. Trenckner). London 1986.

Mvu *Mahāvastu*. Ed. in É. Senart, *Le Mahāvastu*. Tokyo 1977 (reprint).

P. Pāṇini's *Aṣṭādhyāyī*. Ed. in N. Miśra, *The Kāśikā*, I–II. Varanasi 1986.

Pa *Pañcatantra*. Ed. in J. Hertel, *The Pañcatantra*. HOS 11. Cambridge 1908.

Pd/Ud Pd = *Pradīpa* / Ud = Uddyota. Ed. in B. S. Bhikaji Josi et al., *Vyākaraṇamahābhāṣya of Patañjali with the Commentary Bhāṣyapradīpa of Kaiyaṭa Upādhyāya and the Super Commentary Bhāṣyapradīpoddyota of Nāgeśa Bhaṭṭa* (reprint of the NSP edition), III. Delhi 1988.

Pv *Petavatthu*. PTS (Minayeff). London 1888.

Pv-a *Petavatthu-aṭṭhakathā, Paramatthadīpanī*, IV. PTS (E. Hardy). London 1894.

R *Rāmāyaṇa*. Ed. in G. H. Bhatt et al., *The Vālmīki-Rāmāyaṇa*, I–VII. Baroda 1958–75.

Raghu *Raghuvaṃśa*. Ed. in G. R. Nandargikar, *The Raghuvaṃśa of Kālidāsa with the Commentary of Mallinātha*. Delhi 1971.

S *Sarasvatīkaṇṭhābharaṇa*. Ed. in K. S. Śāstrī, *The Sarasvatīkaṇṭhābharaṇa of Śrī Bhojadeva with the Commentary of Śrī Nārāyaṇadaṇḍanātha*, I. Trivandrum 1935.

Śā *Śārṅgadharapaddhati*. Ed. by P. Peterson. Delhi 1987.

Saddharma *Saddharmapuṇḍarīka*. Ed. by H. Kern & B. Nanjio. Delhi 1992 (reprint).

Sau *Saundarananda*. Ed. in E. H. Johnston, *The Saundarananda of Aśvaghoṣa*. Delhi 1975.

Sd *Saddanīti*. PTS (H. Smith), Vols. I–V. Oxford 2001.

Sn *Suttanipāta*. PTS (D. Andersen & H. Smith). Oxford 1990.

Spk *Sāratthappakāsinī, Saṃyuttanikāyaṭṭhakathā of Buddhaghosa*. PTS (F. L. Woodward). London 1977.

Th *Theragāthā*. Ed. in H. Oldenberg & R. Pischel, *The Thera- and Therīgāthā* (with Appendices by K. R. Norman & L. Alsdorf). PTS. Oxford 1990.

U *Udāna*. PTS (P. Steinthal). London 1982.

Ud-a *Udānaṭṭhakathā, Paramatthadīpanī* I. PTS (F. L. Woodward). London 1977.

Vās *Vāsavadattā*. Ed. in L. H. Gray, *Subandhu's Vāsavadattā*. Delhi 1999.

Vin *Vinayapiṭaka*. PTS (H. Oldenberg), Vol. I. London 1969.

vt(*t*). *vārttika*(*s*) in the *Mahābhāṣya*.

Secondary Sources

CARDONA, George 1976. *Pāṇini. A Survey of Research*. The Hague: Mouton & Co.

—— 1997. *Pāṇini: His Works and its Traditions*, I: *Background and Introduction*. Revised and enlarged edition. Delhi, Motilal Banarsidass.

—— 1999. *Recent Research in Pāṇinian Studies*. Delhi, Motilal Banarsidass.

COWELL, E. B. (ed.) 1990. The Jātaka or Stories of the Buddha's Former Births (repr.), Vols. I–VI. Delhi, Motilal Banarsidass.

CPD *A Critical Pāli Dictionary*. Begun by V. Trenckner, revised, continued and ed. by Dines Andersen & Helmer Smith, Vol. I. Copenhagen: Ejnar Munkagaard, 1924.

DAS, Rahul Peter 1988. *Das Wissen von der Lebensspanne der Bäume: Surapālas Vṛkṣāyurveda*. Kritisch ediert, übersetzt und kommentiert. Stuttgart: Franz Steiner Verlag.

EWA Manfred Mayrhofer, *Etymologisches Wörterbuch des Altindischen*. Heidelberg: Carl Winter Universitätsverlag, 1986–2001.

HARE, E. M. (trans.) 2001. *The Book of the Gradual Sayings*, III. Oxford: The Pali Text Society (reprint).

HINÜBER, Oskar von 1997. *A Handbook of Pāli Literature*. New Delhi: Munshiram Manoharlal (reprint).

HORNER, I. B. (trans.) 1993. *The Minor Anthologies of the Pali Canon* (*Vimānavatthu: Stories of the Mansions*, by I. B. Horner and *Petavatthu: Stories of the Departed*, by H. S. Gehman), IV. Oxford: The Pali Text Society (reprint).

INGALLS, Daniel H. H. 1991. A Note on Pāṇini 3.1.26, vārttika 8. In: Madhav M. Deshpande & Saroja Bhate (eds.), *Pāṇinian Studies. Professor S. D. Joshi Felicitation Volume*: 201–208. Ann Arbor: Center for South and Southeast Asian Studies.

KALE, M. R. 1991. *Pañcatantra of Viṣṇuśarman*. Delhi: Motilal Banarsidass (reprint).

KERN, H. (trans.) 1994. *The Saddharma-Puṇḍarīka*. Delhi: Motilal Banarsidass (reprint).

KIELHORN, Franz 1969. A peculiar use of the causal in Sanskrit and Pāli. *Journal of the Royal Asiatic Society* 36: 364–365. (Also published in: Wilhelm Rau (ed.), *Kleine Schriften*, II: 1012–1013. Wiesbaden: Franz Steiner Verlag.)

MASEFIELD, Peter (trans.) 1994. *The Udāna*. Oxford: The Pali Text Society.

PUṆYAVIJAYAJI, Munirāja Śrī (ed.) 1968. *Āc. Hemacandrasūri's Nighaṇṭuśeṣa*. (L.D. Series, 18.) Ahmedabad: L.D. Institute of Indology.

RHYS DAVIDS, T. W. & William STEDE 1993. *Pali-English Dictionary*. Delhi: Motilal Banarsidass (reprint).

The Factorization of Phonic Information into Interacting Levels of Representation: the *samānākṣarāṇi* as Treated by Pāṇini and his Predecessors and Successors

B. ZAKHARYIN

Among the many legends of later origin referring to Pāṇini and his *Aṣṭādhyāyī*, two seem to be of special interest. One deals with that set of sound units, introductory in the *Aṣṭādhyāyī*, which was termed *akṣarasamāmnāya* by Patañjali. The seemingly analogous sets in the phonetic treatises (*prātiśākhya*) were usually called *varṇasamāmnyāya*.[1] But in the *Pāṇinīyaśikṣā* and some other phonetic works and also in texts like Nandikeśa's *Kāśikā* we find the term *śivasūtrāṇi*, later to be used with regularity for this introductory set. It is in the context of the latter treatise that the legend itself, explaining the corresponding term, is given: Śivamaheśvara beats his drum fourteen times, thus revealing the fourteen groups of Sanskrit sound-units to Pāṇini (Cardona 1988: 98).

Some indologists of the 20th century (like, for example, Barend Faddegon and Sṭen Konow[2]) have taken this myth for reality and started assuring the linguists that the Śivasūtras had been created definitely not by Pāṇini himself but by some of his predecessors (most often Āpiśali's name was mentioned in this connection). But

---

[1] See, for example, *Taittirīyaprātiśākhya* 1.1.

[2] Faddegon 1929; Konow 1943.

already in his article of 1926, K. A. Subramania Iyer has proved that this hypothesis is unacceptable (Subramania Iyer 1926: 142). In a later publication by George Cardona (1969), the same point has been stressed again, and new evidence has been provided showing that the interrelations between the Śivasūtras and the proper grammatical rules of the rest of the *Aṣṭādhyāyī* are very tight.

The other legend of later origin decribes the last minutes of Pāṇini's life.[3] It states that while Pāṇini was in the process of meditation, a tiger suddenly appeared and attacked the teacher and his students. The young people took to heels but Pāṇini stayed in his place, and when the pupils returned after the tiger's disappearance, they found their teacher torn to pieces. Before passing away, Pāṇini only managed to pronounce '*a a*', and this very last saying by the teacher has in due time become the closing rule (8.4.68) of his *Aṣṭādhyāyī*.

We, thus, may note some points common to both legends and their relation to Pāṇini's treatise: (1) the regular course of Pāṇini's work is interrupted by interference from outside; (2) as a result of the interference, new texts are produced; (3) these texts in due time become attached to the main body of the treatise (to its beginning and to its end correspondingly) to be later viewed as 'natural' parts of the integral whole.

It may be asserted that these later legends were created by brahmans teaching Vedic texts and old Indian grammar in brahmanical schools and that one of their purposes (probably the most important) was to elaborate a kind of a compromise between the two systems of teaching the intricacies of Sanskrit phonetics to students: the more archaic one, implying a taxonomic approach, and a more advanced, functional one, suggested by Pāṇini.

---

[3] I could not trace the sources of the legend in any of the Sanskrit texts known to me but the teachers of Sanskrit all over India are well acquainted with it. Thus, it might be supposed that there was some common and rather ancient basis of the legend associated with oral tradition.

Pāṇini did not provide detailed rules of phonetics proper in his grammar, but there can be no doubt that he was well acquainted with the subject and with the analysis and classifications of sounds based on such notions as points of articulation (*sthāna*) and articulatory effort (*prayatna*). There are numerous indications of this in his *Aṣṭādhyāyī*, and, among others, his rules 1.1.9–10 serve as good illustrations of this fact.

In *sūtra* 1.1.9, Pāṇini provides the definition of the term 'homogeneous' (*savarna*) which probably was borrowed by him from treatises in phonetics, e.g., *Taittirīyaprātiśākhya* 1.2.3. Pāṇini's rule 1.1.9 says:

> *tulyāsyaprayatnaṃ savarṇam*
>
> [Sounds, produced] with the same (*tulya*) articulatory effort [inside the] oral cavity [are] homogeneous.

Pāṇini also seems to know well that, according to phonetic descriptions, vowels and spirants might be characterized as possessing the same articulatory point in the oral cavity and the same articulatory effort, and due to this could become homogeneous, such might be the case of [*a*] and [*h*], as both are pharyngeal *kaṇṭhya*), and, thus, might be considered *savarṇa*. But due to functional reasons (that dominate Pāṇini's work), this type of homogeneity was not acceptable, and in his next rule (1.1.10) the grammarian states: *nājjhalau*, 'A vowel (*aC*) and a consonant (*haL*), (though satisfying the condition formulated in the previous rule, are nevertheless) not (homogeneous).' Other numerous examples may be found showing that the author of the *Aṣṭādhyāyī* was well acquainted with sound units and their features as described by phoneticians.

But in a seeming contradiction with this, Pāṇini in his Śivasūtras breaks with many fundamental principles of phonetics. Further, he also changes the order of symbols (*akṣarāṇi*) of the traditional alphabets that implied correlations with the phonetic chart of Sanskrit. e.g., contrary to the 'natural' alphabetical phonetical order, the semivowels in his Śivasūtras do not follow the occlusives, but precede them. The 7th Śivasūtra consists of all nasal consonants of Sanskrit, but their order, as given by Pāṇini, does not correspond either with the alphabetical one, or with the 'natural' order suggested in the descriptions by phoneticians. This divergence in the views of phoneticians and Pāṇini is well noticeable in their treatment of semivowels: while the former would place them in a single set, Pāṇini unites < *y*, *v*, *r* > with < *h* > and makes the 5th Śivasūtra of these four items while < *l* > constitutes a separate, the 6th, Śivasūtra (*laṇ*). The order in Pāṇini's 3rd (< *e*, *o* >) and 4th (< *ai*, *au* >) subsets again differs from the 'standard' alphabetical one (that is, from *e*, *ai*, *o*, *au*); other points of difference may also be found.

It is easy to increase the number of such 'inconsistencies'. But the most 'extraordinary' for adherents of traditional phonetics might be Pāṇini's treatment of vowels (i.e. syllabic vocoids). These are distributed by Pāṇini over the first four subsets of items: the 1st and 2nd Śivasūtras deal with monophthongs, termed 'simple vowels' (*samānākṣarāṇi*); the 4th one – with evident diphthongs ('complex vowels' – *sandhyakṣarāṇi*); the 3rd – with intermediate < *e*, *o* > which diachronically are of diphthongal origin (as well as vowels < *ai*, *au* >, constituting the 4th subset), and functionally < *e*, *o* > are nearer to < *ai*, *au* > than to the items of the first two subsets.

The internal logic of this classification might have been, if not approved then, taken for granted by traditionalists, but what must have remained an unsolved puzzle for generations of them was Pāṇini's treatment of vowel-length. In spite of numerous contrasts of short and long vowels in Sanskrit morphemes and word-forms (of the type *bala-* 'force' / *bāla-* 'boy'; *si-* 'to bind' / *sī-* 'to draw a straight line', etc.), Pāṇini has included only short < *a*, *i*, *u*, *ṛ*, *ḷ* > vocoids into his first two subsets of *samānākṣarāṇi*, thus completely ignoring the opposition by length (which, in its turn, according to phoneticians, implied triple gradation: short – long – extra-long).

The most 'unnatural' must have been the situation with < *a* > being the first item of Śivasūtras. In accordance with phoneticians' descriptions, [*a*] and [*ā*] of Sanskrit differ, first of all, qualitatively, as [*a*] is characterized as a close (*saṃvṛta*) vowel while its counterpart [*ā*] as an open (*vivṛta*) one; the quantitative distinctions in length are also there. Due to the qualitative differences, [*a*] and [*ā*] cannot be treated as homogeneous (*savarṇa*), see Pāṇini's rule 1.1.9 above, and still they are treated in this way!

This and other seeming contradictions, as Cardona (1983: 1–36) has clearly demonstrated, were recognized by authors of the Prātiśākhyas, who, while dealing with such 'related areas' as phonetics and phonology, 'could see that phonological oppositions do not always coincide with phonetic ones'. (Cardona 1983: 36)

The *Vājasaneyiprātiśākhya*, a work considered the most ancient among the phonetic treatises by Paul Thieme who identified its author with Kātyāyana the earliest interpreter of the Pāṇinian tradition (Thieme 1938), may be taken as an illustration of the abovementioned statement. After giving (in 1.43) the definition of a *savarṇa* sound, very similar to the one suggested by Pāṇini, the treatise marks the differences between [*a*] and [*ā*] on the line of closeness/openness and states that because of these differences, the homogeneity of the two vowels is not possible (... *sāvarṇyaṃ tulyaṃ na sambhavati* ...). But later (in 1.72 of the treatise), a very important comment is made: *savarṇavac ca*, '[[*a*] and [*ā*] are to be treated] *as if* [they were] homogeneous'.

Pāṇini does not explicitly make any similar statement. At the same time it is quite clear that, not only in the introductory Śivasūtras, but also in the proper grammatical parts of the *Aṣṭādhyāyī*, he, as if entirely agreeing with the *Vājasaneyiprātiśākhya* statement, always treats the concerned vocalic items exactly *as if* they were homogeneous. In *sūtra* 1.1.69, Pāṇini says in the most unambiguous manner that among other symbols for vowels the sign for close vowel < *a* > serves to denote all vocoids homogeneous with it:

> *aṇudit savarṇasya cāpratyayaḥ*
>
> [Any vowel or consonant denoted by abbreviation] aṇ [or a consonant marked by] u [as technical marker, otherwise called] it, [signifies not only itself, in accordance with *sūtra* 1.1.68, but] also sounds homogeneous [with this vowel or consonant], unless [it is] an affix.

The abbreviation *aṇ* is a cover symbol for the first six subsets of Pāṇini's Śivasūtras, that is, for vowels, plus < *h* > and the semi-vowels.

If, for example, we consider, in accordance with 1.1.69, only <*a*> as the very first of the vocoids of Śivasūtras, we will find that < *a* > denotes all the 18 homogeneous sound-types differing by qualities of length (phonetical triple gradation into short [*a*], long [*ā*] and extra-long [*a3*]), pitch (triple gradation into *udātta*, *anudātta*, and *svarita* tones) and nasality (two-fold gradation into nasalized and non-nasalized series). The same differentiations (by length/pitch/nasality) are also pertinent in connection with other vowels of the Śivasūtras. All possible variants of any of the vocoids listed in the Śivasūtras are implicitly present in the proper grammatical parts of the *Aṣṭādhyāyī*. If there appears a need for Pāṇini to single out a concrete variant, he either uses terms like *dīrgha* 'long', *hrasva* 'short', etc., or puts into effect abbreviations made with the help of his technical marker *it*. For example, as Cardona (1988: 58) has demonstrated, in the very first rule 1.1.1:

> *vṛddhir ādaic*
>
> [The term] *vṛddhi* [denotes] <ā> [and the diphthongs] <ai, au>.

The abbreviation *āt* (where *t/d* plays the role of a technical, later deleted, symbol) is to signify not just one long [*ā*] vowel, but all varieties of long [*ā*] differing in pitch and nasality, and this entire set constitutes the notion *vṛddhi*.

The traditional phonetics (as we know it from treatises like Śikṣās and Prātiśākhyas) does not attempt to consider the functional properties of Sanskrit sounds. Pāṇini's approach is completely different. For him, who with absolute clarity has realized the difference between phonetics and deeper levels, the most important are the grammatical functions of sounds. Being quite aware that sounds imply phonic feature-based internal structures, he in his grammar explicitly takes these structures into account and correspondingly builds up vowel-replacements rules (at least, for vowels characterized by contrastive oppositions of length, pitch and nasality).

The concrete items constituting the subsets of Pāṇini's Śivasūtras are conceptually most near to the 'phonemes' of the Moscow Phonological School (MPS). The similarities may be continued as Pāṇini in Śivasūtras, in addition to the level of phonemes (*varṇa*), creates the other level, the so called abbreviations (*pratyāhāra*), that is, of groups of phonemes united by one common feature or by a set of such features. These abbreviations (e.g., '*aC*' = all syllabic vocoids, or '*iK*' = '<*i, u, ṛ, ḷ*>' as items of Śivasūtras), to a certain extent, functionally resemble the morphonemes of the MPS. The latter are described as phonemic subsets capable of participation in alternations inside one and the same morpheme, e.g., alternants g/ž/z' in Russian forms *drug* 'a friend' – *druž-ba* 'friendship' – *druz'-ya* 'friends'.

The analytical-taxonomical principles of description that dominated in the traditional phonetics of ancient India contrasted sharply with Pāṇini's methodology based on a functional approach. No wonder that these new suggestions by Pāṇini could not be easily accepted and recognized by adherents of the tradition, and it demanded plenty of efforts from the early commentators such as Kātyāyana and Patañjali to clarify Pāṇini's position.

One of the points of misunderstanding seems to be this: as, according to Pāṇini and his commentators, the main purpose of his grammar was the derivation of the correct forms of Sanskrit and, as the primary grammatical items and procedures were to be taught by the grammar, what was the need for the introductory Śivasūtras that did not belong either to phonetics proper or to grammar as such?

Trying to find an answer, Patañjali cites Kātyāyana's *vārttika* (no. 19) that seems to be the most convincing as well as an exhaustive reaction to the posited question:

> *vṛttisamavāyārtha upadeśaḥ*
>
> The teaching [of the phonemes of the Śivasūtras serves] the purpose of [elucidating] the inherent mechanics of [the operational] rules [of grammar].

Commenting on this statement, Patañjali suggests three possible semantic interpretations for the compound *vṛttisamavāya*; one of them – implying the sense of inherence aimed at the operational rules (of grammar) – has been discussed by Kaiyaṭa (11th century), who remarks:

> *śāstrapravṛttāv asyāṅgatvam*
>
> [Patañjali means:] the indirect connection of it [= of the 'inherence'] with the application of the grammar rules.

A similar and even clearer explanation is suggested by Tripathi:

> *śāstrapravṛtti prayojya hai aur samavāy prayojak hai /*
> *samavāy ke kāraṇ śāstra kī pravṛtti hotī hai*
>
> The formulation [of] the grammatical rules [is what] is to be effected and the inherence [is what] effects [it] – due to the inherence [this] formulation of grammar rules is being provided.

Patañjali then cites the other *vārttika* (no. 20) by Kātyāyana where the latter defines Pāṇini's Śivasūtras as a means for generating the elements of the metalanguage (*anubandha-*). Patañjali in *bhāṣya* no. 146 of Paspaśā agrees with this definition and states that the following two tasks are fulfilled by the Śivasūtras: 'elucidation of rules and generation of metasymbols' (*vṛttisamavāyaś cānubandhakaraṇam ca ...*).

The keyword for both the grammarians is *upadeśa* 'teaching', and both insist that there are two types of teaching: one is carried on by the phonetician who gives detailed characteristics of all possible speech-sounds; the other one was provided by Pāṇini who dealt with functionally determined phonemes as elements of his metalanguage. The polysemantic term *varṇa* 'sound/phoneme' is then felt by the grammarians as being too vague, and Patañjali (in *bhāṣya* no. 147 of Paspaśā being the comment on Kātyāyaṇa's *vārttika* 21) proposes a differentiation between *varṇāḥ* 'sounds in general' (as they are presented in the works by phoneticians) and *iṣṭā varṇāḥ* [Pāṇini's] 'desired' sounds, that is, actually, the phonemes of the Śivasūtras. Patañjali also marks (in 147 of Paspaśā) that teaching of sounds in general must necessarily precede teaching of desired sounds:

na hy anupadiśya varṇān iṣṭā varṇāḥ śakyā vijñātum

Not having [first] taught sounds, [it is] not possible [for students] to know the desired sounds.

Thus, a certain hierarchy of levels is suggested: at first, phoneticians suggest a full description of all general sounds existing in the language, and only afterwards a set of phonemes (*iṣtavarṇāḥ*) is constructed by the grammarians taking these phonetic characteristics into account. Kātyāyana especially points out (in *vārttika* 21) that any teaching based on phonetics proper implies mentioning of each of the potential general sounds:

iṣṭabuddhyarthaś ceti ced udāttānudāttasvaritānunāsikadīrghaplutānām apy upadeśaḥ

If [it is maintained that teaching is] aimed at the comprehension of the desired [sounds], [then this] teaching [must include what is a vowel with] high pitch, [a vowel with] low pitch, [a vowel with] rising-falling pitch, a nasalized [vowel], a long [vowel] and also an extra-long [vowel].

This statement allows Patañjali to make the following proposal: we may assume that each vowel taught by Pāṇini in his Śivasūtras represents its generic form (*ākṛti*), thus referring to the whole family of its (homogeneous) phones (*sarvaṃ savarṇakulam*).

This supposition is correctly rejected by Kātyāyana (in his next *vārttika* 22) who says that

> *ākṛtyupadeśāt siddham iti cet saṃvṛtādīnāṃ pratiṣedhaḥ*
>
> In case [we base our] teaching on the notion of generic form [for vowels of the Śivasūtras, then there should be specified] a prohibition of [varieties with] the feature of closeness (*saṃvṛta-*) and similar [features].

Kaiyaṭa elucidates this statement by Kātyāyana:

> *ā-ekārādīnāṃ saṃvṛtatvaṃ doṣo na tv akārasya tasya saṃvṛtaguṇatvāt*
>
> [The feature] of closeness [is an articulatory] defect in [the pronunciation of vowels] [*ā*], [*e*] etc., but not [in case] of [*a*] because [[*a*] has its 'natural'] quality of closeness.

Thus, Kātyāyana (following his predecessor Pāṇini, and later himself followed by Kaiyaṭa) demonstrates full acquaintance with the observations of phoneticians who stress that the difference between Sanskrit [*a*] and [*ā*] is not only a quantitative one (short/long) but also implies a qualitative distinction (close/open).

At the same time, Kātyāyana, while giving his *vārttika* no.1 on the 1st of Pāṇini's Śivasūtras, says that in the process of teaching (*upadeśe*) [*a*] and [*ā*] may be combined, and the (normally) close [*a*] may then even be taught as open:

> *akārasya vivṛtopadeśa ākāragrahaṇārthaḥ*
>
> In teaching, [*a*] (may be taught as) open, (if) the aim of including (it into one and the same subset with) [*ā*] (is pursued).

Such functionally determined 'relativity' of phonetic characterization of items, expressed by Kātyāyana, on one hand, fully corresponds with Pāṇini's approach, and, on the other, is very much similar to the principle *savarṇavac ca* '[[*a*] and [*ā*] should be treated] *as if* [they were] homogeneous' as stated in 1.72 of the *Vājasaneyiprātiśākhya*. Kātyāyana thus clearly demonstrates that though correspondences do exist between phonetic items and their features (as, e.g., is the case for unit [*a*] and the feature 'closeness' or for unit [*ā*] and the feature 'openness'), may not be relevant for phonemes (*iṣṭavarṇāḥ*) of the Śivasūtras (e.g., <*a*> of the latter is a cover-symbol for 18 homogeneous sounds among which one finds not only close short [*a*] but also long [*ā*] or extra-long [*ā3*] that are incompatible with the phonetic feature closeness).

Such a thorough elaboration by Kātyāyana of the theme of interrelation between items [*a*], [*ā*], <*a*>, etc., on one hand, and the phonetic features 'closeness' and 'openness', on the other, and his risky proposals for – functionally determined – treatment of [*a*] as 'open' (*vivṛta*) in the above-mentioned *vārttika* have even forced Joshi and Roodbergen (1986: 196) to come to rather extravagant conclusions: either Pāṇini's concluding *sūtra* 8.4.68 was unknown to Kātyāyana (and, thus, not formulated by Pāṇini himself), or there existed 'many Kātyāyanas' artificially combined into one person by later grammarians. While the latter supposition does not seem acceptable (as Kātyāyana's style shows all signs of uniformity throughout the whole of the *Mahābhāṣya*), the former one is highly probable (see also the mythological correlations at the beginning of this article), and there are grounds to consider *sūtra* 8.4.68 as a post-Pāṇinian and post-Kātyāyana (but pre-Patañjali) addition to the *Aṣṭādhyāyī*.

Patañjali, though citing Kātyāyana's *vārttika* 22 and seemingly agreeing with it, still understands the above-discussed problem differently and tries to find another solution. According to him, the generic form (*ākṛti*) of each of the items in Pāṇini's Śivasūtras implies, besides the desired realizations (*iṣṭā varṇāḥ*), also the undesired ones. One of the ways to exclude these undesired phones might be to make a list of possible misrealizations, and Patañjali (citing some unknown phonetic sources) suggests two such lists.

Kaiyaṭa, commenting on this suggestion, correctly notes: *anantā hi doṣāḥ* ... '(there is) no end to (the articulatory) defects'. Patañjali seems to be of the same opinion himself and, having rejected his earlier proposal, immediately makes another one (in *bhāṣya* no. 151 of Paspaśā): one should refer not to the lists of potential misrealizations, but to two lists of nominal stems (namely, to *gargādi* and *bidādi* lists belonging to the *Gaṇapāṭha*, a supplement to the *Aṣṭādhyāyī*. The two lists in question were mentioned by Pāṇini himself (in *sūtra*s 4.1.104–105) in connection with some suffixes of the *taddhita* class, and due to this fact the items of the lists might be with good reason considered as phonetically perfect.

But already in his next *bhāṣya* (no. 152), Patañjali sets this proposal aside stating that the *Gaṇapāṭha* lists are aimed at establishing the correctness of the wholes (*samudāyānāṃ sādhutvam*), that is, of nominal stems, and no specially phonetic information is implied by them. After making and rejecting a few other proposals, Patañjali comes to the conclusion (in *bhāṣya* no. 162 of Paspaśā) that the Gaṇapāṭha lists still might be appropriate in case two different aims were simultaneously served by them: the forms might be specified, and the articulatory defects might be removed. Thus, not only the correctness of the wholes would be preserved, but also the correctness of 'parts' of these latter (that is – of phones and of their sequences in signifiants) would be provided.

While talking (in *bhāṣya* no. 153 of Paspaśā) about the restitution (*pratyāpatti*) of Pāṇini's invariant < *a* > which implies 18 phones-varieties devoid of articulatory defects, Patañjali implicitly states that (1) this restitution is to take place after the grammar proper is over – probably, in a kind of a supplement to the *Aṣṭādhyāyī*; (2) what is said about < *a* >, is also true for other simple vowels (*samānākṣarāṇi*) of the Śivasūtras. Kaiyaṭa, commenting on this *bhāṣya*, gives an absolutely explicit explanation:

> ***akārasya nidarśanārthatvāt sarvavarṇānāṃ śāstrānte pratyāpattir ity arthaḥ***

As <*a*> [has been mentioned by Patañjali only] as an example, the restitution of all other *varṇas* [will take place] at the end of the [grammatical] treatise (= of the *Aṣṭādhyāyī*). This is the sense [of what Patañjali has said].

Thus, Patañjali, commenting on Pāṇini's treatise, might be aware of the late (post-Pāṇinian and post-Kātyāyana) origin of *sūtra* 8.4.68 by which the restitution of phonetic features of <*a*> had been achieved, and correspondingly might treat 'non-Pāṇinian' 8.4.68 on equal grounds with truly supplementary *gargādi* and *bidādi* lists of the *Gaṇapāṭha*. By considering the possibility of changes in the above-mentioned lists of *Gaṇapāṭha* and also taking into account changes suggested by 8.4.68, Patañjali probably wanted to stress the fact that grammatical rules do necessarily imply knowledge of phonetics on the side of any grammarian who formulates these rules, but rules themselves do not imply items of phonetics proper.

In his concluding *bhāṣya* (no. 163) of Paspaśā, Patañjali, showing full harmony with Pāṇini's theory and demonstrating solidarity with Kātyāyana, once again marks the difference between terms and expressions of metalanguage (such as root, stem, affix, etc.), on one side, and items and utterances of everyday speech, on the other. The model elements of metatext are recited only in their phonetically pure form (*śuddhāḥ paṭhyante*) while the sounds of everyday speech may imply numerous articulatory defects.

Thus, a rather covert system of description where sounds contrast with phonemes, as elaborated by Pāṇini, was made overt and presented explicitly by the early commentators, Kātyāyana and Patañjali. It was Kātyāyana, with his outstanding intuition, who actually disjoined phonetics from functionally bound phonology, and Patañjali who demonstrated the main points of differences between the two levels of description.

REFERENCES

CARDONA, George 1969. *Studies in Indian Grammarians*, I: *The Method of Description Reflected in the Śivasūtras.* (Transactions of the American Philosophical Society, New Series 59.1.) Philadelphia: American Philosophical Society Publications.

—— 1983. *Phonetics and Phonological Rules in Grammars. Linguistic Analysis and Some Indian Traditions.* Poona: Bhandarkar Oriental Research Institute.

—— 1988. *Pāṇini. His Work and its Traditions*, I. Delhi: Motilal Banarsidass.

FADDEGON, Barend 1929. *The mnemotechnics of Pāṇini's grammar. Acta Orientalia* 7: 48–65. [Also in: J. F. Staal (ed.), *A Reader on the Sanskrit Grammarians*: 275–285. Cambridge, Mass.: The MIT Press, 1972.]

JOSHI, S. D. & J. A. F. ROODBERGEN (eds.) 1986. *Patañjali's Vyākaraṇa-Mahābhāṣya. Paspaśāhnika*: Introduction, text, translation and notes. Poona: University of Poona.

KONOW, Sten 1943. The authorship of the Śivasūtras. *Acta Orientalia* 19: 291–328.

SUBRAMANIA IYER, K. A. 1927. On the Fourteen Maheśvara sūtras. *Proceedings and Transactions of the Fourth All-India Oriental Conference*: 133–143. Allahabad.

Taittirīyaprātiśākhyam. (Bibliotheca Sanskrita, 33.) Delhi: Motilal Banarsidass, 1985.

THIEME, Paul 1938. On the identity of the *vārttikakāra*. *Indian culture* 4: 189–209. [Reprinted in: G. Budruss (ed.), Paul Thieme, *Kleine Schriften*: 552–572. Wiesbaden: Franz Steiner Verlag.]

INDICES

(Italicized page numbers refer to the footnote section)

1. Authors (ancient)

2. Authors (modern)

3. Works

4. Pāṇini's *sūtra*s cited